塞尔维亚史

HISTORY OF SERBIA

（英）哈罗德·坦珀利 著

许敏 译

应急管理出版社

·北京·

图书在版编目（CIP）数据

塞尔维亚史／（英）哈罗德·坦珀利著；许敏译.
－－北京：应急管理出版社，2021
ISBN 978－7－5020－8915－3

Ⅰ.①塞…　Ⅱ.①哈…　②许…　Ⅲ.①塞尔维亚—
历史　Ⅳ.①K543.0

中国版本图书馆 CIP 数据核字（2021）第 192075 号

塞尔维亚史

著　　者	（英）哈罗德·坦珀利
译　　者	许　敏
责任编辑	高红勤
封面设计	主语设计

出版发行　应急管理出版社（北京市朝阳区芍药居 35 号　100029）
电　　话　010－84657898（总编室）　010－84657880（读者服务部）
网　　址　www.cciph.com.cn
印　　刷　北京欣睿虹彩印刷有限公司
经　　销　全国新华书店

开　　本　710mm×1000mm$^1/_{16}$　**印张**　$18^1/_2$　**字数**　260 千字
版　　次　2021 年 12 月第 1 版　2021 年 12 月第 1 次印刷
社内编号　20210845　　　　　**定价**　88.00 元

前　言

　　这些年我一直在近东地区[1]游学，便想着要将自己的所见所闻记录下来，编写成书。然而突然发生的第二次巴尔干之战[2]打断了我的写作计划，所以此书是在战争落幕之后才完成的。我原本打算记录塞尔维亚从19世纪到1912年这段时期的历史，也就是从独立复兴时期到第一次巴尔干之战[3]爆发前的这段时期，讲述19世纪的列强外交对于塞尔维亚民族有着怎样的影响。而这些事件和当今的政坛也密不可分。我一共进行了两项配套研究——塞尔维亚民族历史和18世纪的巴伐利亚王国[4]历史，而后者的研究

　　[1]　这是一个地理术语，目前学术界对其定义并未达成统一。近东地区最初是指在欧洲东南部巴尔干地区的国家，现在则是指以西亚、亚欧两洲的土耳其和在北非的埃及为中心的跨大陆地区。——编者注

　　[2]　保加利亚王国、奥斯曼帝国以及巴尔干其他国家因为领土纷争在1913年6月到1913年7月期间进行的一场战争。保加利亚王国败北。——编者注

　　[3]　由塞尔维亚王国、希腊王国、保加利亚王国和黑山王国组成的巴尔干联盟在1912年10月与奥斯曼帝国进行的一场战争，于1913年5月以巴尔干联盟大获全胜而落幕。奥斯曼帝国在此战中基本失去了其全部欧洲领土。——编者注

　　[4]　在1805年于德意志地区成立的王国，其首任国王是马克西米利安一世，1918年亡国。——编者注

成果已经集结成书——《腓特烈大帝与约瑟夫二世》。之所以进行这两项研究，是为了让史学界开始关注英国外交部档案室里没有对外宣布的一些外交资料，这些既详细又重要的资料此前一直都没能引起大家的重视。

不过，在深入地了解了塞尔维亚民族后，我觉得自己不能只把目光聚焦在 19 世纪，因为不管怎样，外交策略的实质从未改变。虽然塞尔维亚的外交与其地理位置休戚相关，但历史都有着许多共同处。世界列强的野心也一直都在影响着塞尔维亚，并且这种影响从古至今都没有发生过改变。在这本书中，我会讲述中世纪的拜占庭帝国及奥匈帝国等强国对塞尔维亚的虎视眈眈，以及产生的影响。另外，如果想读懂塞尔维亚的近代史，那么就一定要了解塞尔维亚曾经的繁荣与惨烈。一些以英语为母语的读者并不太了解塞尔维亚的历史，而历史学家们所持的观点都不尽相同，这也会使得塞尔维亚的历史复杂化。如果要编写巴尔干历史书籍的话，那么就如同太平洋战争，每一位编写者都是发号施令之人。塞尔维亚人和保加利亚人在听到丘斯滕迪尔、科索沃、西美昂大帝、斯特凡·杜尚这些词语的时候都会心生悲凉之情，正如英国和反法同盟在听到塞瓦斯托波尔或者滑铁卢时的反应。巴尔干一带现在推行的民族政策深受奥斯曼帝国 500 年前侵略巴尔干地区时造成的影响。这段历史可谓盘根错节，而当局者迷，旁观者清，所以外人对于这段历史的评价也许更值得参考。

为了得到最准确的材料，我亲自去近东地区游历了一番。历史学家利奥波德·冯·兰克、康斯坦丁·约瑟夫·伊雷切克、亨利克·马克扎利、约万·斯维季奇，还有 20 世纪的学者威克姆·斯蒂德、查尔斯·威廉·艾略特、罗伯特·威廉·塞顿-沃森和威廉·米勒都给予了我极大的帮助，在此，我深表谢意。在写这本书时，我所想的就是尽可能地将历史学界的一些矛盾观点进行调和，至于最后结果如何，便交予他人评说吧。

我大概是很倒霉的一个历史学家了，毕竟没有几个历史学家在编写一国历史的时候会遇到这个国家的灭亡。可塞尔维亚历史还是让大家看到了塞尔维亚人的精神力量极其强大，远胜于其物质之力。虽然国王斯特凡·米卢廷的骨灰被撒在风中，虽然珍贵的古书皆被付之一炬，但塞尔维亚人并没有就此气馁、妥协，他们就像当年面对着被吹散的扬·胡斯骨灰的波西米亚人一样，坚持自己的信念，绝不动摇。在灾祸面前，塞尔维亚人时常会爆发民族情绪，哪怕只有一个塞尔维亚人，只要他听到科索沃的歌声，只要他唱起科索沃的曲子，不管他身处何地，塞尔维亚都永世不灭。

　　塞尔维亚的荣光，

　　永世不灭，高高在上；

　　塞尔维亚的历史，

　　生生不息，万古流芳。

引言　南斯拉夫民族 [1]

　　在研究斯拉夫民族 [2] 的时候，很多历史学家都会陷入困境。纵观南斯拉夫民族的历史，不难发现它是极其残暴和复杂的。就算只编写南斯拉夫人或者是南斯拉夫民族的历史，也是十分棘手的。如果想达成所愿，那么就必须要讨论南斯拉夫民族的命运，并且还要密切关注此地的其他民族和南斯拉夫民族的关系。对此，最快捷也最重要的办法就是梳理黑山 [3] 塞尔维亚人或是塞尔维亚王国的历史。黑山王国从古至今都是一个自由的国度，而塞尔维亚王国却是一个庞大的共和体，现在的南斯拉夫人都将其视为心中圣地。也正是有了塞尔维亚王国，南斯拉夫人才可能建立联邦。塞尔维亚王国之于南斯拉夫人的意义在于前者可以为后者提供统一的经验，正如当年撒丁王国掌控意大利南部地区一样。黑山和塞尔维亚两国的塞尔维亚

---

　　[1]　生活在巴尔干半岛的前南斯拉夫地区和保加利亚，系斯拉夫民族的分支。——编者注

　　[2]　欧洲最大的一个民族，来自于现在波兰东南部地区维斯杜拉河上游，后来基本居住在东欧和中欧一带。——编者注

　　[3]　地处南欧，也就是现在的黑山附近，1516 年成为以采蒂涅为中心的政教合一的国家。——编者注

人历史至关重要，他们是盘根错节的斯拉夫民族构成的中心。之所以这么说，是因为斯拉夫人或被奴役或被囚禁，而黑山王国拥有了自由，塞尔维亚王国实现了自由，斯拉夫人自然会将它们视作曙光。塞尔维亚人是怎样拥有自由的？黑山人是怎样守护自由的？塞尔维亚人留下的历史遗产是什么？斯拉夫人是否能因此得到通往自由的方法？塞尔维亚王国是否因此可以掌管南斯拉夫民族？对于这些问题，就算历史没有告诉我们答案，我们也必须时刻关注。

南斯拉夫民族在 12 世纪之后基本就没有发生过改变。希腊、罗马帝国征服了他们，让他们绵延子嗣，并且在当地建立起了祭坛、政府。所以，南斯拉夫人在某些方面已经被侵略者同化了。在这里的人们大多并未实现宗教统一，不过大家在民族问题上都同心同德。克罗地亚的塞尔维亚人、塞尔维亚王国的塞尔维亚人与达尔马提亚的塞尔维亚人、波斯尼亚人、黑山人是南斯拉夫民族的分支。他们[1]所居住的地方西到阿尔卑斯山脉，东到巴尔干山脉，南到亚得里亚海海岸，北到德拉瓦河和多瑙河，这些河流、山脉便是南斯拉夫地区的天然屏障，也对斯拉夫民族产生了深远影响。人类如果不想被地理条件所限制，那么就必须要解开自然对其的束缚。所以要想统一斯拉夫民族，就必须要开山脉、修公路、填沼泽、建水路。但是大家只需要翻开地图就能发现，这一系列工程直到 20 世纪早期才有能力进行。

不过，天然屏障现在已经不能再阻挡人们产生精神上的共鸣和思想上的沟通了。南斯拉夫人在精神上也已经达成了统一。不过我们还是要更深入地去了解南斯拉夫地区的地理环境，这样才能真正体会到南斯拉夫民族在统一的道路上所经历的艰辛苦难。

---

[1] 斯洛文尼亚人也是其中之一，他们分布在卡尔尼奥拉与阿尔卑斯山脉东部的施蒂利亚。——作者注

克罗地亚公国地处南斯拉夫地区的西部，拥有当时最先进的文明，其领土自德拉瓦河上游到南边的阜姆港和亚得里亚海，为狭长形。阜姆港周边皆是石灰岩山脉，山脉从亚得里亚海岸延伸到了黑山王国。不过克罗地亚公国和其周边国家之间并没有山川河流加以阻挡，这也是其和别的南斯拉夫领地最大的不同。正是因为没有阻碍，所以克罗地亚公国一直都受到拉丁语和日耳曼语的影响，包括它日后的发展也是在这种影响下进行的。阜姆港地理位置十分优越，早在中世纪初期，水手和海盗便多出自于此。从北边而来的马扎尔人曾经收复过克罗地亚人，让他们臣服于匈牙利王国。不过克罗地亚人也一直都在为自治权而奋斗，终于在 1868 年建立起了地方自治制度，虽然这一制度并不完善。但是，马扎尔人的统治并不是克罗地亚人面对的最大难题，让克罗地亚人产生内部矛盾的因素其实是宗教信仰。他们之中有 2/3 的人信奉天主教，余下 1/3 则信奉东正教。所以，马扎尔人征服克罗地亚人与希腊人才实现了民族大融合，这同时也使得南斯拉夫民族在统一的道路上迈出了一大步。萨格勒布，不仅是克罗地亚王国的首都，还是当时南斯拉夫民族的文化中心，这里诞生的文学和艺术，让克罗地亚人产生了统一的概念。如果说塞尔维亚是推动思想前行的动力，那么克罗地亚就是孕育出思想的摇篮。

喀斯特山脉宛如一道白色城墙从亚得里亚海边延伸到黑山王国。阿尔卑斯山脉和喀斯特山脉平行，山脉上植被丰富，将本就一片贫瘠的喀斯特山脉衬得更加荒凉。达尔马提亚则处于喀斯特山脉和阿尔卑斯山脉之间，自扎达尔延伸到科托尔。达尔马提亚拥有绵长的海岸线，又被山脉包围，这些地理条件使得这里只能依靠航海通行，因此达尔马提亚和意大利一直来往甚密。在这一片海岸上有着古罗马帝国和威尼斯的旧址，戴克里先便在斯普利特建了举世闻名的戴克里先宫。拉古萨共和国周围有中世纪的城墙。不管是在扎达尔、科托尔，还是在特罗吉尔这些珍贵遗迹处，都可以看到威尼斯人留下的印记。如今居住在达尔马提亚的几乎都是斯拉夫人。达尔马提亚一直都被希腊文明影响着：无论是它们的文学还是文化，都有拉丁语的影子，这里的居民也多信奉罗马天主教。克罗地亚靠近大海，因此罗马人可以不费太多力气便攻下这里，但是高耸入云的大山使得这里无法与南边的斯拉夫民族建立起沟通、来往。波斯尼亚和黑塞哥维那位于阿尔卑斯山脉北边，是高山地形，其上游水流急，水深，有着无限美好的风光。波斯尼亚与克罗地亚王国、达尔马提亚王国被自然屏障阻隔开，不同地区的居民们也被隔开。绵延的高山让通信和往来变得遥不可及，湍急的河流又让航行变得凶险万分。这些地区之所以能够被统一还是因为人们开始建造铁路。奥地利帝国政府对于铁路修建还是比较严谨的，他们担心这会影响到波斯尼亚的发展。宗教在这些或天然或人为的阻碍下出现了多样性。居住在波斯尼亚地区的几乎都是斯拉夫人，他们信仰的宗教并不统一：居住在西边和北边地区的居民信奉的是伊斯兰教；居住在南边的居民信奉的是罗马天主教；而居住在高地的居民则信奉希腊东正教。其中，希腊东正教发展势头最盛。之所以会出现不同地区有不同信仰的现象，是因为它们历史发展和自然条件的不同。克罗地亚与波斯尼亚北边是斯洛文尼亚地区，多瑙河的两条分支——萨瓦河与德拉瓦河将此地包围。这里的人们信奉的就是天主教和东正教。在地理条件的影响下，斯洛文尼亚地区一直安稳发展，从来没有被侵犯过。因此斯洛文尼亚人的特点是南斯拉夫地区最不明显的了。我之后会另起篇章详细讲述黑山王国和塞尔维亚王国，因此在这里只简单说一下。黑山王国地处喀斯特山脉与狄那里克山脉相接处，东边又是阿尔卑斯山脉。所以黑山王国可以说是处于一个天然防护层内，外界对它很难产生影响。而黑山王国后来处于动乱局面，则是因为随着现代工程技术的发展，这里开始修建公路，减缓了交通阻碍，同时还开始生产枪械以便远程进攻。塞尔维亚的领地北起阿尔巴尼亚阿尔卑斯山脉，南达巴尔干半岛，国内山川颇多，摩拉瓦河与瓦尔达河穿国而过，分别流入了多瑙河和爱琴海。南北两边的侵略者如果想攻打塞尔维亚，就必须从这条水路进攻。

综上所述，我们已经了解了南斯拉夫地区的大致特征。外敌可以从陆地上进攻克罗地亚王国与斯拉夫平原，从南逼近达尔马提亚。如果想从海上攻打波西米亚与黑山的话，那么必须要克服喀斯特山脉与狄那里克山脉这两大困难[1]。这一结论也经过了历史的验证。意大利王国从海上出兵来到了达尔马提亚与斯库台湖周边，但一直没能进入波斯尼亚。不管是谁，只要他想攻打塞尔维亚王国、波斯尼亚或者是斯洛文尼亚，那么他都只能选择陆战。奥斯曼土耳其人在攻打塞尔维亚时是从瓦尔达河与摩拉瓦河河谷入手的。可在攻打波斯尼亚与斯洛文尼亚时，马扎尔人与土耳其人都选择从位于斯拉夫与德拉瓦河间的平原进军。居住在波斯尼亚黑山塞尔维亚高地地区的人们天生英勇无畏，一直和外敌相抗衡，守护自己的自由，信奉东正教；生活在波斯尼亚低地地区的人们则信奉伊斯兰教；而克罗地亚人与达尔马提亚人不得不选择了罗马天主教。

克罗地亚王国远离奥斯曼帝国，与意大利王国接壤，它的经济发展良好，因此克罗地亚王国创造了别的南斯拉夫人都无法企及的文明。与之相比，达尔马提亚王国就比较倒霉了。达尔马提亚的某些经济资源短缺，又和沿海地区、塞尔维亚王国少有来往，所以波斯尼亚和黑塞哥维那的百姓们生活困苦，饱经风霜。直到后来，贝尔格莱德的铁路把拉古萨、科托尔及萨拉热窝连接，使得塞尔维亚的产品可以来到非奥地利的港口，可以说这条铁路在南斯拉夫国家之后的统一上发挥了关键性作用。黑山人与塞尔维亚人第一次合作是在 1912 年到 1913 年的巴尔干之战中，双方于阿尔巴尼亚

---

[1] 有一个例外，那就是黑山在 1916 年时被外敌入侵，其地形也未能阻挡侵略者的步伐。之所以会如此是因为侵略者们是从科托尔到采蒂涅，途经黑山的公路上进军的。——作者注

北部的新帕扎尔的桑扎克结盟。其实在这之前，奥斯曼帝国和奥地利帝国所推行的各项政策，是阻碍黑山王国与塞尔维亚王国结盟的主要因素。帝国又如法炮制，推出了铁路政策，想让波斯尼亚和克罗地亚、达尔马提亚都无法再取得联系，不过他们这一想法并未实现。纵观塞尔维亚人和克罗地亚人的历史可以发现，即使两个民族在自然因素和帝国政策的影响下有着极大的差异，一直分散各处的塞尔维亚人也并没有因此而放弃民族统一，他们始终保持着自己的民族共鸣。时代发展到现在，人们已经能慢慢克服自然因素造成的阻碍了；奥斯曼帝国不再干涉该地的统一；奥地利帝国可能也会如此。塞尔维亚-克罗地亚与各民族在新出现的航海、公路、铁路等交通方式的影响下找到彼此的相同之处，保留各自的不同习性，形成了史无前例的紧密联盟。为什么地理环境没能斩断斯拉夫民族之间的联系呢？为什么塞尔维亚人与克罗地亚人在面对山川河流的阻碍时，在面对两大帝国的打压时还能保持民族的纽带呢？要想找到这些问题的答案，我们不能从自然因素入手，而是要深入历史进行探究。

南斯拉夫民族可以统一是因为有克罗地亚王国在精神上提供支持，同时又有塞尔维亚王国在物质上提供帮助。被奥地利帝国管辖的南斯拉夫人或许能实现精神上的独立，但他们要想获得真正的自由则必须推翻奥地利的统治。他们将全部希望都放在了黑山王国和塞尔维亚王国上，因为这两个国家的人几乎都是信奉东正教的塞尔维亚人，种族和信仰是一样的。而最重要的一点是黑山与塞尔维亚地区之前都被自己人所掌管，因此也有着本民族的精神力量。要知道巴尔干半岛地区在之前的历史中基本都是被德意志帝国所掌控的。只是在很长的一段时间中，黑山王国与塞尔维亚王国都比较弱小，根本不能承担统一斯拉夫民族的重任。与此同时，奥地利帝国管辖下的南斯拉夫人却希望在这种情况下得到自由，他们是在奥匈帝国于1908年抢夺了波斯尼亚后，才将希望寄托于塞尔维亚王国身上。塞尔维亚人在 1912 年到 1913 年开始了种种反抗，让全世界对其刮目相看。他们站出来反对奥匈帝国的统治；和奥斯曼帝国抗衡；并且击败了保加利亚人。此时，全世界都在注视着塞尔维亚王国。塞尔维亚人终于打败了他们讨厌的土耳其人，拿回了自己民族的圣地，"把战马带去了亚得里亚海"。从此之后，同时得到了胜利和自由的塞尔维亚人在南斯拉夫民族中拥有了领导地位，黑山人再也不能和他们竞争。而塞尔维亚人的成功也激发并促进了民族独立运动。

目 录

第一章

南斯拉夫人的壮大

从蒂罗尔阿尔卑斯山到现在保加利亚边境的南斯拉夫，大致等同于古罗马时期的伊利里库姆区。南斯拉夫在古罗马帝国后期就已经发展出了文明。古罗马帝王图拉真不但把多瑙河变成了古罗马帝国的航行道路，而且还在河边修建了堡垒。其他君王也相继在亚得里亚海边建造起古罗马式建筑。综上所述，古罗马帝国对多瑙河产生了深远影响，无论是西部波拉的罗马式建筑还是黑山王国的杜克利亚，都美轮美奂。而受其影响最大的当属斯普利特。戴克里先大帝在退位之后就定居于斯普利特，后半辈子不是在种洋白菜，就是在修建富丽堂皇的古罗马宫殿。然而，辉煌的古罗马文明在南斯拉夫人到来之后就不复存在了。

南斯拉夫人本来生活在接近德涅斯特河与布格河流域，位于黑海北部的平原上，此处植被茂盛，水源充足。与南斯拉夫人相关的记载最早出现在6世纪初期。那时候，伊利里库姆被拜占庭帝国也就是东罗马帝国盯上，或许已经被其掌控了。而南斯拉夫人是当时拜占庭帝国所面临的最大挑战。在查士丁尼一世，以及其继承者查士丁尼大帝时期，南斯拉夫人崭露头角，名扬四海。关于南斯拉夫人的侵略行为，有记载表示他们行动并不快，但是行踪不定而且人多势众，常常打得对手难以招架。这其实很奇怪，他们的军队看起来并没有受过专业训练，纪律也不严明，也没有一个有着经天纬地之才而且野心勃勃的将帅。南斯拉夫人那一次侵略并不像是军事行动，而像是迁徙——一群欲壑难填的人慢慢去往富饶之地。他们一直以来都是以团队的形式出现，气势汹汹，宛如蝗虫过境，根本不像是进攻之师。正所谓"一人难挑千斤担，众人能移万重山"，所以根本没有人能阻止南斯拉夫人的前行。

南斯拉夫人在 6 世纪中期开始往多瑙河流域移动，逐渐靠近希腊、伊利里库姆、巴尔干地区。很多学者就南斯拉夫人的明显特征达成了一致，形容他们都身强力壮，头发、皮肤皆为棕色，也有人的头发是红色的。普洛科皮乌斯就曾写到南斯拉夫人和古罗马帝国的日耳曼人截然不同，南斯拉夫人更能忍受严寒酷暑，且更任劳任怨。不过这两个民族在宗教信仰以及社会秩序方面有着极大的相似之处。比普洛科皮乌斯早 4 个世纪的塔西陀也留下过这样的描述。南斯拉夫人的文明程度和管理秩序都落后于日耳曼人，他们对于宗教也只是单纯的崇拜而已。其实，我们现在也能从塞尔维亚人的各种风俗习惯中找到南斯拉夫人当年的影子。比如塞尔维亚人都崇拜高高在上的神明，不过他们也认为每棵树中都生活着精灵，而每一片湖泊之下都有邪灵的存在。

这个时期，南斯拉夫人生活在少有人烟的森林或是河流边，村庄中的房子分散在各处，并不会建在一起。这一点在现在的黑山境内也能看到。南斯拉夫人之所以会形成这样的生活习惯，是因为这样虽然无法抵挡外敌入侵，但就算敌人进来了，南斯拉夫人也不会手忙脚乱，他们只要听到警报就会立刻跑进旁边的山林中。因此，南斯拉夫人的村庄部落维持着原始状态，却又保持着民主，只不过其政治构成就像一盘散沙。不同部落首领皆为世袭制，但是权力有限。而且这些首领们并不会将部落合而为一，交由一位君王统治。

斯拉夫并非国度，而是族群，其部落众多却散于各处。每个部落都存在分歧，包括人数最少的部落也是如此。南斯拉夫人在思想上较为民主，但他们并没有法律意识，未建立起社会秩序。对于他们而言，最要紧的事情就是打劫和打仗。在与罗马人交手之前，南斯拉夫人基本处于内战状态。由于他们散居各处，因此他们采用的作战形式以游击为主，尽量缩小战争规模，然后进行围攻。每个南斯拉夫人都善于野战，他们不按照常理出牌，反而能出奇制胜。南斯拉夫人在打仗的时候并不会身披铠甲，因此行动迅速，而且他们会在箭头和矛尖上涂满毒药。通常他们会想方设法将敌人引入山林中，或者埋伏在小道上发动突袭，也会躲在芦苇丛中等着敌人穿越沼泽，进入陷阱。南斯拉夫人的作战能力可谓一骑绝尘，远胜于其他民族。他们有山川河流做掩护，作战策略灵活多变，而且人数又多，纵有千军万马也难将其全数歼灭。于是南斯拉夫人越来越多，他们的实力也日益强大，为他们之后征战四方、称霸平原奠定了基础。

诚然，拜占庭帝国是一个实力强大的帝国，但是它所实施的科学化战略只适合一些常规的军事行动。而且在查士丁尼大帝死去之后、赫拉克利乌斯得势之前的 50 余年间，拜占庭帝国的兵力已被耗空。所以在 6 世纪后期到 7 世纪前期，拜占庭帝国开疆拓土的行动基本是依靠外交进行的，很少动用武力。为了削弱南斯拉夫人的实力，拜占庭帝国也曾采用过挑拨离间之计。拜占庭君王先是让军队雇佣了一部分南斯拉夫人，然后在局势安稳的地区教化南斯拉夫人，想让他们归顺拜占庭帝国。但这个办法并不能将整个斯拉夫民族都收入拜占庭帝国。所以拜占庭君王便想借刀杀人，让野蛮的阿瓦尔人来攻击南斯拉夫人。而事实证明这个方法只是在短期内有用。因为到了后来，阿瓦尔人不知道为什么与南斯拉夫人站在了同一阵营，并且一起攻打拜占庭帝国。如果是他们这次行动取得了胜利的话，那么历史也将被改变。可惜，拜占庭帝国的赫拉克利乌斯一世巧用计策打败了阿瓦尔人。这也决定了斯拉夫民族历史之后的走向。南斯拉夫人摆脱了阿瓦尔人的掌控，随后攻占了拜占庭帝国属地，并在 7 世纪中期完成了迁徙。

他们将古罗马的伊利里库姆、摩里亚与塞萨利占为己有，后在这些地方定居。位于希腊的南斯拉夫人在拜占庭帝国的影响下，开始信奉希腊天主教，并且逐渐被同化。不过南斯拉夫人还是定居在他们占领的区域，也就是现在的南斯拉夫地区。

斯拉夫民族生活的地方可以划分为几大区域，他们的分布情况与现在并无太大差异。那时候，每个地方的斯拉夫民族都推翻了东罗马帝国对他们的统治，开始成立自己的政府，只不过彼此之间仍旧保持独立，巴尔干半岛上依旧没能出现一位可以一统南斯拉夫民族的领袖。最先得到自由的是施蒂利亚与卡尔尼奥拉的斯洛文尼亚人，最快失去自由的也是他们。他们在其同族公爵的率领下于7世纪独立并建立国家，又在778年臣服于法兰克王国之主查里曼大帝，随后信奉基督教。自此之后，他们就成为日耳曼人的手下，并且受他们的影响颇深。之前，日耳曼人曾经挑拨阿瓦尔人去对付南斯拉夫人，如今他们却反过来帮着塞尔维亚人对付阿瓦尔人了。于是野蛮的阿瓦尔人对待南斯拉夫人不再像以往那样严苛，只是霸占着位于萨瓦河与德拉瓦河中的平原一带。不过他们在多瑙河上游和匈牙利平原上的势力还是不容小觑。阿瓦尔人是在796年被查理曼大帝带领的军队歼灭的。此战之后，查理曼大帝消灭了一大劲敌，成为最大的赢家，并且还占据了伊斯特里亚半岛和现在的克罗地亚王国。他们的日耳曼首领弗留利公爵埃里克于阜姆港殉国。法兰克的宫廷诗人还特地为他撰写了悼文："英雄埃里克葬身于此，从此之后，山林间或许再没有甘霖，而这片禁忌海岸或许再没有光明。"就我们目前所掌握的史料显示，日耳曼人的征伐之战颇为艰辛，也许这就是日耳曼人不能一直统一领地的缘由。不管怎么样，阿瓦尔人与斯洛文尼亚人在8世纪后期逐渐退出历史舞台，克罗地亚人成为新的主角。

随着斯洛文尼亚王国的瓦解，克罗地亚王国慢慢进入了大众的视野；阿瓦尔人被灭、法兰克王国走向末路……这一切对于克罗地亚人来说无疑是天赐良机。克罗地亚那时候的疆域远大于现在，就连达尔马提亚与波斯尼亚的一些地区都是属于克罗地亚的。在亚得里亚海北边生活着一群任劳任怨、勤勤恳恳的水手。他们既能出海捕鱼，也能成为海盗，还能在海上经商。这使得克罗地亚人的海上实力日益壮大，他们还在离扎达尔地区不远的克莱萨、特劳、内雷特瓦河口建立了海上中心。然而马扎尔人在9世纪占据了匈牙利王国，也打起了克罗地亚的主意。马扎尔人在军事和政治方面都有着不俗的实力，他们骁勇善战，克罗地亚人根本不是他们的对手。而在过去的某一时期，克罗地亚一直都是归顺于身为斯拉夫民族宿敌的马扎尔人的。最后，克罗地亚在1102年主动臣服于匈牙利王国。而匈牙利王国的国王科伦兰也成为克罗地亚人与达尔马提亚人的主人。不过克罗地亚虽然被匈牙利王国收入囊中，但它还是保持着一定的独立。在匈牙利君王的统治之下，克罗地亚人内部还保有其自身的贵族阶级、语言文字、法律法规和政治体制。因此克罗地亚人在政治上依旧处于独立清醒的状态，采用特别的内部自治法。大家对这种自治的程度及其理论众说纷纭，但克罗地亚人一直追求自治，并不会将其变成回忆的一部分或是一种习惯。不过由于克罗地亚人和其他国家的关系盘根错节，又有罗马教会的支持，因此也产生了两大影响：其一就是天主教成为克罗地亚人的国教，他们不再和塞尔维亚人一起信奉希腊东正教了；其二就是克罗地亚人不像塞尔维亚人那样继续使用西里尔语，而是将拉丁语作为其书面语言。从某些意义上来说，不同语言之间的差距远比山脉的阻挡、宗教信仰的差异更能切断两国人的联系，并且成为克罗地亚人和塞尔维亚人沟通的最大阻碍。

人们是在12世纪才意识到波斯尼亚和黑塞哥维那的历史有多重要，不过这也不足为奇。马扎尔人在努力掌控波斯尼亚的时候面临的问题和克罗地亚人当初面对的问题一样，他们必须要克服自然条件对他们计划造成的影响。克罗地亚人与塞尔维亚人掌控着波斯尼亚大部分领土，余下的则是由马扎尔人统治。一直到 12 世纪中叶，波斯尼亚才独立成国，并且推选出了本土领袖。不过马扎尔人与波斯尼亚人、鲍格米尔派异教徒的纠纷最终还是让波斯尼亚王国面临灭顶之灾。此后，波斯尼亚国力式微，逐渐陷入了无政府状态之中。在 200 年后，也就是 14 世纪，波斯尼亚王国在斯蒂芬·特夫科特一世的带领下又短暂地崛起了，他们在达尔马提亚重建政权，只有拉古萨不在他们的掌控之中。可惜斯蒂芬·特夫科特一世没有和塞尔维亚的领导者统一阵营对抗伊斯兰教，以致波斯尼亚王国再度衰败，陷入了混乱之中。

奥斯曼帝国在 1463 年打败了波斯尼亚王国，并将其收入囊中。黑塞哥维那在最后关头摆脱了波西尼亚，宣布独立，不过独立状态仅保持了 20 年。奥斯曼帝国在 1482 年还是将黑塞哥维那也收进了自己的版图之中。在当时的乱局中，唯有一个斯拉夫城市——拉古萨一直处于独立状态，拥有着自己的主权。拉古萨有着华丽的城堡与繁荣的港口，是海上霸权中心，其地位至关重要。拉古萨之前被拜占庭帝国管辖，直到 9 世纪，在威尼斯与意大利文化的影响下，才渐渐变成了一座充满了艺术气息的城市。奥地利帝国在 1815 年征服了这里。这里的诗人、作家几乎都是南斯拉夫人，不过他们标榜的一直都是意大利文学和古典派文学；其经济也是依靠威尼斯和意大利发展的。从民族学方面看，达尔马提亚人与拉古萨人皆属于斯拉夫民族，这是毋庸置疑的。然而他们信奉的都是天主教，也向往着文明。由此可见，在斯拉夫民族的发展历程中，拉丁语的地位可谓举足轻重。

根据一项西南斯拉夫民族的研究显示，斯拉夫民族在原始社会建立起的社会组织中的各种弊端直到中世纪时期也没能消除。斯拉夫民族中真正发展出了文明并一直处于独立状态的唯有克罗地亚人和拉古萨人，不过他们也是靠着外国各方势力的帮助才形成了这种局面。波斯尼亚和黑塞哥维那这个小国一直处于分裂状态，他们的领导者既无远见卓识，也无爱国之心，在面对国内势力庞大且野心勃勃的贵族阶级时，他根本没有能力去建立一个有序的政府机构来管理他们。所以最后波斯尼亚还是被土耳其人霸占了。可是波斯尼亚人经历的最暴虐的统治却是他们之中已经伊斯兰化的贵族施加的。综上所述不难发现，斯拉夫的政治体系很薄弱，他们在使用民主制度的同时也会推行封建制度，但却不能取其精华，反倒是吸收了两种制度的糟粕。

西部南斯拉夫人的军事表现极佳，他们骁勇善战，就连中世纪的十字军对他们都赞不绝口。克罗地亚人在参与边境保卫战，对抗奥斯曼帝国大军时也展现出了非凡的勇气；斯洛文尼亚人几次攻克土耳其人；波斯尼亚人在山林中几乎战无不胜。而且，西部南斯拉夫人中也出现了很多伟大的文学家、艺术家；克罗地亚和拉古萨的专家们提出的主张让整个世界为之侧目。不过，使用塞尔维亚语的杰出作家，不是达尔马提亚人就是波斯尼亚人。在南斯拉夫民族中，最具有政治天赋的还是克罗地亚人[1]。

---

[1] "Slav" "S1avonia" "Serb" "Serbian" "Serbia" 之意。斯拉夫和斯拉沃尼亚的变化形式是不一样的，一般是形容南斯拉夫人或者南斯拉夫地区。关于斯拉夫一词的起源，学术界一直都没有统一的定义。民族学在巴尔干半岛是和党派有关的。对南斯拉夫人比较友好的一方根据"荣耀的"词根衍生出了"Slav"一词；对南斯拉夫人别有企图的一方则是根据"奴隶制"词根衍生出了"Slav"。帕维尔·约瑟夫·沙法里克认为"Slav"一词不是来自"Slovane"就是源于"Slovene"，其意为"斯洛维居民"。历史学专家爱德华·吉本、约翰·巴格内尔·柏雷与查尔斯·艾略特在其所写的《土耳其人在欧洲》一书中讲述了这些词语的来源，可供参考。对于"Serb" "Serbian" 的起源有两种说法：其一是说它们来自拉丁语"Srb"，也就是"自由"之意；其二是说它们从拉丁文"Servus"演变而来，意为"奴隶"。第二种说法明显是不对的。普洛科皮乌斯在自己的作品中使用了"Serb"一词，以其表示斯拉夫民族。而这个词语在最开始的时候也是代表着南斯拉夫民族的和不生活在塞尔维亚、黑山的南斯拉夫人民。"Serbian" 和 "Serbia" 在 15 世纪，也就是奥斯曼帝国还没有攻克塞尔维亚的时候，一般是代表黑山与塞尔维亚的。不过后者又专门指代除黑山外的中世纪拉什卡王国，之后又成为在 1913 年成立的现代塞尔维亚王国百姓、疆域的专用名词。不过谁也不能确定这些词语的真正含义。尤其是在中世纪的时候，国家的名称、疆域经常发生改变，而且即使是在如今，"古塞尔维亚"一词也被当作了普里什蒂纳与普里兹伦周边地区的专业用语。——作者注

第二章

塞尔维亚王国的诞生

　　曾有一位著名的作家，将回顾中世纪历史比作是让一件简单的事情模糊化的过程。在中世纪，几乎没有民族或国家完成了统一。所以，要想了解中世纪历史，是一件很麻烦的事情。如果有人觉得解决南斯拉夫民族的问题易如反掌的话，那么他就大错特错了。当时，伊利里库姆地区和别的地区一样，也有很多民族聚集。从原始时代开始到7世纪，这里一直有很多外来民族定居，因此也常发生侵略战争。在这个地区的每一寸土地上都印刻着各时期、各民族的迁移史。不过最后得到了这一片地区控制权的还是人多势众的南斯拉夫人。他们所用的方法无非是将别的民族征服或驱逐出境。而生活在希腊的南斯拉夫人都曾被拜占庭帝国征服。这里的南斯拉夫人即使没有被完全同化成希腊人，也和生活在巴尔干半岛的斯拉夫人不太一样了。我们在阿尔巴尼亚地区找不到任何与南斯拉夫人相关的痕迹，却能在黑山与普里兹伦发现很多和北阿尔巴尼亚人相关的印记。模仿罗马的民族与伊利里亚民族一直居住在拉古萨的安蒂瓦利、科托尔、达尔马提亚。在这些地区的斯拉夫人最终都开始信奉罗马天主教，这也间接证明了仿罗马人与伊利里亚人在某种程度上还是成功了。在马其顿，除了有塞尔维亚南斯拉夫人存在，还有保加利亚人在此生活。从上古时期开始，不管是在马其顿、古塞尔维亚，还是在现在的黑山王国境内，都能找到四处流浪的罗姆人、毫无名气的弗拉赫人，还有罗马尼亚牧羊人的居住痕迹。他们都或多或少地保存着自己的宗教信仰和生活习惯，因此他们的特征也和南斯拉夫人不一样。不过，他们的一些生活习俗和巴尔干地区的原始斯拉夫人比较相似，都像游牧民族一样到处流浪，没有固定居所。可是泽塔王国与拉什卡王国基本没有受到这些外来者的干扰，我们这才能够追溯其历史。

君士坦丁七世是拜占庭帝国马其顿王朝的君主，也是一位皇室文人，后世称其为"生于紫室之人"。他在 10 世纪写过一本书，于 953 年出版，此书是和南斯拉夫人相关的。泽塔和拉什卡两地曾出现在他的书中。书中还提到那时候的塞尔维亚人生活在利姆河发源地，也就是现在的塞尔维亚王国境内。他们也一直在扩大其领土，不停地向西南边的塔拉河与德里纳河、东北边的伊巴尔河与西摩拉瓦河靠近。不过对于塞尔维亚人的活动范围缺乏相关史料证明，大家对此也各执己见。唯有一点可以确定，那就是在 10 世纪时，大多数塞尔维亚人都已经定居在黑山西北边与新帕扎尔的桑扎克，还把"古塞尔维亚"的北边分界线推到了舒马迪亚山区。在新帕扎尔旁边有一座名为拉斯的城池，它的地理位置很关键，而拉斯的东边分界线就是伊巴尔河。当时塞尔维亚人还没有涉足贝尔格莱德、摩拉瓦河、多瑙河与瓦尔达河周边的军事干线。他们最开始居住在巴尔干半岛的内地，这里群山环伺，离海甚远，少有外敌入侵。到了 12 世纪，摩拉瓦河与马其顿河谷被拜占庭帝国或保加利亚第一帝国占领。

要想了解黑山王国与塞尔维亚王国的历史变迁，我们可以从其地理环境入手。黑山堡垒位于山谷之中，四方端正，极易抵御外敌。一条小河——泽塔河与一条大河——莫拉查河都从这里流过，然后汇入斯库台湖。斯库台湖下游位于阿尔巴尼亚境内，这里也是山地最多的地方。这些大山阻挡住了外敌的侵略步伐，也使得塞尔维亚人不能南下征伐。其实生活在阿尔巴尼亚阿尔卑斯山脉周边的居民也一直和外敌周旋，绝不投降。塞尔维亚人在斯库台湖附近一带，以及阿尔巴尼亚的地中海周边都建立起了自己的势力，唯独内陆是其从未踏足之地。都拉佐港口至关重要，从巴尔干半岛和萨洛尼卡穿过的罗马大道、中世纪商路也是从这个港口开始的。因此这里也是塞尔维亚人一直想征服的地方。阿尔巴尼亚境内有一膏腴之地，名为爱尔巴桑，在它的城门处还保留着中世纪武器，不过现在只是装饰而已。在都拉佐和爱尔巴桑之间有一条厄纳齐雅大道，它横穿阿尔巴尼亚山地，经过斯特鲁加，在路上能够俯视奥赫里德的所有城堡，然后穿过莫纳斯提尔与沃德那荒地，直达萨洛尼卡。这条道路的出现带动了沿途的商业经济，使得周边人口越来越密集，而且还将亚得里亚海的产品送到了拜占庭帝国。同时，这条道路也激发了拜占庭帝国、塞尔维亚王国、保加利亚王国，以及诺曼底的侵略者们开疆拓土的征服欲望。

在黑山、泽塔境内有喀斯特山脉，黑山的喀斯特山脉周边有科托尔，那里是荒山野岭，乱石堆积；泽塔的喀斯特山脉则是良田沃土，植被丰富。位于桑扎克的山脉也有这样的特性——一面是良田，一面是荒地。在利姆河谷里，草木生长旺盛，多有奇形怪状的山峰；在伊巴尔河谷中，植物茂盛。在中世纪，从海岸通往内地的道路不但少，而且路上多险阻，因此这些路可以说更适合牲畜前行，而不是驱马驾车通行。在拉古萨和德里纳河之间有一条道路经过黑塞哥维那。从科托尔到尼克西奇也有一条路，并且还可以从这条路到塔拉河上游。不过，最方便的还是从斯库台湖前行，往白德林河方向去，经过普里兹伦到达"古塞尔维亚"。在这条路上会经过黑山、泽塔王国、"古塞尔维亚"的新帕扎尔，还会经过拉什卡王国的一些领土。塞尔维亚人最先居住的地方在黑山东北方向的摩拉瓦河谷。这里的地形大同小异，都是多山脉、山地，土壤肥沃，在山上也可放牧，而且易守难攻。这里即使到了冬季也比较温暖，植被中数量最多的是橡树、冷杉和栗树。

在深山老林中也有狼、熊、虎、野牛等野兽出没。生活经验丰富的塞尔维亚人学会了设陷阱捕猎，这比之前用猎枪狩猎更方便。因此在塞尔维亚国内皮毛生意异常火爆，狐狸、貂、白鼬、海狸这些动物的皮毛都极受欢迎。这里也有许多铜矿和银矿，不过这些资源是在中世纪末期才由拉古萨人和日耳曼人开发出来。在塔拉河流域、利姆河流域，以及西摩拉瓦河流域、伊巴尔河流域的山地居民大多身强力壮，他们对外界虎视眈眈，同时一直都在养精蓄锐。泽塔是他们的首个目标。等到 11 世纪，这些人逐渐开始攻打其他地方。塞尔维亚大公国就是由拉什卡人在拉斯建立的，它地处波斯尼亚、泽塔、"古塞尔维亚"的交界处，靠近新帕扎尔，因此塞尔维亚大公国如果想将南面的"古塞尔维亚"收入囊中并非难事。伊派克在刚开始的时候是教会中心，之后逐渐成为塞尔维亚人心中的圣地。伊派克地处平原，有着广阔的良田沃土，无疑是侵略者眼中的最佳选择。塞尔维亚人收服了普里兹伦和斯科普里，并将这两处发展成为王国的权力中心。塞尔维亚人是在 13 世纪才有能力向北征伐，他们拿下了极具战略意义的重要城池——尼什。这里四通八达，是中世纪四条道路的中心。其中，通向贝尔格莱德北部与萨洛尼卡南部边缘，经过大摩拉瓦河谷与瓦尔达河谷的道路和从尼什经过索菲亚、菲利波波利到达君士坦丁堡的道路可谓至关重要。

塞尔维亚人拿下尼什后就可从瓦尔达河谷南下去马其顿，或者从摩拉瓦河河谷北上去贝尔格莱德。而且塞尔维亚人的北伐之战持续了很久，并且最终大获全胜。塞尔维亚王国和黑山王国在 1913 年定下的分界线基本上是中世纪塞尔维亚王国的全部领土。当地的人民几乎都是塞尔维亚人，信仰希腊东正教，只有马其顿例外。塞尔维亚人和保加利亚人在中世纪为了争夺马其顿，斗得你死我活，战争异常激烈。当时塞尔维亚人开疆拓土的行为证明了居住在山地的人都身强力壮但行为粗俗，这也是自然法则之一。这些人离开山地之后，都会用武力征服平原居民，并且会疯狂地抢夺平原地区的资源和财富。新帕扎尔附近的森林山川培养出了塞尔维亚人的胆识和耐心，他们在奥赫里德、马其顿平原和斯库台湖周边真正展现出了这两大优势。

在中世纪初期，巴尔干地区最强大的两方应当是保加利亚第一帝国与拜占庭帝国，它们打得热火朝天，与此同时，塞尔维亚人则一直隐居在山中，很少露面。塞尔维亚王国当时也在养精蓄锐，所以在两大帝国交锋时，它也坐山观虎斗，乐见其成。保加利亚第一帝国的实力在 9 世纪达到了巅峰，它是斯拉夫民族后裔，后与亚洲民族、蒙古族通婚，因此国中也有这两个民族的后人。这些人无论是在外貌上还是在性格上，都和塞尔维亚人不一样。保加利亚人生性踏实顽强，只是长得鼻偃齿露、粗短矮小。他们和塞尔维亚人的差别在查理曼大帝时期就已显露出来了。当时保加利亚人发展势如破竹，利奥六世在《战术学》一书中描述过保加利亚人的军纪、管理都远胜于南斯拉夫人。他们不但精明能干、秩序井然，而且有着最好的装备设施，塞尔维亚人无论是在哪一方面都比不上他们。保加利亚第一帝国拥有丰富的贵金属矿产资源，商业发展迅速。军队将士们拥有铁甲刀剑，君王也是身着绫罗绸缎，华丽至极。可是，纵然保加利亚第一帝国拥有这滔天的富贵，也没能衍生出相应的文明。

帝国内的第一次暴乱发生在 811 年。同年，保加利亚国王克鲁姆大公凭借着自己的军事才华打败了强盛的拜占庭帝国军队，斩杀了皇帝尼基弗鲁斯一世，并将他的头骨制成酒杯。克鲁姆甚至在宴会上用这个头骨酒杯与皇亲国戚们把酒言欢。残暴的克鲁姆，他既是拜占庭帝国的噩梦，也是百姓们内心深处的恐惧。在他的带领下，保加利亚人将现在的保加利亚王国国土收入囊中，并且不断向外扩张。同样是在 811 年，多瑙河和现在的斯洛文尼亚都被保加利亚第一帝国军队监管。塞尔维亚人可以逃过保加利亚人的征伐，主要是因为舒马迪亚和波斯尼亚地区的山脉地势险要，固若金汤。当马其顿西部地带被保加利亚人占据之后，马其顿南部的居民自然会打起塞尔维亚人的主意。不过他们在某种程度上也促进了泽塔、拉什卡地区的塞尔维亚民族部落的合作，这些部落纷纷结盟，看似团结一致。而联盟的第一位首领便是弗拉斯蒂米尔。塞尔维亚人此时仍旧算是拜占庭帝国的人，所以拜占庭帝国皇帝用外交命令要求塞尔维亚人出兵对抗保加利亚人。双方在 840 年发生了大战，战况异常惨烈，最终以保加利亚人的失败告终。拜占庭帝国在数年后又给了保加利亚人致命一击，想将他们逐出马其顿。塞尔维亚人在 852 年继续向保加利亚人开战，并且保持了胜绩。我们可以根据之后的安稳局面窥见以前外交的真相。

身为保加利亚第一帝国皇帝的鲍里斯一世曾去过拉斯，也就是塞尔维亚公国的边疆地区，然后又到了塞尔维亚公国的东北边疆。而最终使局势稳定下来的人是塞尔维亚公国之主弗拉斯蒂米尔的儿子们——塞尔维亚公爵。他们将 90 张兽皮、两只猎鹰、两只猎犬，以及两个奴隶当作礼物赠予了鲍里斯一世。这在保加利亚人眼中代表着塞尔维亚人向他们投降了。而鲍里斯一世之所以想休战言和，是因为他想让塞尔维亚人释放自己的孩子和保加利亚第一帝国的王公贵族们。所以保加利亚人所认为的投降根本是耳食之论罢了。在塞尔维亚人和保加利亚人的首次交锋中，大获全胜的无疑是塞尔维亚人。而这为塞尔维亚大公国之后的胜利奠定了基础。在 840 年的战争中，拜占庭帝国国力式微，根本无法出兵帮助塞尔维亚人，所以如果没有第一次的顺利，塞尔维亚人当时也许就会成为保加利亚人的手下败将了。不过，鲍里斯一世的求和也让塞尔维亚大公国与拜占庭帝国松了一口气。在之后的 200 年间，拜占庭帝国的军事实力日益壮大，保加利亚第一帝国早已不是它的对手。在这两大帝国开战之时，塞尔维亚大公国置身事外，继续发展壮大自身实力。虽然当时保加利亚人威胁到了塞尔维亚人，但这种威胁仅仅是昙花一现，难以维持。

对于塞尔维亚人来说，和平才有利于他们之后的发展。有两名斯拉夫传教士，名叫圣美多德、圣西里尔，二人在 9 世纪后期穿过巴尔干半岛到达了摩拉维亚，向西斯拉夫人进行传教。他们以希腊字母为基础造出了斯拉夫字母，所以从他们的贡献来看，与其说他们是基督教的传教士，不如说他们是基督教的学者。他们创建的斯拉夫字母最开始被叫作格拉哥里字母，后人改进后成为系列字母，也就是现在俄罗斯、塞尔维亚、保加利亚所使用的字母。克罗地亚人一直都使用拉丁文。由此可见，南斯拉夫民族要想实现统一注定先要克服的就是文字不同的难题。圣西里尔与圣美多德应该也没有想到他们发明的斯拉夫字母在几百年后会成为多民族使用的语言基础，同时也让斯拉夫民族四分五裂。

人们普遍认可一个说法，那就是"宗教永远和政治挂钩"，所以斯拉夫的传教士自然也会成为当时政治家们的工具。比如，拜占庭皇帝便将这两个人作为了博弈的筹码，想借助他们增大希腊东正教对拜占庭帝国的异教徒的影响力。在那个时候君士坦丁堡与罗马分别将巴尔干地区和伊利里亚当作了战场。虽然在阿尔巴尼亚和达尔马提亚沿海地区的人们都已经皈依天主教，教皇势力也是不容小觑，但这片地区还是由希腊东正教牧首和拜占庭皇帝领导。毫无疑问，在 862 年到 863 年，拜占庭皇帝以武装战争的手段强行把保加利亚人拉进了希腊宗教之中。斯拉夫字母与圣西里尔用马其顿－斯拉夫语翻译的《圣经》成为拜占庭帝国掌控南斯拉夫民族的工具，而南斯拉夫人对此也并不抗拒。因此，到了 20 世纪，黑山王国、塞尔维亚王国，还有保加利亚王国都皈依了希腊东正教。

塞尔维亚人和异教徒的矛盾之所以不尖锐，可能是因为保加利亚人和塞尔维亚人在政治因素的影响下信奉了其他宗教，也就是说宗教于他们而言不过尔尔。好在原始社会人的自然崇拜还是被传承了下来，从黑山人的各种习惯中也能窥见一二。即使是在 17 世纪，我们还是能从黑山民谣中听到和东正教主教于山峰之巅向媚娃[1]祈福有关的故事。黑山的百姓们依旧认为精灵生活在丛林中；巨人居住在山洞里；蟒蛇睡在湖泊下。塞尔维亚人也会把可以直立行走的大熊当作同类；将在夜黑风高时仰天长啸的豺狼视作幽灵。南斯拉夫民族的农民们相信世上存在吸血鬼，而且吸血鬼和人类外表相似，以人血为食，他们对这样的故事深信不疑。这些流传在塞尔维亚人之间的传说证明了塞尔维亚人对宗教并非不屑一顾。至于能够证明塞尔维亚人和异教徒之间的矛盾并不尖锐的事情还有很多，比如新东正教会势力单薄，而塞尔维亚基督教教徒最初所建的教会也寥寥无几，主教们基本都不是塞尔维亚人。

南斯拉夫民族最后还是选择了基督教，不过在中世纪初期，他们纠结的一直都是希腊东正教和罗马天主教。这也许是因为保加利亚人本来是偏向罗马天主教，可是在 862 年到 863 年，保加利亚第一帝国国力式微，拜占庭帝国则如日中天，因此前者只能妥协。塞尔维亚人还是没有想好选择希腊东正教还是罗马天主教，而他们的所作所为也证明了他们蛮横无知、缺乏公正、贪图利益的性格。此外，当时本来信奉罗马天主教的克罗地亚公国也曾被东正教吸引。不过达尔马提亚周边的百姓还是信奉罗马天主教，安蒂瓦利的村庄从当时到现在也一直都是罗马天主教的势力范围。天主教的传教士在位于阿尔巴尼亚北部的都拉佐和斯库台湖间的地区传播罗马天主教的各种仪式。波斯尼亚的塞尔维亚大公国和泽塔公国也在纠结究竟是选择希腊东正教还是罗马天主教。其实，塞尔维亚大公国在早期，尤其是 9 世纪时期的各任君主的名字，比如扎卡里、保罗、彼得等，都是参照罗马天主教圣徒之名所取。由此可见，罗马天主教在那个时期对塞尔维亚大公国有着极大的影响力。在波斯尼亚、达尔马提亚最北边地区，东正教和天

---

[1]　在东欧的民间传说中，媚娃是随意幻化外形的精灵。——作者注

主教的势力不相上下。可在拜占庭帝国的施压下，塞尔维亚大公国和泽塔公国还是选择了东正教。前者当时之所以会听命于拜占庭帝国，是因为保加利亚第一帝国当时跻身强国之列，塞尔维亚大公国想要反抗，就必须要借助于拜占庭帝国的力量。塞尔维亚大公国信奉的东正教没有深奥的教义，但有着深刻的文化意义。圣美多德与圣西里尔和当时中世纪的所有传教士一样，都想将文明、艺术和知识传播出去。希腊东正教神父、传教士、罗马天主教教皇一同去往利姆河与伊巴尔河流域，向当地百姓播种教育和文明。他们支持当地人和强大的文明国家互通往来，开展商业活动，并且教他们绘画、创作、建筑、玻璃工艺等艺术。塞尔维亚人之前居住的都是简陋的木屋，只能勉强生活，但他们在传教士的教导下掌握了相关技巧，建造出了各种辉煌的建筑。塞尔维亚的教堂和宫殿证明塞尔维亚人完成了从野蛮到文明的过渡。

塞尔维亚人在皈依东正教后发展了文明，也展开了与保加利亚人之间的斗争。保加利亚第一帝国国王在塞尔维亚人大获全胜后勃然大怒。之后发生的事情也表明当时的领导者们和其子民都有着百炼成钢的毅力和勇气。在鲍里斯一世战败而亡后，其侄子鲍里斯二世继续向塞尔维亚人宣战，可仍旧没能成功。保加利亚第一帝国的继承者觉得脸上无光，于是便想要一雪前耻。保加利亚将士擅长山地作战，对于军规纪律也是绝对的服从，拜占庭帝国的评论家们对此赞不绝口。所以，比起拜占庭人，塞尔维亚人更怕保加利亚人。而且从地图上来看，保加利亚第一帝国比拜占庭帝国更靠近塞尔维亚大公国，此外它也更了解塞尔维亚人的作战风格。一旦拜占庭帝国国力式微，塞尔维亚大公国失去了秩序，保加利亚第一帝国便可以凭借着英明的君王和杰出的将帅一举歼灭塞尔维亚大公国。塞尔维亚人也深知这一点。要知道塞尔维亚大公国国王在 9 世纪后期就已经向拜占庭帝国俯首称臣，而这样的状态维持了近 300 年。

保加利亚第一帝国在西美昂大帝的带领下，于893年到896年攻打拜占庭帝国。曾经写下了斯拉夫历史的拜占庭帝国皇帝君士坦丁七世，他在位期间面对的攻击是最强烈的。这时的塞尔维亚大公国基本上进入了无政府状态，这自然有利于保加利亚第一帝国。西美昂大帝在924年攻打塞尔维亚大公国。在交战过程中，塞尔维亚军队全军覆没，随后，西美昂大帝便以最残酷的手段毁灭了这一大国。他和辛纳赫布里一样，打算把所有的敌人都逐出塞尔维亚大公国，便强行下令让大量的塞尔维亚人搬到保加利亚第一帝国的巴比伦居住。塞尔维亚在君士坦丁七世和其手下的口中是一个只有几个以打猎为生、吃了上顿没下顿、没有妇孺的不毛之地。达尔马提亚和克罗地亚的塞尔维亚人被西美昂大帝带领的军队折磨，可最惨的还是生活在拉什卡的塞尔维亚人。暴君西美昂大帝逝世之后，也就是927年以后，塞尔维亚人才得以解脱，而保加利亚第一帝国则开始走下坡路，之后的国王们再也没能征服过数量如此庞大的塞尔维亚人。但塞尔维亚人还是饱受保加利亚人的折磨，只是不用再面对灭族的风险。

我们可以从保加利亚第一帝国国王掌控塞尔维亚的手段上了解他们是怎样折磨塞尔维亚人的。塞尔维亚的领导者们或是被镀金镣铐所束，关押在保加利亚皇宫中；或是坐于宝座之上被无尽地羞辱、侵犯；或是死于暗杀。对于这一时期所发生的事情，可以用一件事来侧面表明：保加利亚第一帝国国王拉多米尔在1015年被约翰·弗拉迪斯拉夫杀害，王位也被其所夺。约翰·弗拉迪斯拉夫在登基之后为了报杀父之仇，处死了拉多米尔的全部亲人。而塞尔维亚大公、泽塔公国的约万·弗拉基米尔也在约翰·弗拉迪斯拉夫的复仇名单上。

约翰·弗拉迪斯拉夫先是以参观普雷斯帕岛为由邀请弗拉基米尔，但弗拉基米尔并没有答应。约翰·弗拉迪斯拉夫便将一个金十字架赠予他，想让他放松警惕。对此，弗拉基米尔回道："上帝被钉在十字架上，这个十字架既不是金的，也不是银的，而是木制的。"约翰·弗拉迪斯拉夫便让保加利亚大主教亲自送去了一个木制十字架，并且承诺不会伤害弗拉基米尔。于是弗拉基米尔答应了约翰·弗拉迪斯拉夫，拿着这个十字架到了普雷斯帕岛。他还特地去岛上的一座教堂做了祷告。约翰·弗拉迪斯拉夫便坐在教堂的圣坛边，而这座教堂早就被他派兵包围了。弗拉基米尔逃到门廊处便被杀死，当时他手里还拿着那个木十字架。看着他身亡的还有他的妻子科萨拉。科萨拉其实是在他之前就来到了普雷斯帕岛，打算用自己的命换他的命，但没能成功。弗拉基米尔大公死后被葬在了这座教堂中。约翰·弗拉迪斯拉夫也听闻每当入夜后，在弗拉基米尔墓地的周边总会出现一道诡异的光。迷信的约翰·弗拉迪斯拉夫对此害怕不已，最终决定将大公的遗体还给科萨拉。大公的尸体被挖掘出来，人们发现他的右手还一直握着那个十字架。科萨拉将丈夫的遗体葬在了圣马利亚教堂，而她也做了修女，守在修道院中，度过了漫漫余生，并在死后与丈夫合葬。对于之前墓地所出现的诡异之光，众人都百思不得其解，而约翰·弗拉迪斯拉夫偶尔出现的宽容之心，更是让人觉得难以捉摸。这两件怪事发生之后，弗拉基米尔成为圣徒，拥有一座以他名字命名的塞尔维亚教堂，这倒是显得理所应当了。

弗拉基米尔的遗骸最后还是被葬在了爱尔巴桑，他手上握着的那个木十字架也被放在了一个镀金盒子里。这个盒子现在位于安蒂瓦利和杜尔奇尼奥间的一个村落中。村里的所有村民或是信奉罗马基督教，或是信奉伊斯兰教，或是信奉基督教，但人们会在圣灵降临节当天聚集在一起，把这个镀金盒子送到周围的山峰上。亚得里亚海碧波荡漾；斯库台湖周边植被茂盛；黑山屹立在远方，处处都是悬崖绝壁。人们立于山顶，在这无限风光中一同见证朝阳东升的美景。

塞尔维亚人所经历的痛苦可能没有书籍记载的那样残酷。以西美昂大帝当时的实力来看，他是不可能完全掌控塞尔维亚大公国境内每一片森林、每一座堡垒的，泽塔公国基本在他的势力范围之外。由此可见，塞尔维亚的某些部落应当没有被西美昂大帝征服过。不过根据保加利亚人杀死塞尔维亚大公，塞尔维亚士兵曾在保加利亚军队中服役等事情可以断定，塞尔维亚人一定受到过伤害和折磨。有传闻称保加利亚人在 1018 年失势后，其主教依旧掌控着拉斯、奥赫里德、普里兹伦等塞尔维亚大公国的边疆城池。换而言之，如果塞尔维亚人真的生活在保加利亚人的阴影下，那么他们绝对无法四处征伐、扩张土地。不过，保加利亚人对塞尔维亚人造成的伤害还是影响了塞尔维亚人开疆拓土的计划，使得他们在 200 年后才拿下了马其顿、摩拉瓦河谷等地。虽然塞尔维亚人的势力范围不断扩大，但拉什卡王国一直都不是塞尔维亚人的目标，他们最终还是在泽塔王国创建了首个塞尔维亚王国。而塞尔维亚王国在 20 世纪早期就已经成功独立，黑山王国紧随其后，就像它们在中世纪后期那样。

塞尔维亚人在 924 年经历的大劫也表明了保加利亚的政权已经岌岌可危。不过那时候的拜占庭皇帝并未将这些放在眼里。西美昂大帝的后人没有他那样的野心抱负，也没有延续其荣耀，这对于拜占庭人来说也是一件幸事。保加利亚第一帝国的新君彼得一世是一个虔诚的人，他一直积极地和拜占庭帝国和解。保加利亚第一帝国国王塞缪尔在 10 世纪后期曾经想重现本国辉煌，可当时他已经没有机会了。拜占庭帝国之前的每一位君主都骁勇善战，因此它的军事实力已经让其他国家望尘莫及，而且这些君主都攻打过保加利亚，无一例外。最后一个攻打保加利亚第一帝国的拜占庭皇帝是巴西尔二世，后世都称他为"保加利亚屠夫"。保加利亚第一帝国也在巴西尔二世连续的攻击下全盘崩溃。已到暮年的巴西尔二世在 1019 年带着他从保加利亚得到的战利品和俘虏凯旋，并且得意扬扬地经过了君士坦丁堡黄金城门。保加利亚第二帝国在中世纪末期成立，可这对于塞尔维亚人来说完全算不上威胁。保加利亚第二帝国在和拉什卡王国开战时，也惨败而归。

我需要再用几个大事件来表明保加利亚人在 950 年到 1019 年已经不能震慑四方。几百年来，住在多瑙河周边的蛮族终于被歼灭，拜占庭帝国也收回了多瑙河的统治权。但塞尔维亚大公国并未在多瑙河周边建立起自己的势力，属于它的拉什卡地区也进入了无政府状态。茹潘[1]们明争暗斗，都想得到更大的权力，因此引起了许多血腥的暴行，可以说大家都是伤敌一千，自损八百。这种情形恰如七国时期的萨克逊英格兰。拉什卡地区有六大首领，有时候也会出现有大茹潘名头的第一首领，但这只是名义上的而已。大茹潘头衔和不列颠的布雷特瓦尔达头衔差不多，代表着至高权力。拉什卡地区在西美昂大帝的折磨下，一直都处于无政府状态，政权也是四分五裂，而这种情形维持了 250 余年。泽塔公国则与之相反，其政权在短时间内便稳定了下来。

随着保加利亚第一帝国的覆灭，拉什卡王国与泽塔王国转危为安，然而它们的两大邻国又开始成为新的威胁。暴力又强悍的马扎尔人迅速在多瑙河周边建立起自己的势力，并且打算继续往西南边扩张，波斯尼亚和克罗地亚王国成为他们的囊中之物。拜占庭帝国也打起了拉什卡东部一带的主意。拜占庭帝国已经攻克了保加利亚第一帝国，那么他们之后的目标自然是多瑙河、马其顿、摩拉瓦河这一片区域了。因此，为了达成目标，拜占庭帝国就一定要征服拉什卡地区的塞尔维亚人，让他们对拜占庭帝国俯首称臣。拜占庭帝国的强势帝王派兵到塞尔维亚的山区之中、丛林之间，把各部落首领变成了他们手中的傀儡；对稍微弱势一些的君王则用外交政

---

[1] 茹潘塞尔维亚人和克罗地亚人早期部落公国的统治者。几个部落公国的最高统治者称"大茹潘"，或译作"大公"。西斯拉夫人早期部落小国的统治者亦称茹潘。——编者注

策，在领地王公之间实行反间计，挑拨双方反目从而削弱他们的实力。如此一来便出现了两种结果：其一是促使塞尔维亚人与马扎尔人结盟；其二是让拉什卡的塞尔维亚部落各自独立，互不往来。因此自10世纪后的200年间，拜占庭帝国都是塞尔维亚人与马扎尔人共同的敌人。拉什卡的公民们为了对付拜占庭帝国，同时也想求得靠山，于是便和匈牙利王国结盟了。与此同时，塞尔维亚人和马扎尔人也携手合作。两者的合作意义重大，因为塞尔维亚人如果不是抢先与马扎尔人结盟的话，那么马扎尔人很有可能和拜占庭帝国联手歼灭塞尔维亚人。

拉什卡王国在被西美昂大帝带兵攻打之后，实力大减，居民人数也越来越少。尔后，拜占庭帝国也不断对其施压，使其内部分崩离析。拉什卡王国内忧外患，根本不能像泽塔公国那样卷土重来。当时泽塔公国的领土既有被黑山在1878年到1881年占据的土地，还有斯库台湖及其周边城市。而且泽塔王国的山地要塞处于隐秘之地，如果想攻打泽塔王国，只能从泽塔河谷或是斯库台湖进去，并且还要付出相当惨痛的代价。所以，泽塔王国才能在当时的动荡局面中安居一隅，缓慢发展。虽然很多人都不了解泽塔王国的情形，但这并不意味着它不重要。泽塔早在拉什卡只有大茹潘的时候就已经出现了国王。国王这一头衔可谓位高权重，它的出现代表着这个民族、部落存在已久，并且拥有了相对完整的社会体系。虽然我们眼下还没有充足的证据可以证明这一点，但这个说法是毋庸置疑的。另外，泽塔当时的领土范围也绝不只是前文提到的那些。达尔马提亚和拉什卡的一些地区有时归泽塔王国国王管辖，而国王有时又会自称泽塔王国是克罗地亚王国或是拜占庭帝国的属地国。泽塔王国内部也常会因为王位的归属而争论不休。国王虽然坐上了宝座，但也心中难安。泽塔王国的历任国王基本都不得善终，而且生前没有被囚禁或是没有经历过灾祸的人寥寥无几。不过能够确定的是，泽塔公国在11世纪中期便已经独立成国了，而当时的拉什卡还在寻求拜占庭帝国的庇佑。而且在这一时期最著名的就是国王斯特凡·沃伊斯拉夫在位期间的历史了。

拜占庭君主巴西尔二世在 1025 年与世长辞，这位骁勇善战的君王终于结束了他辉煌的一生，尔后拜占庭帝国便不再对泽塔公国严加管制了。当时还是塞尔维亚大公的斯特凡·沃伊斯拉夫被软禁在君士坦丁堡，他趁机逃回泽塔公国，登基为王。严格说来，当时他管辖的区域除了泽塔外，还有达尔马提亚沿海周边的地区。当时有一艘拜占庭帝国船只在达尔马提亚海岸沉没，船上装有 1000 磅黄金。这些黄金最后自然是被斯特凡·沃伊斯拉夫收入囊中，而且他还和拜占庭帝国决裂宣战。拜占庭帝国派出远征军讨伐斯特凡·沃伊斯拉夫。身在都拉佐的拜占庭帝国总督随之召集了一支军队，士兵人数多达 5 万，总督带着这些人向泽塔河谷进攻。他们进入了杜克利亚，洗劫了这一片的山谷，收获颇丰。可就在他们打算撤退的时候，全军都被困于山谷之中。斯特凡·沃伊斯拉夫带兵埋伏在山顶上，在拜占庭大军经过的时候，推落巨石，射出毒箭。山间道路崎岖狭窄，拜占庭军队前行困难，最终只有寥寥几人逃出生天。斯特凡·沃伊斯拉夫也算是这一战法的开山鼻祖了，之后黑山人就是用这个方法对付奥斯曼军队的。这个方法简单说来就是在两军交战之际，一方佯装败退，然后伏击，伺机将巨石推落后立刻冲下山去趁乱攻打对方。此法一出，无论是在以前的黑山还是在如今的泽塔王国，无论对手是拜占庭帝国还是奥斯曼帝国，山间浮尸遍野，血流成河。

经此一役，泽塔公国在斯特凡·沃伊斯拉夫的带领下算是彻底独立了。在之后的 1042 年，拜占庭帝国在侵略战中元气大伤，保加利亚发生叛乱，帝国内部也陷入了无政府状态，与此同时斯特凡·沃伊斯拉夫态度决绝，一定要独立，所以拜占庭帝国也没有能力再一次攻打泽塔公国，这也侧面证明了泽塔公国已经是一个独立国家了。不能用武力征服，那就只能智取了。拉古萨的拜占庭总督卡塔卡伦·坦坎尼奥斯提出一个要求，想做斯特凡·沃伊斯拉夫儿子的教父。在洗礼仪式上他特地带了一支全副武装的军队，这是他给斯特凡·沃伊斯拉夫的下马威。不过斯特凡·沃伊斯拉夫的表现并没能如他所愿。卡塔卡伦·塔坎尼奥斯带着他的船队来势汹汹，可是刚一靠岸，就被斯特凡·沃伊斯拉夫下令抓捕了，船只及船上的装备也都被缴获。这位梦想着做教父的卡塔卡伦·塔坎尼奥斯被戴上了镣铐，和他的那些船一起到了斯塔尼奥。他这时才恍然大悟。其实这件事情在当时来说是一个典型的案例。斯特凡·沃伊斯拉夫凭借自己的雄才伟略，靠着一些运气让拜占庭帝国成为泽塔公国的手下败将。他不仅不再向拜占庭帝国进贡，而且还从拜占庭帝国掠夺了大量财富。他不惧暴力，不畏强权，甘愿以大半兵力俘虏拜占庭帝国的第一位使者，又囚禁了第二位使者，让拜占庭帝国总督一败涂地。斯特凡·沃伊斯拉夫之子迈克尔登基为帝后居然再向拜占庭帝国俯首称臣，心甘情愿地自称为达尔马提亚总督。但迈克尔私下里让其子暗中帮助保加利亚人对付拜占庭帝国。

拜占庭偶尔还是会攻打泽塔，侵略其领土。比如拜占庭在1091年于战争中抓获了迈克尔之孙博丹王。当时博丹王基本控制了拉什卡王国的两位茹潘，就连波斯尼亚也有其势力。身为教皇的克雷芒三世曾经给博丹王写过一封信，称其为"了不起的斯拉夫之主"。由此可见，博丹王的影响力极大。可随着博丹王被俘，泽塔王国的实力也日渐衰退。十字军在1099年去往斯库台湖的路上，途经泽塔河谷，受到了博丹王的款待。纵观泽塔公国的历史，不难发现，博丹王算是最后一位如此强悍的君主了。泽塔公国在12世纪出现了分裂的迹象。国内为了王位归属争论不休，宴席上发生了屠杀事件，整个国家都陷入了无政府状态……这些事件给了伊丽莎白时期的剧作家无限的创作灵感。我们能够确定的是泽塔公国已经走向末路了。不过，这段历史还是极具哲理性的。在拉什卡王国还在纸上谈兵之际，泽塔公国已经采取了实际行动，带领塞尔维亚民族实现了独立，之后的黑山也是如此。

拉什卡地区在 11 世纪发生的种种对外事件于塞尔维亚人而言无疑是一部讲述了他们在漫长岁月中突破边界的历史。但这对于马扎尔人而言，则是一部讲述了双方携手合作、共同对抗拜占庭帝国的反侵略史。于土耳其人而言，对付马扎尔人与拉什卡人要比对付泽塔人轻松多了。强悍的拜占庭帝国派兵攻打摩拉瓦河谷，并且驻守奥赫里德、莫纳斯提尔与尼什，只要开放了这些要塞供拜占庭军队通过去往大摩拉瓦河谷，拉什卡与匈牙利都将是拜占庭帝国的囊中之物。在这段动荡岁月中，拉什卡地区的塞尔维亚人都明白拜占庭帝国国力式微，因此他们誓死要实现拉什卡地区的独立，并且愿意为之付出一切。经过不懈的努力，拉什卡公国在曼努埃尔一世最后的统治时期，也就是 1180 年，实现了独立。

曼努埃尔一世早在十字军远征之前便数次参战，当时拜占庭帝国的势力还是如日中天，这也算得上是拜占庭帝国最后的强盛了。在曼努埃尔一世的带领下，拜占庭帝国无论是攻打匈牙利王国还是塞尔维亚公国都占据上风，而曼努埃尔一世也是骁勇善战，功勋显赫。他在战场上，无可匹敌，其长矛所指，无往不胜；手持盾牌，无人能及。传闻，在围攻战中，奥斯曼帝国有五百将士，曼努埃尔一世身边只有两名随从，可即使如此，奥斯曼帝国也没能抓住曼努埃尔一世；在匈牙利之战中，曼努埃尔一世自先锋军手中抢过旗帜，一人一马，直接攻下了一座桥梁；在塞尔维亚大公国和匈牙利王国败北后，曼努埃尔一世穿着他的镀金铠甲对两军穷追不舍。

此外，在战场个人交锋时，曼努埃尔一世也是英勇不凡。他和被称作是"恐怖哥利亚"的匈牙利首领交手时，先是举枪刺去，划过匈牙利首领的盾牌。匈牙利首领反手一剑划破曼努埃尔一世的盔甲。天生神力的曼努埃尔一世一手抓住匈牙利首领的胳膊，将他狠狠地摔在地上，然后将其生擒软禁。不过，与其说曼努埃尔一世是如查理曼大帝一般的战略家，倒不如说他是阿玛迪斯一般的游侠。曼努埃尔一世虽然数次打败匈牙利王国和塞尔维亚大公国，但他并没有取得战争优势。诗人们穷尽笔墨描绘着曼努埃尔一世振臂一挥便让塞尔维亚大公国惊慌失措的事情，讲述着在萨瓦河与塔拉河之上有无数冤魂控诉着曼努埃尔一世是取人性命的凶残魔鬼。当时跪在曼努埃尔一世面前摇尾乞怜的不止塞尔维亚大茹潘一个；对着曼努埃尔一世赏赐的王冠感恩戴德的也不止匈牙利国王一位。但即使如此，曼努埃尔一世也不是真正的赢家，取得完全胜利的是身为塞尔维亚人的斯特凡·尼曼雅一世。

如今的塞尔维亚人都觉得是大茹潘斯特凡·尼曼雅一世带领塞尔维亚民族实现了中世纪的辉煌。这种说法是正确的。因为在 14 世纪，尼曼雅王朝已经存在了 300 余年，正是斯特凡·尼曼雅一世带兵统一了拉什卡王国与泽塔王国，让塞尔维亚民族迎来了盛世。斯特凡·尼曼雅一世年少时的经历十分传奇。其父本来也是一位茹潘，在被废之后跑去了泽塔王国，因此有传言称斯特凡·尼曼雅一世是降生于泽塔王国境内的。在父亲继承大茹潘之位后，斯特凡·尼曼雅一世得到了一块封地，那就是拉什卡王国东边的一个公国。此地领土范围自拉斯到尼什，伊巴尔河、托普利特萨河下游的河谷一带和克鲁舍瓦茨周边皆在其中。换而言之，斯特凡·尼曼雅是一位边境护卫者，需要防备拜占庭帝国的侵略，守护泽塔东境的安稳。曼努埃尔一世在 1171 年因为与威尼斯作战选择和斯特凡·尼曼雅联手攻打了拜占庭帝国的达尔马提亚，因此两方有了嫌隙。第二年拜占庭帝国便派军驻守尼什，打算攻打拉斯。斯特凡·尼曼雅在茨维切南部的潘蒂诺与拜占庭军队交锋，大获全胜，可随即便被威尼斯共和国抛弃。当时威尼斯舰队一直为瘟疫所苦，只能开船回国。匈牙利王国新君也同拜占庭帝国休战了，这让曼努埃尔一世可以全心全意地对付尼曼雅王朝。外界对于威尼斯投降一事众说纷纭，不过这对事实并没有影响。据说，在拜占庭军队凯旋时，肩宽力壮的曼努埃尔一世也在其中，这也是他人生中最后一次胜利归国了。之后曼努埃尔一世在与小亚细亚的作战中连续败北，拜占庭军队也实力大减。最终，曼努埃尔一世于 1180 年离世。这时候拜占庭帝国内部一直在争论应由谁来继承皇位，斯特凡·尼曼雅趁机和匈牙利联手带领塞尔维亚走向了独立。尼什、贝尔格莱德，以及塞尔迪卡的堡垒被塞尔维亚人付之一炬。斯特凡·尼曼雅率军拿下了斯库台湖、科托尔，征服了整个泽塔王国。我们根据科托尔某一行政区在 1186 年的章程上写的"我们的主人，拉什卡大茹潘尼曼雅掌权时期"可以确定当时斯特凡·尼曼雅一世已经掌控了泽塔王国和拉什卡王国。两个国家合二为一，这才是塞尔维亚人的家。当时的一位编年史学家——提尔的威廉在提到 12 世纪末期的塞尔维亚人时，如是说道："他们的民族未经教育，没有开化……但是他们也是一群骁勇善战的人。"斯特凡·尼曼雅一世也是第一个统一了政权并且可以掌控塞尔维亚人使其更具规范性的领导者。

保加利亚人借助斯特凡·尼曼雅一世的支持，奋起反抗阿历克西乌斯二世统治下的拜占庭帝国，削弱了其势力，并且建立了保加利亚第二帝国。斯特凡·尼曼雅一世就是想在君士坦丁堡和塞尔维亚间建立一个国家，将其作为缓冲地，使得拜占庭帝国无法直接攻打塞尔维亚。1187 年，斯特凡·尼曼雅一世还在保加利亚人发起的叛变中拿下了尼什及其周边地区，接管了瓦尔达与摩拉瓦河谷，掌控了通往君士坦丁堡与菲利波波利的道路，成功扩大了塞尔维亚大公国的势力范围。斯特凡·尼曼雅一世在 1189 年 7 月大获全胜，在尼什与神圣罗马帝国皇帝腓特烈一世会面。腓特烈一世是神圣罗马帝国在中世纪时期最伟大的一位君王，那时候他正派十字军远征。或许是腓特烈一世一时冲动才会与拜占庭帝国国王起了冲突，但这两国相争，则是让斯特凡·尼曼雅一世得了利，自普里兹伦到塞尔迪卡之间的拜占庭帝国要塞落入了他的手中。拜占庭君王在 1190 年起兵攻打斯特凡·尼曼雅，后者在被逼无奈之下只能求和，交出了一些领土。不过斯特凡·尼曼雅一世之前便已经将许多属于拜占庭帝国的地区都收入囊中了，而且拜占庭帝国也把阿尔巴尼亚北部和斯库台湖的部分土地都给了他。如此一来拜占庭帝国的版图便有所改变，其边界线从之前的阿莱西奥—普里兹伦—斯科普里推进到了尼什—摩拉瓦—贝尔格莱德，所以两国交界处上的堡垒依旧是拜占庭帝国的，而拉什卡内陆则属于塞尔维亚大公国。斯特凡·尼曼雅一世也将塞尔维亚大公国的边界线从拉斯推进到了西摩拉瓦河北部的克拉古耶瓦茨—尼什南部的莱斯科瓦茨。全世界各国第一次承认了塞尔维亚大公国的领土版图。拜占庭帝国也不想再与日益壮大的塞尔维亚大公国为敌，并且把拜占庭帝国公爵之女嫁给了斯特凡·尼曼雅一世之子，两国借联姻之机握手言和。尔后所发生的历史也证明了拜占庭君王再未涉足过摩拉瓦河谷。君士坦丁堡在 1204 年遭十字军洗劫。位于塞尔维亚大公国和拜占庭帝国之间的、内乱不断的保加利亚第二帝国也发挥了其缓冲作用。

第三章

王朝与王国的荣光（1190—1321 年）

自南斯拉夫民族掌权以来，在其历代王朝中政权最为稳定、国家最为兴盛的王朝应当是尼曼雅王朝。这个王朝让散乱的南斯拉夫民族团结一致，也为之后斯特凡·杜尚的丰功伟业奠定了基础。不过开创塞尔维亚盛世的还是斯特凡·尼曼雅一世。他当时希望统一南斯拉夫民族，建立一个独立的国家，而其后人所想的则是将其他民族也掌控在手中，建立起塞尔维亚帝国。这自然不利于塞尔维亚的稳定。

尼曼雅王朝想要维持国内安稳、以教会教化国民、用外交手段增强塞尔维亚的国家影响力。不过在这三件大事中，尼曼雅王朝只有完成了前两件事，才能做到第三件事。尼曼雅王朝所推行的政治方针与教会主旨看似一致，但有着本质区别。至于政治和教会之间有什么关系，我们或许能通过观察盎格鲁-撒克逊英格兰的历史来找出答案，那就是教会在政治之前统一，而且前者是后者实现的前提。乡镇也是根据教会教区演变而来的。坎特伯雷大主教也为以宗教之法推动政治统一打好了基础。英格兰地区的统一是在威塞克斯王国统一的前提之下完成的。夸张一点说，国家是由教会创造的。不过，中世纪的塞尔维亚王国却并不是这样的。在塞尔维亚境内先是出现了群体，并且由茹潘进行管理，而后塞尔维亚人才开始信奉基督教的，也就是说，塞尔维亚国家的出现是在教会之前，而且南斯拉夫民族所实行的封建制度也和教会的教义南辕北辙。不管是在拉什卡王国还是在泽塔王国，教会都没能做到在国内成立宗教机构，可是教会推动了原有机构的发展，使其更加完善。可见对于尼曼雅王朝历任君主来说，教会只是他们手中的棋子，不过他们本身还是信仰宗教、尊敬教会的。斯特凡·尼曼雅一世的登基仪式就是在修道院举行的，而他生命走向尽头的那段时期也是在修道院度过的，其后人也多如此。但是，即使如此，教会于政治而言依旧只是一个工具而已，这在历史发展进程中也得到了验证。

　　塞尔维亚大公国的将来也受到了斯特凡[1]·尼曼雅一世对鲍格米尔派异教徒的看法的影响。其实鲍格米尔派异教徒和年代更为久远的保罗派异教徒差不多，只是现在已经无法考证其从何而来。东正教是鲍格米尔派的对手，自然会故意曲解鲍格米尔派教义，就像对待中世纪别的异端教派那样。东正教对于鲍格米尔派教义的解释是世界上非黑即白，这和实际情况是严重不符的。鲍格米尔派的教义其实更偏向于"子嗣说"，他们觉得圣灵是在基督过了而立之年才来到他身上的，因此在这之前基督也不过是个普通人罢了。鲍格米尔派的这一说法看起来有些奇怪，他们觉得圣礼代表着撒旦。他们不但不支持十字架弥撒和各种图案，而且还会排斥《旧约》、神父，他们只接受《新约》《诗篇》，还有《新约外传》中的一些文章。我们暂时无法确定这些说法是否是东正教故意散播出来抹黑鲍格米尔派的，不过我们可以确定鲍格米尔派对此极为愤慨。从东正教大骂鲍格米尔派行为不轨、信仰邪恶的行为上可以看出，东正教对于鲍格米尔派是无比担忧的。鲍格米尔派的教徒们在他们教义的驱使下变得精神亢奋，几乎疯癫，宛如吸食毒品的人。他们的疯狂在 12 世纪达到了巅峰，那时候巴尔干半岛的斯

---

　　[1]　塞尔维亚的历任国王都叫斯特凡，代表皇冠之意。——作者注

拉夫领地中都有鲍格米尔派的传教士。可见塞尔维亚大公国的僧人、神职人员都已经屈服于鲍格米尔派的教义了。

斯特凡·尼曼雅一世便是在这紧要关头站出来，公开表示要抵制鲍格米尔派。他为此还举行了代表大会，并且亲自督促议会反对鲍格米尔派。从他的种种行为中也不难看出鲍格米尔派那时的势力范围有多广。斯特凡·尼曼雅一世借助议会开始和鲍格米尔派斗智斗勇，他不但割其领导者的舌头、取人性命，还对该教教徒们进行了抄家，将他们的财产全部收缴。在这种暴力行为之下，斯特凡·尼曼雅一世很快便得到了他想要的效果。在塞尔维亚大公国境内，再也看不到鲍格米尔派教徒的踪迹。不过与此同时，鲍格米尔派还是在致力于分裂波斯尼亚和保加利亚王国。由此可见，斯特凡·尼曼雅一世的行为对于塞尔维亚大公国来说可谓壮举了。当时能够忍受鲍格米尔派的国家不是被鞑靼人统治就是被土耳其人掌控。斯特凡·尼曼雅一世在有生之年达到的最后一个宗教目标就是给鲍格米尔派以致命一击。

斯特凡·尼曼雅一世之子斯特凡·尼曼雅二世被后人称作"第一位加冕者"，也就是说他是第一位以国王之名和国王之权震慑南斯拉夫民族的塞尔维亚领导人。当时人们都觉得能给予他人国王之名的无非是皇帝或是教皇。而在中世纪权力最大的教皇是英诺森三世。此人最喜欢打压西方的各掌权人，同时给东方酋长举办加冕仪式。保加利亚第二帝国、亚美尼亚、塞浦路斯等国国王在英诺森三世掌权期间都得到了其加冕。英诺森三世也曾经和斯特凡·尼曼雅二世讨论过加冕一事，但在匈牙利王国国王的劝诫下，英诺森三世最终还是没有为斯特凡·尼曼雅二世加冕。直到洪诺留三世接替英诺森三世，成为新的教皇后，才派了使节去给斯特凡·尼曼雅二世加冕。斯特凡·尼曼雅二世在 1220 年还自称为教皇之子，不过他当时已经皈依了东正教。我们之前已经说过罗马教皇因为巴尔干地区最高统治权的问题一直在和拜占庭帝国的皇帝、牧首抗争，胜算颇大。十字军在 1204 年打败了拜占庭帝国，占领了君士坦丁堡，并且在此建立了拉丁帝国。而拜占庭帝国余下的势力都集中在了小亚细亚的尼西亚帝国。君士坦丁堡人在这里首次见到了没有胡子的牧首与推崇和子说[1] 的牧师以无酵饼为圣餐进行供奉，他们大惊失色。无论是达尔马提亚人，还是克罗地亚人，抑或是匈牙利人，都一直被罗马天主教的教义所影响。拜占庭帝国被罗马大公所掌控；波斯尼亚人与保加利亚人在宗教上摇摆不定。如果塞尔维亚人在此时也顺从了罗马宗教仪式的话，那么罗马教皇将拥有至高无上的权力，塞尔维亚王国与巴尔干半岛则会面临着史无前例的宗教危机。

塞尔维亚王国国内的情形在外界政治的影响之下已是盘根错节。斯特凡·尼曼雅二世眼下首先要做的就是在塞尔维亚境内设立大主教区。塞尔维亚国内仅有的拉斯主教区在 1219 年是被奥赫里德的大主教所掌管，因此他可以独立自治，其他教会根本不能干涉他。历任大主教都是学富五车、支持文明的希腊人，但他们一直被迫听命于保加利亚第二帝国国王伊凡·阿森二世。斯特凡·尼曼雅二世不仅博古通今，而且才高七步，在他看来，逃到亚洲的皇帝和牧首会把罗马教皇、奥赫里德大主教不会给他的教会独立权交给他。斯特凡·尼曼雅二世在产生了这一想法后于 1219 年解救了隐居于阿陀斯山修道院的弟弟圣萨瓦，并且让他作为使者去亚洲帮他向拜占庭帝国的牧首杰曼努斯二世与君主提奥多雷一世·拉斯卡利斯讨要教会独立权。最终，圣萨瓦不辱使命，顺利归来。其实，杰曼努斯二世和提奥多雷一世·拉斯卡利斯都知道一旦让塞尔维亚大主教区拥有了教会独立权，那么拜占庭帝国在政治上的影响力会越来越大，因此他们也乐见其成。而且圣萨瓦还答应，只要希腊牧首愿意把教会独立权和自治权交给塞尔维亚

---

[1] 和子说即表示："圣灵是由天父和圣子而出"。——编者注

教会，让大主教都听命于他的话，他会让塞尔维亚王国重新信奉希腊东正
教。这一承诺可谓互惠互利，所以大家很快就达成了共识。塞尔维亚大主
教得到了希腊牧首的认可，圣萨瓦也成为塞尔维亚的首位大主教，塞尔维
亚教会得到了自治权，可以独立发展。圣萨瓦在返回塞尔维亚之后建立了
乌日策大主教区，不过此地并非重要地区，所以无法掌控泽塔和拉什卡。
圣萨瓦的势力也开始初见端倪。奥赫里德大主教在 1220 年威胁圣萨瓦说要
把他赶出教会，但圣萨瓦完全不管这些，一意孤行，释放了普里兹伦的主教。
他和斯特凡·尼曼雅二世也不再听命于罗马教会，直接进行了加冕礼。乌
日策修道院的壁画中有一幅斯特凡·尼曼雅二世的画像，画上的斯特凡·尼
曼雅二世一袭深红色长袍，唇边蓄着黑色胡须，头戴珍珠帽，很是体面。
这幅画像也一直保存至今，我们可以从画上看到斯特凡·尼曼雅二世心怀
壮志，胸有成竹。在加冕仪式上，圣萨瓦也成为圣徒。百姓们也将其当作
塞尔维亚国内至高无上的圣徒。不过现在的佩茨，也就是曾经的伊佩克即
将成为塞尔维亚新的大主教区。所以塞尔维亚的圣城应该是伊佩克。圣萨
瓦替塞尔维亚教会争取到了自治权，在塞尔维亚国内建立起了重要的大主
教教区后名扬四海。塞尔维亚的教会之后也曾和东正教主教发生冲突，但
并不激烈，其影响远不及斯特凡·尼曼雅二世改信天主教并且让教皇为其
加冕一事对塞尔维亚大主教地区独立权产生的影响大。塞尔维亚王国同匈
牙利王国，以及克罗地亚、威尼斯共和国有了不一样的宗教信仰，大家只
能渐行渐远，不再来往。这样虽然塞尔维亚得到了独立，但也同时被孤立了，
他日如果有大军来犯，塞尔维亚也许会陷入孤立无援的境地。为了避免出
现这种情况，塞尔维亚开始拉拢东方各国。

在斯特凡·尼曼雅一世、斯特凡·尼曼雅二世、圣萨瓦的努力下，塞
尔维亚的宗教政策发生了重大改变：国内的东正教势力日益壮大，罗马天
主教与鲍格米尔派则逐渐式微。此后经年，塞尔维亚王国成为巴尔干半岛

各国中宗教矛盾最少的国家。于是，塞尔维亚的国王也有足够的精力去发展教会的教化机构。对此，我之后也会详细讲述。总之，塞尔维亚国内的宗教和政治都能够稳固前行，由此可见，文明的教化同宗教、国家是脱不了关系的。

斯特凡·尼曼雅二世和他的父亲推行了存在着巨大风险的政策——土地分封制，很多中世纪的君主都在这个问题上犯了错误。塞尔维亚直到灭国前，依旧还在实行土地分封制。那些有了封地的王公贵族们在选择王位继承人的时候，有人拥护国王之子，有人则支持国王的兄弟。可见，土地分封制让这些贵族们有了不轨之心。就连"第一位加冕者"斯特凡·尼曼雅二世也在 1202 年到 1203 年因为国内爆发叛乱而在外流亡。在斯特凡·尼曼雅二世之后坐上国王之位的是斯特凡·拉多斯拉夫，他掌权期间，塞尔维亚国内的叛乱者越发猖獗。而斯特凡·拉多斯拉夫也毫无帝王之才，懦弱的他居然想把塞尔维亚教会交还给奥赫里德大主教。圣萨瓦知道此事之后大发雷霆，直接动身去了耶路撒冷朝圣。怒火中烧的世家贵族也以此为由废除了斯特凡·拉多斯拉夫，让其弟斯特凡·弗拉迪斯拉夫一世登基。而这个时候，塞尔维亚王国的对手也从拜占庭帝国变成了保加利亚第二帝国和匈牙利王国。保加利亚人和匈牙利人统治着塞尔维亚在摩拉瓦河下游的防线要塞——从尼什延伸至贝尔格莱德，就连普里兹伦与奥赫里德都落入保加利亚人的手里。所以，塞尔维亚王国目前的打算就是攻克保加利亚人在塞尔维亚王国周边建立起的壁垒。可不管是斯特凡·拉多斯拉夫还是斯特凡·弗拉迪斯拉夫一世都没想过反抗保加利亚人，反而对其马首是瞻。面对国王的懦弱，世家们只能揭竿而起。鞑靼人在 1241 年以迅雷不及掩耳之势袭击了东欧各国。当时的局面可以说是危机四伏、生死攸关，因为蒙古族拥有着世界上顶级的军事水平。蒙古大汗率兵在 1241 年攻打匈牙利王国，这一场仗足以媲美中世纪的大战了。蒙古人又在 1242 年攻打波斯尼亚，放火烧了科托尔和泽塔的城镇，之后从拉什卡退到了多瑙河下游。塞尔维亚人只能靠着深山老林的掩护，侥幸逃过一劫。因此，这场侵略战并没有对他们造成损失。斯特凡·弗拉迪斯拉夫一世深知自己无法胜任国王之位，于是便提拔了自己的兄弟斯特凡·乌罗什一世，两人一同掌管塞尔维亚王国。斯特凡·乌罗什一世在上位之后也成为塞尔维亚王国的真正掌权者。而后所发生的诸多事件证明了斯特凡·乌罗什一世也是一位英勇无比的战将。

塞尔维亚王国一直在考虑应该如何拟定外交政策。岌岌可危的拜占庭帝国无法再威胁到塞尔维亚王国了，可伊庇鲁斯公国与塞萨利的天主教公爵依旧是塞尔维亚的潜在对手。与此同时，保加利亚第二帝国还霸占了诸多要塞，这也让塞尔维亚国王寝食难安。而另一边，拉古萨把亚得里亚海的商业出口让给了塞尔维亚，所以塞尔维亚必须要和拉古萨建交，维持关系。可是在这种情况下，斯特凡·乌罗什一世却常常和保加利亚人及拉古萨人交手，甚至还和两国联军兵刃相向。可见他是一位骁勇善战的军事家，却不是合格的外交家。仔细观察斯特凡·乌罗什一世在掌权期间的所作所为，不难发现他不但没有以自己的军事才能帮助塞尔维亚发展，而且还把塞尔维亚的外交弄得一塌糊涂。真正帮助塞尔维亚王国开疆拓土的人是他的两个儿子。

斯特凡·乌罗什一世在上位之后越来越昏庸懦弱，与其他塞尔维亚国王没什么区别。其子斯特凡·德拉古廷最终推翻了他的统治。斯特凡·德拉古廷在位 6 年，其退位缘由也极具中世纪色彩。他在和王公贵族们骑马的时候不小心坠马，脚部受伤，无法痊愈。斯特凡·德拉古廷觉得这是上天在惩罚他当年推翻父亲的不义之举，因此便举行议会，将手中的权力分给其弟斯特凡·乌罗什二世，希望上天能够宽恕他。也就是说斯特凡·德拉古廷在1316年离世之前本应握有一部分实权，但其实被架空了。斯特凡·德拉古廷在生前成为郡王，掌管拉斯以北、萨瓦河以南一带，可这片地区并不属于塞尔维亚王国，而是匈牙利国王赐给他的。而且斯特凡·德拉古廷当时居住在中世纪时名为阿尔巴·宝格卡丽的贝尔格莱德。可见，那时候的贝尔格莱德也不是塞尔维亚的领土。斯特凡·德拉古廷也曾反抗斯特凡·乌罗什二世，使斯特凡·乌罗什二世四面楚歌。不过这场反抗之战只是让斯特凡·德拉古廷在1313年扩大了塞尔维亚的国家版图，将边界线推至鲁德尼克山脉，斯特凡·乌罗什二世却并没有受到什么影响。

斯特凡·乌罗什二世于1282年登基，在1321年去世，比斯特凡·德拉古廷晚走了5年。他在位40载，影响了整个塞尔维亚民族的历史。塞尔维亚的国力在经济发展下得到了明显提升；巴尔干半岛的每一片领土上都有塞尔维亚的士兵，他们是鞑靼人、西班牙人、罗马人解散的雇佣兵，谁出价高他们就为谁效力。如果斯特凡·乌罗什二世连这些人的雇佣费都出不起的话，那么人们自然会怀疑他的能力。其实，当时的塞尔维亚靠着面粉产业打出了名声，农业发展势头良好，皮毛贸易日进斗金，而且塞尔维亚王国还在着手促进经济和商业发展。许多塞尔维亚人都在进行皮毛贸易或是发展农业。除此之外，塞尔维亚王国还和拉古萨建交，关系日益亲密。因为有了自拉古萨经过波斯尼亚到达塞尔维亚的商业路线，塞尔维亚的贸易往来越发频繁，国内的各类资源都得到了有效开发。于是，塞尔维亚国内自古罗马时期便已闻名于世的金矿、银矿、铜矿等资源重见天日。因为和马扎尔人交好，塞尔维亚人也能从匈牙利王国招募许多德意志开拓者。在塞尔维亚境内的拉古萨和意大利移民通过开采矿山得到了大笔财富。塞尔维亚的银币已经使用了50余年，而以黄金和铜铸造成的硬币则是在斯特凡·乌罗什二世时代出现的。这也表示塞尔维亚已经进入了一个繁华时期。塞尔维亚努力发展商业和矿产业，国库充实，斯特凡·乌罗什二世因此有了足够的军费去聘请专业的雇佣军，并且借助他们打败了经过严格训练的拉丁帝国军队。也是因为国家有了不俗的经济实力，塞尔维亚国王才能进行史无前例的对外征服，实现自己的野心抱负。

斯特凡·乌罗什二世偶尔也会做事不加思考，并因此引来灾祸，但他确实是一位骁勇善战、英姿飒爽的军人。拜占庭君主迈克尔·巴列奥略在1261年打败拉丁帝国，夺回君士坦丁堡，收服马其顿地区，还抢夺了保加利亚第二帝国的诸多堡垒。斯特凡·乌罗什二世只好和塞萨利的天主教大公合作，共同对付迈克尔·巴列奥略。斯特凡·乌罗什二世带兵攻打斯科普里并且在1282年征服了它，而后又进入了布雷加尔尼察河流域。这对于塞尔维亚王国来说是极具历史性的事件，因为此后塞尔维亚人的政治中心便设在了斯科普里。所以，塞尔维亚人在1912年打败土耳其人抢回斯科普里之后才会如此的热血沸腾。其实，斯科普里这个名字是塞尔维亚人起的，其意在彰显塞尔维亚要重现中世纪辉煌的决心。塞尔维亚人也是在斯特凡·乌罗什二世的带领下才能建都于斯科普里。失去领土让迈克尔·巴列奥略脸上无光，倍感羞辱，他打算悉心筹谋，一雪前耻。可他的突然离世终止了所有计划。其子安德罗尼卡二世组建了一支有土耳其人、法兰克人和鞑靼人的军队，并且派他们去打反击战。他们作风野蛮，直接毁掉了许多塞尔维亚堡垒。斯特凡·乌罗什二世领兵击败了这些人，最后对拜占庭帝国发起了攻击。他把塞尔维亚的边境线推到了迪勒拉的山地，收服了都佐拉的海岸，可始终没能涉足普里莱普和奥赫里德。安德罗尼卡二世无奈之下只能与斯特凡·乌罗什二世签约讲和，条约的签订也证明了塞尔维亚王国的势力已经如日中天。然而就是这样戎马半生、战功赫赫的斯特凡·乌罗什二世却在自己的统治后期接连遭遇滑铁卢，荣耀不再。塞尔维亚国内动乱频仍，匈牙利王国派兵攻占了马奇瓦，同时进攻贝尔格莱德。而斯特凡·乌罗什二世率兵于塞尔维亚王国的东部、南部地区屡战屡胜。除此之外，塞尔维亚北部虽然失守，但损失较小，影响不大。斯特凡·乌罗什二世在弥留之际自称为阿尔巴尼亚及塞尔维亚之主，这也为塞尔维亚人注入了一剂强心针，激发了他们的野心。还有一点毋庸置疑，那就是斯特凡·乌罗什二世在外交政务上并没有突出贡献。在其掌权期间，巴尔干地区的政治形势盘根错节，复杂程度史无前例。要想在风云变幻、虚实难测的政坛中抓住先机，只能依靠天赋异秉的外交人才。斯特凡·乌罗什二世以铁血手段镇压了国内的动乱，聘请了雇佣军维护国家秩序，并且为塞尔维亚王国争取到了更多的外交资源。而他也因为以大方的态度对待教会而在危急关头救了自己。在塞尔维亚动乱频仍之际，如果不是僧人和神职人员的鼎力支持，斯特凡·乌罗什二世早就被叛乱者推翻了。他也是靠着这些人借给他的钱财聘请了雇佣军，从而稳固了自己的政权。因此，他和教会的互惠互利会让人觉得他的政治成就和教会脱不开关系。当然，还有很多事情能证明斯特凡·乌罗什二世政绩卓然。比如斯特凡·乌罗什二世在 1321 年辞世后，塞尔维亚王国便乱作一团，由此可见斯特凡·乌罗什二世在自己掌权期间治国有方。

宗教在尼曼雅王朝时期会对塞尔维亚人的历史产生影响，主要还是因为塞尔维亚的国王们。东方人认为政教统一，君王应是宗教出身，重要的宗教官员也应该由其掌控。而西方教皇奉行政教分离的原则，教皇推翻君王和主教，公开与政权叫板。所以，政教分离看似无用。拜占庭帝王可以挑选君士坦丁堡的大主教[1]；塞尔维亚大公可以推选塞尔维亚的主教。圣萨瓦灵活利用外交方法让塞尔维亚教会得到了独立权，使得教会脱离了奥赫里德希腊大主教区，从而拥有了自己的大主教区。但最终掌控教会的还是斯特凡·尼曼雅二世。塞尔维亚仅有的教会独立运动是由鲍格米尔派发起的，但是很快便被斯特凡·尼曼雅一世镇压住了。塞尔维亚的神职人员知道自己的国王同罗马教会有着千丝万缕的联系，可他们对此并不反感。在塞尔

---

[1] 君士坦丁大帝在 330 年定都拜占庭，将其主教封为了总主教。——作者注

维亚王国的某段时期，特别是斯特凡·杜尚在位期间，罗马天主教的教徒们屡遭陷害，应是有人故意为之。斯特凡·杜尚虽然明令禁止罗马天主教，但在和教皇商讨时他还是答应把之前霸占的修道院和教堂还给罗马天主教教徒。不过他在 14 世纪中期推行的残害宗教的政策并非是引起塞尔维亚王国分裂的导火索，因为其分量远远不够。在迫害中死里逃生的罗马天主教也给塞尔维亚人的中世纪文明带来了新鲜的色彩。近代的塞尔维亚西部地区保存了许多意大利风格的建筑，从中仍然能看到罗马天主教的影子；在科托尔的大理石上还雕刻着威尼斯飞狮；泽塔海边的教堂几乎都是罗马天主教风格。由此可见，巴尔干地区还是流传着罗马天主教的一些习俗。斯库台湖与阿尔巴尼亚公国北部也受到了罗马天主教的影响，直到 20 世纪也仍然如此。

塞尔维亚人的文学和艺术因为罗马人与希腊人的帮助，得到了迅速发展。这些人之中有的是国王，有的是世家大族，有的是东正教牧师。担任奥赫里德大主教一职的皆是学富五车，颇有见识的希腊人，而非保加利亚人。拜占庭风格也影响着奥赫里德教堂的建造。作为那一时期的文化中心，奥赫里德同时也是去往普里兹伦和斯科普里的起始地。近代塞尔维亚王国在圣萨瓦建立乌日策大主教中心之前都是以奥赫里德为重要教化中心。在鞑靼人打过来后，塞尔维亚把宗教中心转移到了伊佩克，这也是塞尔维亚的第一个位于国境内的宗教中心。塞尔维亚教会并未将拜占庭教会当作他们的领导，可终究还是受到了其影响。在拜占庭教会习俗的规定下，国内的牧师婚姻、法衣形制、惩恶扬善、圣理理论等都有例可循。与此同时，希腊教派的名著、塞尔维亚教会的教义也是在拜占庭教会习俗的基础上发展而来的。在匈牙利人攻占了多瑙河周边海岸地区和贝尔格莱德后，他们所信奉的罗马天主教的教化势力也得到了扩张，影响了塞尔维亚北部地区。在塞尔维亚居住了 64 年的安茹的海伦娜，作为斯特凡·乌罗什一世的妻子，受到了希腊人与罗马人的尊崇。她也影响了罗马天主教在塞尔维亚境内的宣传。她将毕生积蓄都用于建造罗马天主教的学校和教堂，并且在伊巴尔地区建立了多所罗马天主教修道院。可见罗马天主教能在塞尔维亚国内生根发芽离不开安茹的海伦娜的努力。

塞尔维亚的国王们皆会将珍贵之物捐赠给教会，斯特凡·杜尚与斯特凡·乌罗什二世更是如此。之所以这么说，是因为他们重视建筑，加大了教育的力度。斯特凡·尼曼雅一世在位时，塞尔维亚教堂建筑水平的提升已是一日千里。他与圣萨瓦还在阿陀斯山上建造了两座壮丽庞大的修道院。可这与塞尔维亚国内的各建筑相比，也不过九牛一毛罢了。之后，塞尔维亚境内的建筑数量更是与日俱增，最出名的当属斯特凡·尼曼雅一世下令修建的位于拉斯的圣马利亚教堂，这座教堂皆由白色大理石搭建而成。斯特凡·尼曼雅一世的宗亲修建的位于黑山莫拉查河边的修道院也是一大杰作。斯特凡·乌罗什二世除了是一国之主外，还是国内最伟大的教会建筑家。他修建的巴吉斯卡大修道院与格拉查尼察修道院皆是闻名于世之作。其继承者斯特凡·乌罗什三世也修建了著名的德查尼女修院。斯特凡·杜尚对待教会十分慷慨，因此也广受爱戴。塞尔维亚大力支持教堂建筑，从而引发了一阵修道士学习之风。位于阿陀斯山上的塞尔维亚大修道院又一次吸引了所有人的目光。斯特凡·尼曼雅二世与圣萨瓦出版了一部关于斯特凡·尼曼雅一世的传记，这也是首部以尼曼雅王朝君主为主角的传记类书籍，它还成为塞尔维亚国王传记的典范。随之也出现了许多和圣徒生活与异端邪说相关的书籍，其中也包括讲述波格米勒主义的。塞尔维亚还特地成立了收藏神学书籍的图书馆，并且以塞尔维亚语翻译了拜占庭帝国的法典条文、浪漫主义作品，以及古希腊与古罗马的文学佳作、各类诗歌。东正教奉行的古斯洛文尼亚语也帮助了塞尔维亚文学的传播。塞尔维亚的文学创作源泉基本来源于拜占庭，也用希腊语翻译了诸多作品。我们从其文学的发展程度可以看出塞尔维亚的文明教化是成功的。塞尔维亚的那些僧人们也想利用文学提高宗教的影响力。塞尔维亚文学最初是靠着模仿拜占庭文学起步，但在前行路上也摸索出了独特的风格。读者可以从塞尔维亚的文学著作和之后颂扬马尔科·克拉列维奇与科索沃的史诗作品中看到塞尔维亚民族的团结。这些作品充满了民族力量，足以和《伊利亚特》《沃尔松格传说》比肩，是英国边塞民谣所不能及的。无论是塞尔维亚文学著作的流传度，还是塞尔维亚人在文学作品中得到启发从而创造出更具影响力的作品的事实，都可以证明塞尔维亚已经拥有了发达的文明。由于土耳其人和希腊人焚毁了许多塞尔维亚人的文学手稿，因此能流传至今的手稿十分稀少，但它们依旧影响了许多人。大家都知道，塞尔维亚修道院内的僧侣几乎都才思敏捷，无论是学识还是眼界都远胜于常人。塞尔维亚国内的确没有大学，可他们的作家、僧人都曾去拜占庭学习过。所以说，塞尔维亚可以在文明艺术和文化方面取得巨大进步，是因为国家富饶，政策支持。可当奥斯曼帝国打败了塞尔维亚王国后，也毁去了塞尔维亚的文明。在奥斯曼帝国有着一句俗语，那就是"凡奥斯曼帝国铁骑踏过之处，必不会留下任何原来的痕迹"。此言非虚，因为塞尔维亚在被奥斯曼帝国侵略后，其艺术和文学再无繁荣昌盛的景象。

第四章

帝国的辉煌（1321—1355 年）

　　接下来的这段历史应当是塞尔维亚最为辉煌的时期，而它的开端和塞尔维亚的所有历史阶段相同——都充满了不祥之兆。斯特凡·乌罗什二世驾崩之后，他聘请的雇佣军开始作乱，不但勒索赏金，而且还打家劫舍，就连他的遗体也惨遭羞辱。三个有资格继承王位的人为了国王之位争论不休，最终竟然是斯特凡·乌罗什二世之子脱颖而出，真是让所有人都大感意外。因为此子之前便因违逆斯特凡·乌罗什二世而被其戳瞎了双眼，不过他也并非全然失明，还是能隐约看见东西的。这位近乎盲人的王子为了得到国民们的支持便说是上天赐予了他新的眼睛。这种拉拢百姓的做法在中世纪屡见不鲜[1]。百姓们也如其所料，纷纷高声支持王子，最终议会也尊他为主，后世称其为斯特凡·乌罗什三世。可这样就使得塞尔维亚国内有了两大王权。议会经过再三思索决定让斯特凡·乌罗什三世掌控拉什卡和封建领主，封其年仅 14 岁的儿子斯特凡·杜尚为泽塔郡王。

　　自斯特凡·乌罗什二世驾鹤西去后，塞尔维亚果然陷入了一片混乱之

---

[1]　罗马教皇哈德良、拜占庭帝王查士丁尼二世也是如此。——作者注

中，导致扎库卢米亚^[1]脱离了其掌控。此地位于内雷特瓦河谷与亚得里亚海之间，是两地通行的必经之地，重要性不言而喻。在几次内乱之后，内雷特瓦河谷依旧被波斯尼亚人掌控。塞尔维亚人和波斯尼亚人交战之后被迫参与到了和拉古萨人的争斗中。拉古萨人本来就最擅长陆地战，如今又有了威尼斯共和国的支援，海战也不在话下。因此，如果和拉古萨人交手，总归是不利于塞尔维亚人的^[2]，塞尔维亚人也不能从中得到任何军事提升，反而有损国家经济。于是，塞尔维亚人还是和拉古萨人握手言和了。可就算与拉古萨人交好，塞尔维亚的海上实力依旧止步不前，看起来似乎天意如此。塞尔维亚的经济中心和人口中心都离海甚远，而且从其领土到达大海的路上也存在诸多阻碍。首先是萨洛尼卡人，他们一直不允许塞尔维亚人去往爱琴海；其次就是总有外敌，对法罗拉^[3]和都拉佐虎视眈眈。塞尔维亚人虽然统治着科托尔镇，但周边的山丘皆不属于塞尔维亚人。科托尔镇一带都在科托尔湾的包围之中，其入口则又小又窄，因此，国家要是在这里筹建海军的话，可以说没有任何后顾之忧。可惜塞尔维亚人一直没能攻下科托尔湾，也就没有机会在此培养出实力强大的海军了。或许我们可以说这是塞尔维亚人仅有的一次建立海军的机会。斯特凡·乌罗什二世也因此带兵来到亚得里亚海，并且攻占了阿尔巴尼亚的一些海岸。其实，塞尔维亚这时候不但有足够的金钱去培养海军，而且也有实力拿下科托尔湾。可在实际操作中塞尔维亚人需要做出抉择，究竟是攻下马其顿往东继续前进，还是去往亚得里亚海建立海上力量？如果选择了后者，那么塞尔维亚

---

[1] 地处如今的黑塞哥维那和达尔马提亚南部，是在中世纪时期成立的公国。——编者注

[2] 拉古萨在 14 世纪极其富饶。塞尔维亚之所以与其建交，是因为拉古萨当时向塞尔维亚王国租借了三座金矿，每年租金为 30 万达科特。阿瑟约翰·埃文斯爵士计算过其租金约为伊丽莎白女皇一世时的一半收入了。——作者注

[3] 地处亚得里亚海，是阿尔巴尼亚的一座城市。——编者注

还要面对威尼斯共和国和拉古萨的各种刁难。塞尔维亚实力再强，也只限于陆地上罢了。一旦和威尼斯或是拉古萨发生矛盾，塞尔维亚也占不到好处。如果选择了前者，那么塞尔维亚完全可以在科托尔创建一个固若金汤的军事基地，从而拿下阿尔巴尼亚海岸。如此一来，塞尔维亚和其他国家交锋将会有不一样的结果。我们自然是不能说斯拉夫人在海上就没有这样的民族精神。因为在克罗地亚或是达尔马提亚，不管是水手、渔夫还是海盗、海贼，都有着充足的海上经验，也不乏冒险精神，由此可见，斯拉夫人在海上依旧能够生存。所以关于大海是南斯拉夫人克星这一说法实在是无稽之谈。不过毋庸置疑的是，斯特凡·杜尚——塞尔维亚人中最足智多谋、最具话语权的人一直不赞成在此处成立海军军事基地，而且态度坚决。他在西部的势力范围极小，只有海边的几个城镇听其号令，不过斯特凡·杜尚想做的是往东、南两个方向开疆拓土。所以他一直主张同威尼斯与拉古萨建交。而且就算他想要建立海军基地，也不会选择科托尔，他看中的地方是爱琴海的君士坦丁堡。

在斯特凡·乌罗什三世刚上位的时候，塞尔维亚的一大沿海重地便被人夺去。不过，虽然斯特凡·乌罗什三世没有建立起塞尔维亚的海上实力，但他的政治生涯还是战功赫赫，荣耀无双。他为自己的人生画上了圆满的句号，可惜开始并不美好。曾经一直被塞尔维亚人掌控的波斯尼亚人这时已经独立了，并且将德里纳河边的拉什卡洗劫一空，毁掉了塞尔维亚教堂。斯特凡·乌罗什三世在外交上虽不择手段，但还是达成所愿。拜占庭的阿德罗尼卡家族内部产生了矛盾冲突，斯特凡·乌罗什三世借机挑拨离间，又临阵倒戈，最终得到了普里莱普。此处立于高原之上，是各条阡陌小道的交会点，它靠着巴布纳山口，从这里可以去西马其顿与莫纳斯提尔。因此，有了它，塞尔维亚攻打马其顿就事半功倍。不过普里莱普能声名大噪，还是因为马尔科·克拉列维奇后来在这里定居。虽然普里莱普并非土耳其所有,但要想攻打土耳其,就必须从这里入手。安德罗尼卡三世[1]强迫他的爷爷安德罗尼卡二世去了修道院,并且将梅尔尼克、斯特鲁米察与普罗森尼克三处收入囊中,还打败了想攻入奥赫里德的人。除此之外,他也和保加利亚第二帝国国王米哈伊尔·希什曼[2]联手对付塞尔维亚。米哈伊尔·希什曼本来有一位塞尔维亚的新婚妻子,但他在结盟后就把妻子关了起来,迎娶了拜占庭帝国的公主。此举更加剧了两国的矛盾。由于保加利亚第二帝国的实力本来就不如保加利亚第一帝国,又常与周边各国开战,实力更是一日不如一日,因此鲍格米尔派和罗马天主教都打算对其下手。斯特凡·乌罗什三世至今为止都没有在战场上赢过波斯尼亚人,而且全靠着阴谋算计土耳其人,在这种情况下,他居然想以实力打败拜占庭帝国与保加利亚第二帝国,这实在是让人非常意外。

在此之前,斯特凡·乌罗什三世对于征战不但没有热情,而且还在尽力避免它发生。其实在中世纪,人们对于战争基本都是排斥的,而且战争也不能决定什么事,不过现在的这一场仗并非如此。保加利亚人与土耳其人在军事方面的实力总是让人望而生畏,加上他们又有鞑靼人与瓦拉几亚人的支援,更是没有什么人想与其开战。保加利亚第二帝国制定的战略是让拜占庭君主从马其顿离开,这样可以给塞尔维亚军队施压,让其侧翼去普里莱普,这样保加利亚军队和援军便能从索非亚攻向斯科普里。而塞尔维亚这边,斯特凡·乌罗什三世有了斯特凡·杜尚的帮助,成功地把部队调到了尼什南部,抢夺下了靠近如今塞尔维亚边境的丘斯滕迪尔周边。于是双方便在此处对垒,僵持了好几日。本就不喜作战的斯特凡·乌罗什三

---

[1] 安德罗尼卡三世(1297—1341 年),他于 1328 年登基成为拜占庭帝国的新任君王。——编者注

[2] 米哈伊尔·希什曼(约 1280—1330 年),他于 1323 年登基成为保加利亚第二帝国的新任君王。——编者注

世又一次向保加利亚第二帝国开出了休战的条件。米哈伊尔·希什曼一向都看不上怯战的敌人，便让其部下肆意抢夺财物。最终，不知是因为斯特凡·杜尚的暴怒，还是因为保加利亚第二帝国有了增援部队，斯特凡·乌罗什三世打算正面出击。

双方当时各有 1.5 万人马，比之塞尔维亚军队，保加利亚的军队较为分散，所以被对手的突袭打了个措手不及。1330 年 7 月 8 日，是一个值得塞尔维亚人铭记一生的日子。当天斯特凡·杜尚带着德意志骑兵护卫直捣黄龙，就连性情温和的老乌罗什也翻身上马，为塞尔维亚军队摇旗呐喊。让人没想到的是，保加利亚军队面对塞尔维亚军队的首次佯攻竟然溃不成军。保加利亚的士兵想沿着斯特鲁马河岸逃跑，却被塞尔维亚士兵射杀，鲜血蜿蜒而下，为奔腾的河流染上了一抹红色。

米哈伊尔·希什曼带着手下匆匆逃命却不慎坠马，死于追兵刀下。侥幸逃回阵地的保加利亚士兵也被紧追其后的塞尔维亚军队歼灭。塞尔维亚士兵还将保加利亚建立在泽门的营地团团围住，营中的人尽数投降。在 7 月 31 日的黄昏，斯特凡·乌罗什三世看见一匹战马驮着一具尸体走来，正是米哈伊尔·希什曼。第二天，保加利亚第二帝国的王公贵族们镣铐加身，面如死灰地站成一排，站在他们面前的是斯特凡·乌罗什三世。侍卫们骑马拉着铠甲和战利品从他们面前经过，当他们看到米哈伊尔·希什曼的尸体时忍不住哀号起来。在他们的要求下，塞尔维亚人把米哈伊尔·希什曼葬在了库马诺沃周边的纳戈里钦的圣乔治教堂内，斯特凡·乌罗什三世也在此为死去的人举办了葬礼，以安慰亡灵。但是其盟军鞑靼人并没有得到这一待遇，这些异教徒的尸体被抛在荒郊野外，任由烈日暴晒。塞尔维亚觉得他们能大获全胜是靠着上帝的庇佑，为此他们还修建了几座纪念碑，有的被安放在伊佩克附近的德查尼大修道院，有的则是在位于斯特凡·乌罗什三世在大战前一天安营扎寨之处的贝特修道院[1]内。只是后者如今被保存在丘斯滕迪尔附近的一座孤山上的一个小教堂中。

斯特凡·乌罗什三世在攻打保加利亚第二帝国的道路上可谓畅通无阻。那些已被擒获的王公贵族们想要得到自由和金钱，没有被抓获的人也无法与塞尔维亚王国相抗衡。塞尔维亚救出了之前被米哈伊尔·希什曼囚禁的塞尔维亚公主安娜，并且让她当上了保加利亚第二帝国的新君。她会一直掌控国家大权，直到其子伊万·斯特凡成年。不过，保加利亚第二帝国并没有真心臣服于塞尔维亚。他们在一年后便发动政变将安娜推下了皇位，扶植米哈伊尔·希什曼的侄子[2]上位。虽然保加利亚第二帝国摆脱了塞尔维亚的统治，但是经过丘斯滕迪尔一战，保加利亚已经元气大伤。之后所发生的种种事件，也表明这位新君就像是一个傀儡，根本不能威胁到塞尔维亚王国。

与此同时，斯特凡·乌罗什三世背弃了安德罗尼卡三世，不但把他赶出了马其顿，还霸占了韦莱斯、什蒂普与普罗森尼克。安德罗尼卡三世一心想对付保加利亚第二帝国，因此立刻和斯特凡·乌罗什三世讲和了。斯特凡·乌罗什三世也凭借之后的广场之战名垂青史。保加利亚第二帝国的君王败在了他的手下，拜占庭帝国的君王又向其示弱，斯特凡·乌罗什三世有这样的成就，理应受到塞尔维亚百姓的拥护和爱戴。然而，斯特凡·乌罗什三世实在是有些倒霉，他和儿子产生了嫌隙并且开始了明争暗斗。

可能是因为斯特凡·杜尚本就生得玉树临风，而且他在丘斯滕迪尔之战中的表现也广受好评，风光无限，所以斯特凡·乌罗什三世对其心生嫉

[1] 也就是为了纪念战胜方功绩而专门建造的战役修道院。贝特修道院是为了纪念斯特凡·乌罗什三世。——编者注

[2] 即伊凡·亚历山大，生年不详，于1331年登基成为保加利亚第二帝国之主，直到1371年驾崩。——编者注

人却宽容有礼；对外，他有着滴水穿石之心，在外交事务上不骄不躁，在战争军事上即使激进也三思而后行。

我之后会详细讲述斯特凡·杜尚所推行的一些政策。在这里我要特别提到的是，斯特凡·杜尚非常清楚自己为什么要打仗，他永远以百姓的生活所需为重。斯特凡·杜尚会通过推出政策、利用外交活动吸引更多外国人来塞尔维亚投资，大力推动塞尔维亚的商业发展，并且给予支持和帮助。在斯特凡·杜尚的朝堂上、军队中，在塞尔维亚的矿场里、城市内、堡垒中，都不乏威尼斯人、撒克逊人、拉古萨人、希腊人的身影。斯特凡·杜尚对于自己收回来的地区也会尽心尽力，并且让这些地区的人们继续遵守其原本的法律习俗。除此之外，他不会将所有权力都集中在自己手上。对于那些半独立的地区领导者，斯特凡·杜尚会让其拥有自治权。在他登基的第二年，阿尔巴尼亚人与塞尔维亚的一些人在泽塔发动了叛乱，他只能派兵镇压。此后，鉴于其威望，世家大族们也都安分守己，不敢造次。斯特凡·杜尚在位期间，塞尔维亚国内经济发展迅速，百姓们安居乐业，可谓国泰民安，大家对他也是发自内心地尊重。因此即使过去了许多年，只要人们提到斯特凡·杜尚所穿的锦衣华服、佩戴的金腰带，都还是会觉得遗憾。因为在斯特凡·杜尚离世之后，那些和平、华丽、**繁荣**都随着他一并离去了，塞尔维亚帝国大厦将倾。斯特凡·杜尚在 1349 年出版的《杜尚法典》是名垂千古之作，其中记录的法律习俗，无一不展示了他心中的"桃花源"。他想肃清斯拉夫的管理弊端，让国家井然有序；他想让城中百姓有生活最低保障，可以体面地活着；他想用法律约束各大家族，让他们收敛一些……他为此付出的心血，塞尔维亚人民也是看在眼里、记在心里的，所以大家才会对他有如此高的评价，这样的荣誉是成功加冕、战事大捷都换不来的。

斯特凡·杜尚在位时，塞尔维亚的军事和外交相辅相成。这主要是因为他运气不错，而且可以把握良机。善于思考的斯特凡·杜尚是为数不多的能发现拜占庭帝国的漏洞并且对其加以利用的政治家，所以他将外交和军事都集中在了君士坦丁堡，以其为最主要的目标。许多人都觉得斯特凡·杜尚当时万事俱备，不拘小节，并且将他国都当作了棋子。在中世纪，很少有像他这样的君主。在斯特凡·杜尚刚掌权的时候，塞尔维亚的外交盘根错节。位于多瑙河彼岸的匈牙利王国的国王是拉约什一世，此人并非泛泛之辈，对于塞尔维亚的北境一带一直虎视眈眈。塞尔维亚西南边的波斯尼亚公国也日益壮大，还在前任国王的带领下自德里纳河发兵霸占了塞尔维亚的内雷特瓦河谷。斯特凡·杜尚知道不必花费额外的人力物力去征服匈牙利或是波斯尼亚的领土，所以对这两个国家他采取了军事防御、外交侵略的政策。他只派了少部分军队驻守在塞尔维亚的西境和北境，然后以外交政策让匈牙利和波斯尼亚两国陷入了尴尬的处境。波斯尼亚从海边进攻自然会让拉古萨人感到不安；匈牙利国王所表现出的称霸海洋之心使得威尼斯共和国国王心生芥蒂。拉约什一世当时想要打败那不勒斯王国[1]，然后称霸亚得里亚海两岸。斯特凡·杜尚善于扬长避短。之前的大臣们常会因为嫉妒之心而对拉古萨人进行挑衅，但斯特凡·杜尚并非这样的人。斯塔尼奥本来是塞尔维亚的港口，斯特凡·杜尚想一石二鸟，在和拉古萨建交的同时让拉古萨人去对付波斯尼亚人，所以便在 1333 年将其让给了拉古萨。斯特凡·杜尚的这一步棋在两年之后发挥了作用。当塞尔维亚向匈牙利、波斯尼亚开战后，拉古萨人毫不犹豫地站在塞尔维亚这边，并且派出了支援。斯特凡·杜尚在数年后又以离间计让波斯尼亚和匈牙利反目成仇，同时支援威尼斯保护那不勒斯、对抗匈牙利。最后，斯特凡·杜尚在 1348 年帮助威尼斯和匈牙利重归于好。

---

[1] 此国位于意大利半岛，成立于 1282 年，灭亡于 1816 年。当时西西里岛发生动乱，阿拉贡王国国王乘机收服了西西里岛，于此处建国。这便是那不勒斯王国的由来。——编者注

　　斯特凡·杜尚在 1350 年第一次也是最后一次亲率大军攻打波斯尼亚。那一年拉古萨突发瘟疫，死伤无数，统治海岸地区也力不从心。斯特凡·杜尚便趁此机会接管了内雷特瓦河入口，之后的行动则因为土耳其人的干涉而被迫终止，大军返回了马其顿。不过，斯特凡·杜尚对于这一次的示威之举还是很满意的，毕竟威尼斯共和国出于"善意"答应保持中立。然后，斯特凡·杜尚故技重施，让威尼斯人站在了塞尔维亚这边。其实对于他而言，威尼斯的作用就是帮助塞尔维亚输送物资，方便在亚得里亚海进行贸易往来而已，所以他并没有将威尼斯当作盟友，也不会保护它。斯特凡·杜尚虽然是这样想的，但还是维持着和威尼斯人之间的友好关系，因此威尼斯人也把他和他的皇后，以及其子斯特凡·乌罗什五世 [1] 写进了金书，获得其公民权利。

　　之前与匈牙利开战时，斯特凡·杜尚在北境占据上风，又一次将匈牙利国王赶出了贝尔格莱德。如今，塞尔维亚的南境又有威尼斯人相护，暂时无忧。不过当斯特凡·杜尚驾崩之后，匈牙利国王在 1356 年便夺得了被达尔马提亚城镇所保护的克利萨。总而言之，斯特凡·杜尚擅长以外交手法实现其目的，除了拥有拉古萨人和威尼斯人这两大盟友外，他还和掌管亚得里亚海周边的领导者、奥地利大公 [2] 常有往来。他甚至和神圣罗马帝国国王查理四世 [3] 互通书信，查理四世还称呼他为"最好的兄弟"。他们之所以会相谈甚欢，除了因为两人都说着"高贵的斯拉夫语"外，还因为他们

---

　　[1]　斯特凡·乌罗什五世（1336—1371 年），斯特凡·杜尚之子，是位无能之君，塞尔维亚帝国就是在他掌权期间开始分裂的。——编者注

　　[2]　即阿尔布雷希特二世（1397—1439 年），其父为阿尔布雷希特四世，他于 1404 年登基为王。——编者注

　　[3]　查理四世（1316—1378 年），神圣罗马帝国第一位波西米亚国王。他于 1355 年登基为帝，在位 33 载，治国有方。——编者注

都身居高位，手握大权。查理四世本就是波西米亚人，对自己的国家和民族有着强烈的热爱之情，他坚信"一样的斯拉夫语是最为尊贵的"，并且身先士卒。之后的斯拉夫领导者也都会以语言或是血缘为根基聚在一起共谋大事。

斯特凡·杜尚之志并不仅限于攻打匈牙利和波西米亚，他还想向阿尔巴尼亚和塞萨利进攻，以此作为和拜占庭帝国交战的开口。1331年，保加利亚第二帝国发生政变，王子伊凡·亚历山大想要推翻其母塞尔维亚女王安娜的统治。对此，斯特凡·杜尚并没有想让塞尔维亚趁此机会直接掌控保加利亚第二帝国，而是迎娶了伊凡·亚历山大的姐姐海伦娜。这便是斯特凡·杜尚的过人之处了。因为伊凡·亚历山大照葫芦画瓢，又和瓦拉几亚大公国的国王巴萨拉巴联姻，从而结盟，这就意味着斯特凡·杜尚同时拥有了两大盟友。巴萨拉巴在1330年给了匈牙利人致命一击，伊凡·亚历山大则一直对付土耳其人。这样一来塞尔维亚的西境和北境能太平些，斯特凡·杜尚便能将精力都放在东境和南境了。他带兵南下，如果不是其军队侧翼安全无虞，他根本无法和拜占庭帝国开战。1331年，有人在阿尔巴尼亚北边和泽塔策划了叛乱行动，其来势汹汹。他们自萨洛尼卡、奥赫里德、都拉佐三处出发，一路上所经之处都是被拉丁、阿尔巴尼亚、拜占庭帝国统治。斯特凡·杜尚要想发兵君士坦丁堡必须先拿下马其顿平原。斯特凡·杜尚对于这一次的行动早有筹划，他尽量采用围攻之法，封锁君士坦丁堡，尽量不打拖延战，减少损耗。塞尔维亚此战的主力军是雇佣军，不过军队整体也是训练有素，实力不凡。斯特凡·杜尚随军共上战场，这让塞尔维亚的士兵们更有底气，哪怕是输了也不会颓废。斯特凡·杜尚在1350年带兵从纳伦塔河出发，突袭萨洛尼卡；又在1355年率军清理了多瑙河上游的势力。从这些行动中，我们不难发现斯特凡·杜尚也是一位优秀的军事指挥家。

斯特凡·乌罗什三世生前一直想要征服普里莱普，但他死后发生了诸多问题，导致塞尔维亚无法将此处收入囊中。斯特凡·杜尚在1334年将塞尔维亚的南境边界线从迪勃拉—韦莱斯推到了普罗森尼克—什蒂普。斯特凡·杜尚在首次和拜占庭的交手中采取了被拜占庭放弃的一名将领的提议，与拜占庭君主和谈并且将一些地区还给了拜占庭帝国。不过斯特鲁米察和普里莱普还是在塞尔维亚王国手中。之后的数年间，斯特凡·杜尚一直在处理塞尔维亚西边的事务。拜占庭君主安德罗尼卡三世趁机背水一战，拿下了伊庇鲁斯、阿尔巴尼亚与塞萨利，随后撒手人寰。当时拜占庭帝国的边界线自萨洛尼卡推到了阿尔巴尼亚海岸。帝君驾崩，国内总会发生混乱。斯特凡·杜尚自然不会放过这个机会。安德罗尼卡三世有两子，一是约翰·巴列奥略[1]，一是拜占庭帝国首相兼摄政王约翰·坎塔库泽努斯[2]。后者对皇位势在必得，其所推行的政策也都是出于私欲。他的背叛[3]也给拜占庭帝国带来了难以想象的后果。约翰·坎塔库泽努斯欲壑难填，连夜离开了君士坦丁堡，在迪莫狄加斩木揭竿。他的叛乱使得拜占庭帝国陷入一个动荡的局面，此后14年间，都是家国难安，山河破碎。这也让塞尔维亚和奥斯曼帝国有了可乘之机。

拜占庭帝国本就树敌颇多，此次陷入内战，自然会引得各方蠢蠢欲动。斯特凡·杜尚便带兵准备攻打沃德纳，此处是去萨洛尼卡的必经之地，其地位至关重要。保加利亚人向北而行；阿尔巴尼亚人直接就地起义，塞萨

---

[1]　约翰·巴列奥略（1332—1391年），安德罗尼卡的继承人，在1341年到1376年、1379年到1391年为拜占庭帝王。——编者注

[2]　约翰·坎塔库泽努斯（1292—1383年），拜占庭军事家、政治家，在1347年到1354年为拜占庭帝王。——编者注

[3]　在安德罗尼卡三世驾崩之后，安娜便和大主教联手算计约翰·坎塔库泽努斯，逼得他只能造反。后世将这一次的内战称为"两约翰之战"。——编者注

利紧随其后；土耳其人将临海各地洗劫一空。约翰·坎塔库泽努斯如今能用的人数量不过两千，只好向斯特凡·杜尚求助，和他签下了割地条约。关于此条约的内容，如今已无从考据，唯有一点可以确定，那就是约翰·坎塔库泽努斯在自己的回忆录中对此有所隐瞒。他在1342年与塞尔维亚人结盟，派兵攻打拜占庭帝国。当时，斯特凡·杜尚带兵拿下了沃德纳与梅尔尼克；约翰·坎塔库泽努斯本该率军攻打赛雷，可在开战之前军中暴发瘟疫，包括塞尔维亚的援军在内，士兵们折损殆尽，存活下来的不过500余人。一年之后，联军卷土重来想攻占赛雷，然而还是没能成功。两连败的约翰·坎塔库泽努斯最终选择抛弃塞尔维亚，与拜占庭帝国的太后进行了和谈。休战之后，他便逃去了色雷斯和土耳其。又过了一年，约翰·坎塔库泽努斯带着他的新盟友与斯特凡·杜尚相遇了。土耳其在海上与威尼斯开战不但没有占到便宜，还折损了许多兵将，侥幸活下来的3000名海军之后又被塞尔维亚的重骑兵围剿。土耳其士兵被困在位于赛雷和萨洛尼卡之间的斯蒂凡尼纳的山上，但他们依旧不愿意投降。在和塞尔维亚士兵交手时，土耳其海军从其侧翼突击，给了塞尔维亚骑兵一记重创。即使如此，塞尔维亚大军也依旧在稳步前进，拿下了整个马其顿地区，将辉煌的奥赫里德堡垒收入囊中，占据了法罗拉与培拉特。就连久攻不下的赛雷也在1345年主动向塞尔维亚俯首称臣。斯特凡·杜尚只用了4年时间便将自己的势力范围扩张到了东部，收服了马其顿、阿尔巴尼亚、赛雷等地区，然后根据各州边界重新划分领土。塞尔维亚的州长们依旧任职于最高权力机构，不过新地区的习俗与特权还是被保留了下来。根据史料记载，斯特凡·杜尚对希腊人是存有一些敌意的。这一时期，是拜占庭帝国史上身为领导者的希腊人最为活跃的时期。许多新地区内依旧有支持希腊派或是支持拜占庭派的人。所以，不让希腊人进入重要机关任职也是一个明智之举。如果那些希腊官员的耳根子没有那么软的话，那么希腊人的日子也许会好过一些。

这时的土耳其人有着无比贪婪的野心，但其实力远远不够。而塞尔维亚王国无论是在经济实力还是在军事能力方面都是极强的。因此，当这些地区属于塞尔维亚后，他们不但每年需缴的税款数量也比之前属于拜占庭帝国时少了许多，而且得到的庇佑也多了许多。斯特凡·杜尚不但下令将重要地区的城墙重新修葺了一番，而且还派兵驻守，以防别国进攻。

斯特凡·杜尚的所作所为其目的都很明显——他要将塞尔维亚发展成为拜占庭式的帝国。他想建立起中央集权制度，让各民族融为一体，听从中央指挥。在查理曼大帝之后的每一位统治者都想登上帝位，而东欧统治者的机会更大。保加利亚的统治者一直以皇帝自称，斯特凡·杜尚这位可以和保加利亚统治者平起平坐的君主自然也得到了相同的头衔。不过，拜占庭帝国如今已处于危险境地，斯特凡·杜尚又想建立雄图霸业，因此他更在乎的还是帝位。他之前便已经对外宣布自己是希腊人和塞尔维亚人的统治者，也是罗马尼亚人的唯一国王。他不但自认为是帝王，而且觉得拜占庭帝国的王位也应当是属于他的。塞尔维亚议会在 1346 年 4 月 16 日，也就是复活节这天，对外宣布塞尔维亚—罗马帝国正式成立。保加利亚第二帝国和塞尔维亚帝国的两大族长举办了加冕仪式 [1]，斯特凡·杜尚加冕为帝，其妻海伦娜也加冕为后，其子斯特凡·乌罗什五世成为塞尔维亚国王。这场加冕典礼甚为壮观，塞尔维亚、拉古萨、拜占庭、阿尔巴尼亚的贵族使臣，保加利亚第二帝国、塞尔维亚帝国的各个主教、修道院院长都来到了现场，可见斯特凡·杜尚势力之大。这也是塞尔维亚王国史上最为荣耀的一天。

斯特凡·杜尚安置好了新收服的地区，其头衔和官员级别也要有所改变。想成为一个真正的君主必须要实现精神平等。于是，他将伊佩克的大主教

---

[1]　斯特凡·杜尚在 1345 年于塞尔维亚宣布为帝，在 1346 年于斯科普里举行了加冕典礼。——编者注

变成了宗主教，如此一来，伊佩克便有了自主权。斯特凡·杜尚还参考拜占庭帝国的做法，将一些头衔加封给了各茹潘，比如他将国王之名给了自己的儿子；三个统治者也得到了专制君主的最高头衔；两个南方的军队统帅得到了恺撒这一最高军衔。拜占庭的"至尊者"[1]头衔自由分配。斯特凡·杜尚在 1349 年推出了《杜尚法典》，想要把拜占庭法律的优势和塞尔维亚的习俗结合起来，这也成为塞尔维亚帝国的法律基础。

斯特凡·杜尚的加冕仪式奢华至极，他穿着以紫金色交织而成的锦衣华服，又以精美的珠宝首饰为点缀，就连送给手下的礼物也是各有特色。他在这场仪式上所展现出的财、势在当时可谓举世无双，这也与后来一个可笑的时尚模仿成为对比——无耻的约翰·坎塔库泽努斯在斯特凡·杜尚举办完加冕仪式后也想照葫芦画瓢，便于 1350 年在君士坦丁堡内办了一场加冕仪式。后来，拜占庭的史学家们每当谈及那个用镀金皮革与彩色玻璃珠宝做成的冠冕、那些向约翰·坎塔库泽努斯溜须拍马以锡铅所制的黄铜口杯祝贺他的人，还有那场庆功宴时，无不面露鄙夷之色。斯特凡·杜尚时期所拥有的一切都已经成为一项传统，他对雇佣兵极为慷慨，在政务上也从不懈怠，其实力早就胜过了拜占庭帝国，约翰·坎塔库泽努斯根本不能与之相提并论。除此之外，他们二人在人品上也天差地别。斯特凡·杜尚有勇有谋，眼光独到；约翰·坎塔库泽努斯则变化无常，无才无能。

不过，斯特凡·杜尚很快便意识到卑劣的约翰·坎塔库泽努斯所仰仗的土耳其军队与他是完全不同的。约翰·坎塔库泽努斯本想与斯特凡·杜尚握手言和，但没能成功，于是他便设计让土耳其的东道主派兵攻打塞

---

[1] 其意为"最尊贵的统治者"。拜占庭君主阿历克西乌斯一世·科穆宁将希腊语的"尊贵"和"专制者"结合起来，创造了这一称呼，并且将其赐予了自己的哥哥伊萨克。不过，这一头衔只是用来表示皇帝的喜爱和亲密，其实没有任何实际意义，但是其等级仅次于专制君主。——编者注

尔维亚边境。谁知土耳其人犹如脱缰的野马完全不受控制，竟然将希腊人也洗劫一空。约翰·坎塔库泽努斯为了稳住希腊人，只能对拜占庭帝国的统治者大放厥词，然后他就带着自己的战利品返回亚洲了。这时候，身在波斯尼亚前线的斯特凡·杜尚正在浴血奋战，并于 1348 年带兵到了约阿尼那[1]，拿下了伊庇鲁斯要塞，这一年也正是可怖的"黑死病之年"。然后他又往东、西两岸推进，将阿尔塔[2]至沃罗[3]的所有希腊城市全部收入囊中。至此，除了萨洛尼卡、伯罗奔尼撒半岛、色雷斯、都拉佐，以及拜占庭周边外，巴尔干地区皆归于塞尔维亚帝国掌控。身为塞尔维亚帝国好友的拉古萨王国与威尼斯共和国也派人前来祝贺。

斯特凡·杜尚在 1350 年向塞尔维亚驻威尼斯共和国使臣发出了指令，对于自己的野心也丝毫不加隐瞒。他想和威尼斯共和国结盟攻打君士坦丁堡，解救被约翰·坎塔库泽努斯背叛并囚禁起来的年纪尚小的拜占庭帝王，让约翰·坎塔库泽努斯无法再"挟天子以令诸侯"。两国联手最终还是拿下了君士坦丁堡。斯特凡·杜尚将伊庇鲁斯省送给了威尼斯共和国，并且许诺将让威尼斯在君士坦丁堡得到商业特权。不过威尼斯共和国一直都谨小慎微，所以他们并没有接受这些条件。斯特凡·杜尚在 1350 年便带军去了内雷特瓦河河口打算敲山震虎，他要击败这里的波斯尼亚人，让威尼斯人有所忌惮。斯特凡·杜尚的离开给了约翰·坎塔库泽努斯以可乘之机，他和土耳其军队一起发兵塞尔维亚东境，所到之处几乎没有遇到任何阻碍。他们拿下了维里亚与沃德纳，之后又向塞萨利进攻，只是这一次没有那么容易了。斯特凡·杜尚在得到消息后带了一部分人马快马加鞭赶了回来，

---

[1]　塞尔维亚语的音译，一座位于希腊西北部的城市。——作者注

[2]　位于希腊西部，是伊庇鲁斯的行政区。——作者注

[3]　希腊的一座城市。——作者注

守在了萨洛尼卡入口。这样一来，便证明了萨洛尼卡的独立。要知道该城的百姓一直都对想把他们交出去的约翰·坎塔库泽努斯颇有怨言。从这一举动中，我们可以见识到斯特凡·杜尚的军事才华。约翰·坎塔库泽努斯立刻赶到萨洛尼卡，在城门外与斯特凡·杜尚进行了谈判。在此期间，约翰·坎塔库泽努斯依旧是满嘴谎言，并且不停责怪斯特凡·杜尚。然而斯特凡·杜尚并没有妥协或是被其影响。这一次的谈判自然以失败告终。最后，斯特凡·杜尚带兵回国；约翰·坎塔库泽努斯也退回了君士坦丁堡。第二年开春之际，斯特凡·杜尚卷土重来，对沃德纳展开了猛烈进攻。那个时期守卫萨洛尼卡的人是正值壮年的约翰·巴列奥略。斯特凡·杜尚想和此人联手，共同对付拜占庭帝国。

又过了一年，也就是 1352 年，拜占庭帝国爆发内乱，约翰·巴列奥略被重创，只能求助于塞尔维亚。斯特凡·杜尚在收到求救信号后立刻派出了人手去帮助约翰·巴列奥略，但还是没有成功。因为约翰·坎塔库泽努斯请到的外援是土耳其骑兵，其元帅正是苏莱曼一世[1]。不过两方交战并非是在前线战场上，而是在骑兵部队去往阿德里安堡帮忙的路上。当时，土耳其骑兵遇上了巴列奥略王朝部队，部队中既有希腊人与塞尔维亚人，也有保加利亚的重骑兵。两军交锋，王朝部队败在了土耳其骑兵手下。塞尔维亚人受到了重创，不过还是突破了土耳其人的防线。这是塞尔维亚人，第二次做了土耳其人的手下败将。后世将阿德里安堡之战看作是一场极具历史意义的战役。近代巴尔干历史上最为重要的一大事件便是土耳其人出现在欧洲，但其中缘由极其复杂。对此，我们要将时间拨回到 1343 年，也

---

[1] 苏莱曼一世（1494—1566 年），奥斯曼帝国的开国之君，于 1520 年成为奥斯曼帝国苏丹，同时也是伊斯兰教的哈里发。在位 46 年，是在位时间最长的苏丹，后世尊称其为苏莱曼大帝。——编者注

就是约翰·坎塔库泽努斯请奥斯曼帝国军队来到巴尔干地区、塞尔维亚反守为攻之时。土耳其人是在 1354 年来到欧洲的，苏莱曼一世拿下了加里波利半岛，掌控了达达尼尔海峡，为其军队建立起了通往欧洲的道路。

整个欧洲直到这时才逐渐意识到土耳其人对他们产生的威胁，只有一人除外，那就是斯特凡·杜尚，因为他在 10 年前便注意到土耳其人了。土耳其援军在帮助约翰·坎塔库泽努斯大获全胜之后便开始肆意侵略，霸占了加里波利这些要地。而约翰·坎塔库泽努斯无才无能，根本掌控不了这些人。威尼斯人、保加利亚人还有希腊人也终于知道了土耳其人并非善类。之前，斯特凡·杜尚因为登基为帝被拜占庭宗主教从教会中除名了，但是现在他为了对付土耳其人不得不求助于教皇，请求他派一位基督教的领袖。斯特凡·杜尚以前便暗示过自己偏向于罗马天主教，并且在 1354 年又一次表态。阿维尼翁教皇因此也一直都在犹豫，不过他最后还是开心地答应了，并且给斯特凡·杜尚送去了祝福。教皇一直以雷克斯·拉西埃来称呼斯特凡·杜尚，这让许多人都在猜测教皇这样做是为了使塞尔维亚人接受罗马天主教。换而言之，只要斯特凡·杜尚没有正式宣布自己信奉罗马天主教，那么教皇都不会给他皇帝头衔。与斯特凡·杜尚使用同一种"尊贵的斯拉夫语"的神圣罗马帝国皇帝查理四世倒是比较大方，不但和斯特凡·杜尚进行了一番寒暄，而且还表示自己很欣赏他的帝国主张。

收服拜占庭帝国的大计现在已经迎来了实施的最佳时机。可是拉约什一世临门插上一脚，派兵侵犯塞尔维亚北境，使得这一计划只能推迟。我们之前便说过斯特凡·杜尚带兵攻打匈牙利王国一事。不过，两国在 1355 年便休战了。同年秋季，斯特凡·杜尚在塞尔维亚东境为之后的大战做好了准备，他下了决心，一定要战胜拜占庭帝国。不过就在几个月后，冬季来临之际，斯特凡·杜尚遇到了一个比土耳其人和希腊人还要可怕的新对手——死亡。斯特凡·杜尚筹谋多年，却在计划即将成功的时候离奇死亡，这也成为一个重大历史事件。曾有评论家说道："对于斯特凡·杜尚远征君士坦丁堡之计可能只有学生会去了解，不过这不影响此事成为欧洲历史上的重要事件之一。"[1]

　　虽然斯特凡·杜尚无法确保威尼斯舰队的安全，也不敢肯定在陆地上发动攻击就会万无一失，但是他确实有着远胜常人的军事能力，再加上拜占庭帝国内部对王位继承一事争论不休，危机四伏，塞尔维亚极有可能攻下君士坦丁堡。可就算塞尔维亚真的将君士坦丁堡纳入自己的版图之中，塞尔维亚帝国就能长治久安吗？斯特凡·杜尚确实打算成立联盟共同对付土耳其人，而且按照他的计划，一旦联盟建立起来就会拥有极大的稳定性。可毋庸置疑的是，在管理君士坦丁堡的过程中塞尔维亚帝国内一定会发生新的矛盾，这些矛盾也许会分化塞尔维亚帝国，使其失去原有的优势。塞尔维亚各族政府虽然都听命于斯特凡·杜尚，但它们之间仍有隔阂。即使是在早就归塞尔维亚统治的斯科普里，也仍旧有心怀鬼胎的希腊政党。沃德纳和维里亚在1350年的不战而降也证明了在斯科普里内有希腊人在搅弄风云。因此，当斯特凡·杜尚驾崩之后，塞尔维亚帝国便陷入了一片混乱之中，几大官方机构形同虚设。由此可见，如果塞尔维亚的君主不能像斯特凡·杜尚那样震慑四方、运筹帷幄的话，那么就算征服了君士坦丁堡，其统治也无法长久。不过，历史最有趣之处就在于它永远充满了不确定性。塞尔维亚的百姓便靠着天生的直觉把握住了这一点。斯特凡·杜尚在青年时期便带兵在丘斯滕迪尔之战中大获全胜；之后又亲自领兵攻下了拜占庭帝国首都，打败了奥斯曼帝国军队。他是幸运的，似乎也应该取得更多胜绩，可冥冥之中自有天定，他这一生就像那首忧伤婉转的古老民歌：

[1] 请参阅查尔斯·艾略特的《土耳其人在欧洲》1908年，第38页。——作者注

兵临城门之下，

斯特凡·杜尚血溅白纱，

最伟大的君主、中世纪塞尔维亚的繁华，

皆如指尖流沙。

第五章

浮华过后

　　塞尔维亚帝国只拥有了 30 载繁华，随后便开始走下坡路了。帝国没落的原因错综复杂，但其中的宗教与军事因素是显而易见的。塞尔维亚帝国西有威尼斯人伺机而动；北有匈牙利人虎视眈眈；南有拜占庭人、土耳其人与保加利亚人图谋不轨。其处境可谓四面受敌，而且根本无法用外交政策解决这些问题。罗马人一直在与塞尔维亚人作对，经常挑拨塞尔维亚人和波斯尼亚人、匈牙利人以及克罗地亚人之间的关系。塞尔维亚帝国在斯特凡·杜尚的统治之下异常强大，自然也就看不上拜占庭帝国了。与此同时，塞尔维亚人和土耳其人的战争也无法避免。在 14 世纪，奥斯曼帝国的军队是欧洲仅有的专业军队。但这些还不是塞尔维亚帝国衰落的全部原因。塞尔维亚人饱经风霜，他们的经历比许多中世纪民族都要凄惨，他们每个人都是优秀的士兵。比如，在身处相同境地时，奥地利人和勃兰登堡人都死里逃生，成功建国，而且都拥有古罗马文明；但是南斯拉夫民族所建诸国之中，凡是拥有古罗马文明的国家，都没能存活下来。北斯拉夫各国中，奥地利人霸占了莫拉维亚与波西米亚；处于无政府状态的波兰被另外三国分食。唯一存活下来的只有俄罗斯帝国，它是由斯堪的纳维亚王朝的寡头统治[1]所建，之后也受到了外国官僚主义的影响。阿克顿勋爵[2]在谈到塞尔维亚帝国衰败原因时提到过南斯拉夫人没有政治影响力。这一说法虽不准确，但斯拉夫人原有的社会制度的确是影响其政治、军事发展的原因之一。即使早期的作家都说斯拉夫人是英勇无畏的士兵，也不能改变斯拉夫人不擅政治的事实。保加利亚人是南斯拉夫民族中首个建立起政治联盟并且借此提高军事能力的民族，但他们与鞑靼人的通婚之举实在是让人费解。

关于斯拉夫民族制度比不上西方制度的说法就像是佛教比不上基督教的说法，根本是信口开河。这种说法忽略了制度的理念价值，只看到了其实用性。如果将宗教看作是军事机构，那么佛教败于基督教，就像是斯拉夫政体败于日耳曼政体一样。可这并不代表塞尔维亚人的制度、理念就一无是处。身为"英国现代法律之父"的弗雷德里克·威廉·梅特兰就一直很赞赏塞尔维亚为夫妻关系所制定的法律。此外，塞尔维亚人在解决农奴地位低下的问题上所推行的各项政策也极具人道主义；它还修改了拜占庭帝国的法典，努力改进斯拉夫法律。所以斯拉夫人的政体就像他们的音乐、诗歌那样，都有其独到之处。

无论是在哪一种社会、政治机构中，家庭都是最基本的单位。塞尔维亚人的家庭制度和日耳曼人不同。日耳曼人的家庭制度是尊父权，父亲是家庭中权力最大的人。这一制度的优势在于拥有相对先进性，使家庭成员学会服从，方便一个家庭单位快速融入部落、氏族中，从而适应国家。西欧民族在 11 世纪便已摆脱部落形态，推行封建制度了。男爵们都愿意在打

---

[1]　即留克里王朝。——编者注

[2]　约翰·爱默里克·爱德华·达尔伯格-阿克顿（1834—1902 年），英国著名历史学家。——编者注

仗的时候贡献兵力，而国王也会因此赏赐其封地。进入封建社会后，推行父权制的家族、部落也有所改进，但随之也出现了一个新危机，那就是男爵们也许会在自己的封地独立为王。能够抑制这一风险萌芽的地区皆拥有过卓尔不群的君主。到了 14 世纪，那些实力超群的统治者先后在西班牙、匈牙利、英格兰、法兰西等地建立起了自己的国家。哪怕君主再无能，陷入封建无政府状态的神圣罗马帝国内也出现了许多先进的政治组织，比如巴伐利亚公国、勃兰登堡－普鲁士、奥地利大公国等，其法制健全、军纪严明、政权明确，已经有了大国气象。但是塞尔维亚王国的政治、文化依旧是原始状态，停滞不前，所以它无法超越这些国家。

以父权为尊的社会在欧洲无异于一个训练有素的部队，特别是在古罗马，父权地位达到了顶峰。不过父权社会是社会发展中期的产物，南斯拉夫民族的社会则是停留在之前的一个阶段——母系社会，皆由母亲掌权。众所周知，斯拉夫部落早先并没有形成系统化的组织，十分散漫。人们经常会将初期的南斯拉夫民族部落当作是一个大家族或是扎德鲁加。这样一来确实可以简化部落的管理问题，可惜我们至今也无法证实扎德鲁加是土著机构。根据目前所有的资料可以发现扎德鲁加的出现时间不是史前而是原始时期，其发展时间则是在中世纪初期。当时都是以家庭或是房屋为单位进行征税，因此其规模也日益壮大，人们便将这种家族组织称作扎德鲁加。

虽然我们现在已经无法追溯扎德鲁加源自何处，但能确定的是其起源绝非社会初期的家族组织，而且对于它在塞尔维亚社会及其政治发展中所起到的作用，我们也不能夸大其词。还有一点需要注意，那就是扎德鲁加和西方父权制家庭的区别。依照扎德鲁加的社会结构来看，南斯拉夫民族家庭的最高权力者并不是父亲。因为扎德鲁加并非是让某一位家庭成员拥有绝对权力，而是让一个家庭来共享权力，这也是它和西方社会不一样的地方。扎德鲁加是一个原始系统，其定义模糊，结构不明。不过在 20 世纪早期的"古塞尔维亚"，还是有一些地方的居民知道何为扎德鲁加的。这些地区都有许多形状庞大又不规则的建筑物，建筑物中心为一间小屋，周围有许多房间，足以容纳六七十人。这种简单的公共房屋便是扎德鲁加。如果家中有男子成婚，家人便会为其造新房。而如今这些建筑遗迹便是中世纪南斯拉夫民族制度的代表。扎德鲁加的"家长"为家中最年长者，是最高权威，常与其他男性合作。不过女子也会参与各种决议。南斯拉夫民族的社会制度比西方的父权制要落后些，但更加民主，所以也很难发生改变。在原始时期，由于没有多少人敢推陈出新，所以民主统治代表着保守主义。从军事制度方面来看，不能强制服从的扎德鲁加是不如父权制的。但是扎德鲁加的制度更有利于守护部落、保卫家族、维护道德风俗。在这种制度下，大家可以围炉而坐，尽情歌唱。家庭的道德、部落的习俗也都能一代一代地传承下去。如果没有扎德鲁加，塞尔维亚人或许会在科索沃^[1]取得胜利。可如果真是如此，那么塞尔维亚人也不会团结一心，不会有为死在科索沃的同胞们复仇的决心，更无法依靠这种力量坚持几百年。

扎德鲁加从初期的三四十人发展到一百多人，一个扎德鲁加便是一个罗德，多个罗德便是一个部落。部落所居之处则为茹潘，其推选出的首领也简称为茹潘，他们基本都是出生于同一个家族的。原始时期诞生的民主思想不仅适合氏族发展，也适合家庭使用。茹潘也不得不和议会或是罗德首领大会一同掌权。君士坦丁七世在953年把塞尔维亚人和斯拉夫人进行了区分，在他看来，塞尔维亚人只有茹潘或酋长，不会有国王、君主。酋长是自由勇士大会推选出来的，也受其管辖，这是因为不管是在以前还是在眼下，塞尔维亚人都觉得议会、群体是先于个人的。只要努力还存在于

[1] 塞尔维亚人在1389年6月15日和土耳其人于科索沃开战，结果惨败亡国，成为土耳其人的奴隶。——编者注

社会之中，那么自由民就有民主。可惜民主平等在如今的社会之中或许会实现，可在中世纪则是一种无政府状态，根本不能实现。

　　塞尔维亚人的改变首先发生在他们和拜占庭帝国之间的关系方面，尤其是在10—11世纪。那个时候拜占庭帝国的文化是领先于整个欧洲的，其行政体系、法律体系和税收体系都是最先进的。文武百官因此对工业和城市群体的需求点也了如指掌。而南斯拉夫民族的家庭、氏族制度都处于原始时期的状态，较为野蛮；塞尔维亚公国则是以农业为根本，两者的差别十分明显。塞尔维亚虽非拜占庭帝国的殖民地，但也深受其影响。而身为文明大国的拜占庭帝国如果想很好地掌控塞尔维亚这样一个野蛮落后的国家的话，那么它必须要推行新的税收制度。于是塞尔维亚的酋长便拥有了财政权，负责收缴供品。如此一来，不管是去往泽塔、拉什卡的拜占庭人，还是在印度开疆拓土的英格兰人，都开始如法炮制。善于此术的君士坦丁七世在886年公开表示让拜占庭君主巴西尔一世[1]负责斯拉夫部落组织的重建工作。巴西尔一世放弃了自由勇士大会推选茹潘的方式，让塞尔维亚人在不同的家族中推选茹潘。他之所以这么做，是因为他想用这种方法培养出专门负责收税的世家，并且世代沿袭下去。于是乎茹潘一职也变成了世袭制，推动了世袭贵族制的发展。各地茹潘都会挑选出一个大贵族来专门负责税收事务；而被选中的大贵族将会再挑选一个小贵族去村庄里收税，与税收有关的职位也就成为世袭制。在9—10世纪，塞尔维亚人对于世袭贵族制的熟悉程度远不如对斯拉夫的民主制，也将前者视为洪水猛兽，当它出现时，所有塞尔维亚人都很惊讶。大贵族和小贵族是不一样的世袭贵族；以前的民主思想就已经存在了。塞尔维亚在中世纪所推行的法律法典中不

---

　　[1] 巴西尔一世（811—886年），于867年登基，马其顿王朝的开国之君，也是拜占庭帝国史上最重要的帝王之一。——编者注

但没有对长子继承制表示过认可，而且还特别说明子嗣对在继承父母财产时是平等的。

每个部落在税收的职责和压力之下都出现了地位不同的贵族和茹潘。这又引发了新的改变，那就是一些小部落通过联盟形成了大组织。据说在10世纪后期，拉什卡公国便有一位大茹潘。所谓大茹潘，是经由茹潘推选出来掌控部落联盟的人。泽塔地区面积不大，并不排斥外来影响，也因此得到了快速发展。泽塔公国在11世纪初期便形成公认机构。而泽塔和拉什卡的王位之前都是实行的选举制。国王要是想把王位交给自己的孩子，便会用尽办法，比如让自己的儿子参与政务中，或是封其为郡王。贵族们自然是不接受王位世袭制的，因此经常起义对抗郡王的统治。

不过，塞尔维亚议会的实权并没有因为世袭制或选举制而减弱，国内的每个部落、村庄都有其议会和自由民集会。塞尔维亚的地方政府向来都是极为强势的，这也是他们的特点。就算拉什卡与泽塔都有了议会，其权力的分配制度，以及人员的调配依旧和往常一样，很自由。在斯特凡·尼曼雅一世统治时期，其权力一直被议会所制衡，而当时议会的组成人员是主教、修道院院长、普通人代表，以及各贵族人士。普通人的代表基本是村长，然后逐渐成为小贵族。即使如此，人们也一直没有向封建制度低过头。负责地区事务的通常是克尼兹[1]，由王室中人担任。茹潘与公爵也都能得到皇家土地，不过他们在必要的时候需要出兵出粮。在之后斯特凡·杜尚在位期间，塞尔维亚帝国表面上很接近西方政治体制国家。斯特凡·杜尚和当时的英格兰王国国王爱德华三世[2]很相似，都是骁勇善战之人，只是他

---

[1] 斯拉夫的官职，在任何时期都是由王室或贵族担任。——编者注

[2] 爱德华三世（1312—1377 年），于1327 年成为英格兰王国国王，他在位之时，战功赫赫。——编者注

在经济和政治方面被由神职人员与贵族所组成的立法机构制衡着。议会之下的各地都有自己的自治社区和封建贵族，且数量众多。贵族有自己的田地和庄园，他们在名义上每年都需要缴纳税款，可各处的实际情况都不一样。塞尔维亚的政治发展较为落后，因此斯特凡·杜尚也没有真正地掌握过大权。塞尔维亚王国国王在名义上被称作大茹潘，可其手中的大权并非根据成熟的政治体系所得，而是由国王自己的声威和战绩所决定的。大贵族一家独大，使得塞尔维亚的中央机构形同虚设。而百姓所提倡的民主则使得塞尔维亚的地方机构乱成一团。

斯特凡·杜尚带领着塞尔维亚人写出了《杜尚法典》[1]，此法典中包括了南斯拉夫民族的所有习俗和法律，也得到了议会的认可。它对南斯拉夫民族有着启示性的作用，只是其中所宣扬的政治理念应该是受到了拜占庭帝国的影响。我们在这部法典中可以了解强大又原始的南斯拉夫文明，并且能找到许多实际例子。不过，其中几乎没有提到过在城市中的塞尔维亚人是怎样生活的，他们似乎将应尽的义务看作是一大累赘。法典让外国人在塞尔维亚拥有诸多特权，比如塞尔维亚人的商业经济被威尼斯人和拉古萨人掌控；塞尔维亚的矿山被应邀而来的德意志人开采，于是这些外国人也逐渐融入了塞尔维亚王国的城市生活，成为其中的一分子。而本土的塞尔维亚人则生活在乡村之中，以打猎、种树、耕地为生。与此同时，君士坦丁堡、威尼斯、伦敦、巴黎、纽伦堡、根特[2] 等城市都已经进入了中世纪的都市时代。在西方各国中，拥有自有土地的人很少，大多数人都成为贵族或是封建地主手下的佃户，以耕地为生。在塞尔维亚境内，佃户的地位是社会中最低下的，自由小地主的地位在社区之中是最高的。也就是说，

---

[1] 此法典在 1349 年问世，是早期的宪法，涉及生活的方方面面。——编者注

[2] 东弗兰德省的省会城市，属于比利时王国。——编者注

在塞尔维亚拥有相对自由是一种特殊的荣耀，不过这对于军事、政治而言有百害而无一利。西欧的地主或是领主不但可以迫使其佃户耕地，并且拥有司法权，有权在紧要关头带着他们上战场。换而言之，这些领主有着三重身份——地主、法官、将军，所以那些佃户会听命于他们。可塞尔维亚并非如此。因为塞尔维亚国内很多人都拥有自己的土地，并且几乎都散居于村庄、部落之中，所以地主不会公平地对待他们。地方法院的最高领导者并非领主或代表，而是自由地主。司法体系的权力本来是应该由国王自上而下分配的，但因为塞尔维亚国王并未向英格兰国王亨利二世[1]那样拥有过中央集权统治，因此这一司法体系也不适用于塞尔维亚。在13—14世纪时期法兰西王国国王所推行的也是地方中央集权制，但塞尔维亚王国国王依旧没能实现这一制度。塞尔维亚的各地都是自由民主的，地方法院与议会也不由中央所管辖。塞尔维亚的国王基本不会过问政府工作，中央议会也不会去插足由自由社区所组成的地方议会自治。

塞尔维亚的军队和其他中世纪国家的军队一样都是由百姓组成的，在开战时也可以呼吁全国人民参与到战争中。不过在现实情况中，对于各领导者而言，国家还是依照封建方式征兵最方便。这样组成的军队，无论是在军事装备还是在军规军纪上都是最佳的。西欧的封建制度已经完全成熟，并且推出了常规制度。每位官员都能居其位、谋其政，各机构也都在顺利运行。但是在塞尔维亚境内，由于官员的任期、权限、管理都十分混乱，而且人们更依赖于旧民主制，因此很难实行统一计划。在14世纪，塞尔维亚各地先后出现了许多小封建暴君。这样一来确实会减少自由地主的数量，可这些暴君各自为政，因此也没能帮助国王实行中央集权制度，增强

---

[1] 亨利二世（1133—1189年），于1154年登基成为英格兰王国国王，开创了金雀花王朝。——编者注

国力^[1]。在法兰西王国与英格兰王国都脱离了无政府状态、解决了封建危机时，塞尔维亚王国依旧停滞不前，并且在斯特凡·杜尚去世之后进入了一个无秩序的状态。由此可见，塞尔维亚的军政和社会制度都无法自发稳定社会秩序，其进步也十分缓慢。社会制度本来的优势如今成为它最大的劣势，使得国家无法发展封建制度。当一个国家落入了困境之中时，封建制度是帮其解决难题的军事需要。在社会制度再次发挥其作用时，封建制度才能得以发展。可就在这个时候，大地主克尼兹的野心膨胀，塞尔维亚国王根本无法掌控他。塞尔维亚从上到下的各阶级一直都是追求自由精神的，这一点我们可以从小地主的自由、国王对议会的仰仗，以及克尼兹的独立中看出来。在英格兰王国，国家是继续和平还是进入战争都是由国王决定的，但在塞尔维亚国内决定这一点的是议会。每当与西方各国的军队爆发矛盾时，塞尔维亚国王之所以不能当机立断，是因为他受到了各方制约，比如国家以往的习俗和自由主义思想；比如各执己见的议会；比如城中追求自由的百姓和心怀不轨的各贵族。在奥斯曼帝国铁骑踏破塞尔维亚边境时，面对敌人的专业步兵、训练有素的军队，塞尔维亚人根本没有抵抗之力。不过科索沃之战和之后的各种失败并没有让塞尔维亚人完全崩盘，毕竟他们有着极佳的自我调节能力和军事作战技巧。如果他们在社会环境上占据优势的话，那么他们完全可以借助这些作战技巧续命。在科索沃之战后的70年间，塞尔维亚人一直在自我调节，并且尝试全方面改革，只是原有的思想和社会制度阻碍了他们，使之最终也没能成功。

　　塞尔维亚人的失败并非起源于土耳其人在科索沃的"黑鸟场"^[2]大获

---

[1] 在《杜尚法典》中，关于巴什蒂纳或占有土地的制度有着明文规定，领主对其所拥有的土地和佃户享有绝对所有权，也就是认可了封建土地所有制。——作者注

[2] 位于如今科索沃首府普里什蒂纳西北部，是 14 世纪的科索沃之战的主战场。——编者注

全胜，而是来自于他们民族原有的集体自由、民主自由思想。不过"水能覆舟，亦能载舟"，塞尔维亚人也正是依靠这些思想孕育出了永不言败的精神，支持他们度过漫漫奴隶时期。

我们仔细观察塞尔维亚的社会和政治制度就能发现其弊端在于结构松散、发展落后。与西欧制度相比，塞尔维亚的本土制度还停留在原始时期，很难与封建制度相融合。塞尔维亚的农奴、百姓和贵族都比西欧各国更自由，这也为塞尔维亚帝国的衰弱埋下了祸根。由于国内并未推行奴隶制度，所以塞尔维亚人的工业和自由都远逊于土耳其人；塞尔维亚的百姓好战鲁莽，很难团结一致；许多农民心中有着血海深仇；各贵族又包藏祸心，只图私利，不顾大局……种种因素使得国家极难稳定，宛如一盘散沙。而且塞尔维亚的贵族们少有爱国爱民之心，也无开疆拓土之志，他们各自为政，动摇了君主统治的根本。在贵族的挑拨之下，塞尔维亚的许多任国王都是因为父子反目成仇而被推翻的。

在中世纪，如果想消灭臣子各自为政的乱象、肃清封建制度不安的弊端，那么只能建立一个独掌大权的君主政体，可这必须依赖国家的中央集权制度、中央行政机构；军队的专业训练、严明军纪，以及百姓的生活富足。而塞尔维亚人追求自由主义的思想决定了塞尔维亚王国无法像拜占庭帝国或是法兰西帝国那样建立起中央集权官僚体制。当塞尔维亚帝国得到了诸多领土之后，斯特凡·杜尚便要将土地再分割，分封给那些半独立的酋长。这无疑是给中央集权君主政体的建立增加了难度。英格兰王国可以建立起强大的君主政体，是因为其国王和相对富裕的城市居民间相互依赖。这些居民在议会中享有话语权，其利益又不同于贵族。而中世纪的塞尔维亚国王们就没有那么幸运了，那些强悍的自由人不会为了国王抛弃他们的森林、村庄，然后进入城市生活。于是，斯特凡·杜尚只能招揽德意志人和拉古萨人入驻塞尔维亚的城邦之内，以此扩充城市居民数量。他会让这些外国人拥有相应的特权，但不会让他们享有公民权。所以议会的平民代表都是小贵族成员，而非外国居民。斯特凡·杜尚，以及其之前的两位国王斯特凡·乌罗什二世、斯特凡·乌罗什三世在各方面都没能成功，因此只能聘请雇佣军发展统治贵族的力量。这些雇佣军拿钱办事，极不稳定，在战败之后常常会抛下雇主独自逃命。斯特凡·乌罗什二世驾崩之后，其手下的雇佣兵直接发动了兵变。所以聘请雇佣兵绝非最佳选择，只不过是权宜之计罢了。对于斯特凡·杜尚这种强大的君主来说，雇佣兵制度是利大于弊的；但要是君主较为懦弱的话，那么雇佣兵制度则会成为国家的一大威胁。塞尔维亚需要的是强大且有能力的君主，他必须能够改善国家的制度，让塞尔维亚实现统一。可如今的国家建设与塞尔维亚的实际情况大相径庭。

塞尔维亚帝国此前并非是完整的。斯特凡·尼曼雅一世在位期间实现了民族团结，这也是最初的塞尔维亚王国。可就算如此，塞尔维亚想变成一个大帝国，也并非依赖于民族团结。从斯特凡·尼曼雅一世长袍上所绣的双头鹰可以看出他的抱负是击败拜占庭帝国，建立塞尔维亚帝国。塞尔维亚人觉得建国的基础并非民族团结，可这也不代表塞尔维亚人没有民族理念。大家都知道"jazyk"这个单词有"语言"之意，也有"民族"之意。可如果用上文中所提到的事实"证明斯拉夫民族的概念"实在是有些牵强。在中世纪，各国人民对于民族或种族统一的概念都是不甚清楚的，不过毋庸置疑的是，巴尔干半岛各国是最不了解这个概念的。马扎尔人并不排外，他们欢迎日耳曼人来他们的城市定居，也接受克罗地亚人与罗马尼亚人成为他们的贵族；保加利亚人一直都和罗马尼亚人、希腊人、鞑靼人保持来往；塞尔维亚人也在参照拜占庭帝国的行为处事，接受其思想理论。拜占庭帝国对于各民族、各种族进行了集中统治，建立了中央集权制度。斯特凡·杜尚在治理国家时也和匈牙利王国、保加利亚第二帝国、拜占庭帝国的君主一样，有意模糊了单纯的民主观念。他自称为塞尔维亚人与罗马人之主，将塞尔维亚划作自己帝国蓝图中的一个组成部分，封其子[1]为塞尔维亚国王。由此可见，他是将民族国家的理想转变成了帝国理想，想调和各民族建立集权，但是没有想过统一这些民族和种族。所以，在中世纪，任何国王都未掌控过全部的南斯拉夫人，而塞尔维亚人也成为压垮塞尔维亚帝国的最后一根稻草。南斯拉夫民族被拜占庭帝国所奴役而产生的团结是建立在种族基础之上，而不是建立在民族基础之上的。这也说明让南斯拉夫民族团结一致的因素是仇恨而非友爱，实在是可悲可叹。

---

[1] 也就是斯特凡·乌罗什五世（1336—1371 年），被封为塞尔维亚国王，与父亲一同执政，于 1355 年登基成为塞尔维亚帝国的第二位君主。——编者注

第六章

颓败与被征服

　　斯特凡·杜尚一手创建了繁荣的塞尔维亚帝国。在他去世之后，帝国便交到了他的儿子斯特凡·乌罗什五世手上。当时许多领主和茹潘都想趁机独立，他们一直在质疑斯特凡·乌罗什五世的继承权，也不听命于他的指挥，一直闹到他失去了实权，这也导致塞尔维亚帝国陷入了动荡不安的局面。可就算是这样，也不能减弱这个由斯特凡·杜尚建立的帝国对巴尔干半岛的影响。因此我们必须要讨论一下塞尔维亚帝国的势力范围，以及其中的民族成分。斯特凡·杜尚在位时期的塞尔维亚帝国在西部的统治范围不如斯特凡·乌罗什二世在位时期的范围大。内雷特瓦河谷虽然不是塞尔维亚帝国的领土，波斯尼亚公爵也不是塞尔维亚人，但是拉什卡与泽塔依旧归塞尔维亚帝国所有。而且斯特凡·杜尚不但统治着科托尔与斯塔尼奥港口，而且还和威尼斯、拉古萨等国保持着良好关系，影响着北亚得里亚海岸。他最先拿下的就是马其顿地区，从奥赫里德镇到莫纳斯提尔，包括色雷斯的部分区域都成为塞尔维亚帝国的领土；阿尔巴尼亚地区基本都是斯特凡·杜尚的管辖地，只有都拉佐除外；巴尔干半岛地区也只有萨洛尼卡、君士坦丁堡、卡瓦拉等海港周边的地区不属于塞尔维亚帝国。除了这些地区以外，伊庇鲁斯公国和塞萨利大区也都归塞尔维亚帝国管辖。那时候的保加利亚第二帝国都只能屈居于塞尔维亚帝国之下。从多瑙河到阿尔塔湾和沃罗湾的百姓都已经向斯特凡·杜尚俯首称臣。而且斯特凡·杜尚在这些地区的影响力，并没有随着塞尔维亚帝国国力的式微而减弱。

　　许多南斯拉夫民族部落因为斯特凡·杜尚和阿尔巴尼亚人之间的战争而搬迁到了希腊北部、塞萨利等地定居。塞尔维亚帝国在拿下马其顿地区之后，也在这里留下了自己的势力。斯特凡·杜尚为了这里的掌控权也一直在与保加利亚人、拜占庭人争执。《杜尚法典》颁布之后发挥的作用也在无形之中提高了塞尔维亚人在新领地的地位。还有一点可以确定，那就是声名在外的斯特凡·杜尚让塞尔维亚军队拥有了崇高地位。他让这个民族有了非凡的经历和习俗，使得塞尔维亚帝国军队的实力远胜于伊斯兰军队。

　　西米恩·乌罗什是斯特凡·杜尚的亲弟弟，也是伊庇鲁斯公国的专制国王。可他并不认可斯特凡·杜尚之子斯特凡·乌罗什五世的帝位，并且还屡次向其发难。其实，塞尔维亚帝国的各独立省的领主都没有真心诚意地听命于某一位领导者，他们所想的都是趁着内战的时机完全掌控自己的领土，独立为政，并且向外扩张其势力范围。至于这些内战究竟如何，我们就不做赘述了，只需要知道它们激发了阿尔巴尼亚人的不满情绪，使得这些人揭竿起义，奋力反抗，最终导致塞萨利摆脱了塞尔维亚帝国的统治。塞尔维亚帝国巴尔士奇王朝[1]的建立者是巴尔沙三兄弟，他们在 1360 年于泽塔完成了这一壮举。其后人也为黑山王国的建立打好了基础。后来色雷斯、马其顿地区也和塞萨利一样摆脱了塞尔维亚帝国的掌控，只是又被奥斯曼

---

　　[1]　塞尔维亚史上的第六个封建王朝，是巴尔沙一世在 1356 年建立的，在 12 世纪成为封建国家，灭亡于 1421 年。——编者注

帝国攻占。武卡欣和拉扎尔·赫雷别利亚诺维奇[1]是最重要的两位独立统治者，前者是普里莱普公国的专制国王，而关于后者的资料不多，现在只知道他是一名克尼兹，有勋爵头衔，掌控着北部的鲁德尼克区。在这两人独立为王后，懦弱的斯特凡·乌罗什五世手上的实权就更少了。所以当武卡欣在1366年抢过了国王头衔，攻占了斯科普里和普里兹伦时，人们根本不觉得意外。武卡欣与斯特凡·乌罗什五世最大的不同在于前者自称为斯洛文尼亚国王，是小国之君，后者是斯洛文尼亚帝君，为大国之君。他们都有自己的公文、公告和大臣，也有联合政权。武卡欣也许是由于土耳其的危机越来越大，只有斯特凡·乌罗什五世能够解决这个问题，因此对其权力也是默认了。

当塞尔维亚帝国摇摇欲坠时，保加利亚第二帝国与拜占庭帝国也为内战所困，国内的异端邪说盛行，使得山河动荡。匈牙利国王拉约什一世在攻打保加利亚第二帝国时消耗了过多的兵力，同时也对基督教造成了极大的伤害。而另一边，奥斯曼帝国苏丹已经推行了一套完整且适宜的政策，为之后的扩张活动打好了基础，并且深入地了解了巴尔干半岛，制订出了攻占计划。奥斯曼土耳其民族的发源地是小亚细亚西北部、亚洲奥林匹斯山南部，所以他们才会想进攻拜占庭帝国并且从这里横穿达达尼尔海峡。其实，奥斯曼帝国的最终目标还是欧洲，其首位君主奥斯曼一世[2]的目标也是布尔萨。奥斯曼一世于1326年去世，其继承者奥尔汗[3]不但把拜占

---

[1] 拉扎尔·赫雷别利亚诺维奇（1329—1389年），塞尔维亚的统治者之一，摩拉维亚塞尔维亚公国的开国之君。——编者注

[2] 奥斯曼一世生年不详，死于1324年。他在1299年成为奥斯曼帝国的第一位苏丹，一手创建了奥斯曼王朝。——编者注

[3] 奥尔汗（1281—1362年），奥斯曼一世的儿子，于1324年成为奥斯曼帝国的第二位苏丹。——编者注

庭人赶出了布尔萨，而且私下里还与拜占庭帝国的约翰·坎塔库泽努斯有往来。我在之前的章节中也提到过这件事。在斯特凡·杜尚统治时期，塞尔维亚帝国军队曾两度成为奥斯曼帝国的手下败将。后来，奥斯曼帝国又在 1354 年（或者 1358 年）[1] 攻打下了加里波利，在此建立起了稳定的政权。如此一来，奥斯曼帝国的军队便能从这里去欧洲了。之后也有很多国家想抢夺加里波利，奥斯曼帝国在 1366 年也曾短暂地失去过加里波利，不过并没有影响其攻打欧洲的大计。当时奥斯曼帝国第三代继承人穆拉德一世[2] 早就在欧洲站稳了脚跟。

奥斯曼帝国军队在 1360 年到 1361 年，发兵攻打保加利亚第二帝国，在首战——吕勒布尔加斯之战中大获全胜，拿下了菲利波波利与阿德里安堡。没过多久，保加利亚第二帝国在巴尔干半岛南部的领土和赛雷的大部分区域也被奥斯曼帝国占领。这就意味着保加利亚第二帝国与拜占庭帝国、塞尔维亚帝国的关联被完全切断了。在拿下菲利波波利之后，奥斯曼帝国就成为塞尔维亚帝国、保加利亚第二帝国、拜占庭帝国的共同威胁。奥斯曼帝国军队在攻打前两国时确实占据内线作战的优势，不过君士坦丁堡偷袭了奥斯曼军队的后方。如果当时奄奄一息的拜占庭帝国可以把握住此良机，那么东欧的历史将被改写。

奥斯曼帝国占据阿德里安堡的消息传遍了整个巴尔干半岛，引起了轩然大波。半岛上的所有国家决定暂时摒弃前嫌，结盟抗敌。南斯拉夫民族的代表正是斯特凡·乌罗什五世、武卡欣和拉扎尔·赫雷别利亚诺维奇。保加利亚第二帝国答应会向南斯拉夫民族提供支援；匈牙利王国表示也会

---

[1]　1358 年是土耳其纪年法，因为当时土耳其使用的不是当代编年法。——作者注

[2]　穆拉德一世（1326—1389 年），于 1362 年成为奥斯曼帝国的第三位苏丹，他在位期间带领奥斯曼帝国军队拿下了欧洲东南部地区，收服了大半个巴尔干半岛，扩张了奥斯曼帝国版图。——编者注

派军奔赴战场。两军在1371年于马里查河谷地的彻尔诺门村[1]交战，此地在阿德里安堡西边20英里处。这场战役的名称来自"Mariytza"这个单词，而关于这场战争的内容有许多传说，不过人们普遍认可的说法是塞尔维亚人在破晓时被偷袭。在这场袭击战中，塞尔维亚人损失惨重，武卡欣命丧于此，他和数千将士的鲜血将整条河流都染红了。这一次的战事重创了塞尔维亚帝国，对他们来说可谓雪上加霜。土耳其人趁此机会攻占了赛雷，占尽了上风，而且他们还掌控了马其顿地区和当地的贵族。塞尔维亚帝国后来也没能守住塞萨利与阿尔巴尼亚。不过15年的时间，斯特凡·杜尚靠着自己南征北战得来的领土便悉数被夺。斯特凡·乌罗什五世面对此情此景，羞愧难当，最终在1371年撒手人寰。

土耳其人在1371年到1372年攻打马其顿期间，展现出了小心谨慎的行事风格。奥斯曼军队的铁骑碾碎了马其顿地区，凡军队所经之处，皆是尸横遍野，尸体成为狼群的腹中餐。那时有一篇相关报道说奥斯曼士兵就像饿狼一样洗劫了每一户马其顿人家，将他们的财富占为己有。对于身处在当时那种情势之下的马其顿人来说，死亡反倒是他们的解脱。马其顿的勇士们舍生忘死，心中满是悲愤。面对解脱了的死者，大家都潸然泪下。而后，奥斯曼军队又向波斯尼亚、阿尔巴尼亚和"古塞尔维亚"进攻。穆拉德一世当时还没有能力控制整个马其顿地区，于是他威胁塞尔维亚的所有统治者，又对马其顿西部的百姓威逼利诱，使其听命于奥斯曼帝国。除此之外他还打算彻底征服马其顿东边的赛雷和瓦尔达居民，使其逐渐融入奥斯曼帝国。因为穆拉德一世有此计划，所以许多土耳其人来到了塞尔维亚帝国定居。赛雷和兹拉马也就成为奥斯曼帝国的军事要地。如此一来，瓦尔达河东部的塞尔维亚帝国也开始使用奥斯曼的律法，并且慢慢习惯了

---

[1] 马里查河之战的战场，此战的交战双方是塞尔维亚联军和奥斯曼军队。——编者注

奥斯曼帝国的各种生活习俗。而在瓦尔达河西部的马其顿地区，虽然有的塞尔维亚勋爵手上的政权也岌岌可危，但是他们依旧维持着地区的独立。他们也会向穆拉德一世进贡，其中的代表人物就是马尔科·克拉列维奇。

　　马尔科·克拉列维奇是武卡欣的儿子，也是普里莱普公国的新国王。在塞尔维亚各种英雄的故事中，马尔科·克拉列维奇是最受欢迎的一位。每一个南斯拉夫人在听到马尔科·克拉列维奇这个名字时都会热血沸腾，就连阿尔巴尼亚人和保加利亚人也都很崇拜他。在人们心中马尔科·克拉列维奇是最完美的巴尔干骑士，英勇无比。他玉树临风，仙女维拉斯一直倾心于他；他骁勇善战，山间的老鹰也会助他一臂之力；他曾手持利剑于群山之中开辟出小路；他与巨人嬉戏时，自山上扔下的小球变成屹立于山间的岩石；他的钟形帐篷化成了丘陵；他的爱驹沙巴茨在那坑坑洼洼的水坑里喝水……世间各处都有他的影子，万物皆与他有关。而和他有关的传说，比如他骗了总督的新娘，保护苏丹之女周全，斩杀了坏人穆萨与巨人摩尔等，这些传说都深受塞尔维亚人的欢迎。以前的人对于马尔科·克拉列维奇的了解仅限于知道他是普里莱普的国王而已。可就是这样一位充满传奇色彩的民族英雄居然向奥斯曼帝国进贡，真的是无比讽刺。

　　根据相关史料证明，马尔科·克拉列维奇是在1394年的战争中身亡的。他当时不得已选择了支持奥斯曼帝国，因此在开战之前跟友人说道："我希望上帝可以听到基督教教徒的祈求，让我第一个倒下。"开战之后，他果然在基督教教徒的呐喊声中倒下了。有传闻称他曾在普里莱普城堡周围的一个山洞中休息，打算把土耳其人赶出去，然后助塞尔维亚人一臂之力。这个说法最后成为人们口耳相传的传说，在塞尔维亚人民的内心深处留下了烙印。所以，塞尔维亚人在1912年赶走了土耳其人之后，似乎看到了马尔科·克拉列维奇策马而来，带着他们走向光明。

　　奥斯曼帝国一直在实行他们的同化计划，越来越多的土耳其人移居到了这片地区。而奥斯曼军队在拿下奥赫里德后，又攻打了阿尔巴尼亚。巴尔干半岛南部的保加利亚第二帝国在 1382 年举国向奥斯曼帝国俯首称臣。穆拉德一世将尼什收入囊中，完全掌控了巴尔干半岛。尼什是四条道路的交会之处，从这里可以去往君士坦丁堡、萨洛尼卡、斯科普里和贝尔格莱德。所以奥斯曼帝国在攻下这里之后，也就掌控了通往保加利亚第二帝国、塞尔维亚帝国、拜占庭帝国和萨洛尼卡的道路。这也就表明巴尔干大公要想摆脱奥斯曼帝国，就必须夺回尼什。

此时，塞尔维亚人将所有的希望都寄托在了拉扎尔·赫雷别利亚诺维奇身上，要是这位塞尔维亚公国国王可以与那些依旧独立的斯拉夫公爵联手对付奥斯曼帝国的话，那么塞尔维亚就还有一线生机。拉扎尔觉得自己能够得到大公的头衔是因为运气好，所以他一直屈居于克尼兹之职，没有自称为国王。从这里不难看出，他也是一个做事畏首畏尾的人。不过他一直在极力促成塞尔维亚人和土耳其人的和解事宜，最终也得偿所愿，我们还是应对此多加表扬。与此同时，希腊主教也在 1274 年正式撤销了之前所发布的对塞尔维亚人的驱逐令。拉扎尔·赫雷别利亚诺维奇之前由于战争失利不得不和奥斯曼帝国进行和谈，并且答应送给他们 1000 名骑兵。可他又在 1387 年与穆拉德一世反目，打算继续和奥斯曼帝国作战。自称为国王的波斯尼亚领导者特夫尔特科一世[1]是拉扎尔·赫雷别利亚诺维奇的盟友，他也派兵去支援了。那时候，奥斯曼帝国的主力军都集中在亚洲，并且位于下风。所以，当奥斯曼军队和南斯拉夫联盟军队在托普利特萨的普罗齐尼克作战时，几乎被南方斯拉夫联盟军杀得片甲不留。

大获全胜的南斯拉夫联盟自然是乐不可支，这是他们首次获胜，却也是最后一次。保加利亚第二帝国在知道这一消息后立刻公开反抗奥斯曼帝

---

[1] 特夫尔特科一世（1338—1391 年），于 1377 年成为波斯尼亚国王。——编者注

国，并且投入了南斯拉夫联盟的阵营之中。其实在此前一年的时间里，保加利亚第二帝国也一直在与奥斯曼军队抗衡。穆拉德一世在 1389 年领兵攻打拉扎尔·赫雷别利亚诺维奇。于是，奥斯曼帝国及其附属国军队与南斯拉夫联盟军队在 1389 年 6 月 15 日于科索沃平原的"黑鸟场"开战，这一仗双方都拼尽全力，不死不休。马尔科·克拉列维奇应该也参与到了这场战斗中。这是一首惨烈又悲壮的赞歌，两军首领穆拉德一世与拉扎尔·赫雷别利亚诺维奇全都命丧于此。不过，最后获胜的还是奥斯曼帝国。

在塞尔维亚人的传奇故事中，每当涉及这场战役，都会说塞尔维亚之所以会失败，是因为军队中出现了叛徒。那个叛徒名叫布兰科维奇，他在两军胶着时，故意把南斯拉夫联军带到了敌军的陷阱中。传奇故事中对这件事的描述是这样的："最可恨的是生下这个叛徒的人……叛国者的世世代代都将活在诅咒中。"可是，如果我们相信这一传言，那么就得注意一点。虽然拉扎尔·赫雷别利亚诺维奇在开战之前曾痛心疾首地告诉将领军中有人生了二心，并且给了他们名单，但是向来胆小的元帅和总司令因此也不敢再相信手下的任何一个人。所以当军队战败而归后，大家便把缘由归咎在了叛徒身上，聊以慰藉。我们从塞尔维亚的传说中不难发现，他们在战败之后经常以这种借口来逃避责任。所以，在中世纪，大家都习惯将历史"小说化"。

关于这场战争还有一个流传甚广的故事，其主角是米洛什·奥比利奇[1]，他是拉扎尔·赫雷别利亚诺维奇的部下。在开战的前一晚，他受到了拉扎尔·赫雷别利亚诺维奇的责骂，于是他下定决心，要让大家看到他对国家的忠诚。在破晓时，他潜进了穆拉德一世的营帐，直接取其性命。他

---

[1]　米洛什·奥比利奇（生年不详，死于 1389 年）曾经在奥斯曼帝国攻打塞尔维亚之时效命于拉扎尔。在科索沃之战中，暗杀了穆拉德一世。——编者注

的行为带来了诸多影响，而塞尔维亚人为他写下了大量的赞歌，也将他看作是民族的大英雄。不过，他并没能扭转战局，而且还激怒了巴耶济德一世[1]，使得塞尔维亚的俘虏受到了残酷虐待。与科索沃之战相关的传说总是带着浓烈的悲剧色彩，充满了戏剧性。人们对于战争画面的描述，也是有着无限感伤之情。"上帝呀，科索沃战场上到处都是战士们的尸体。伟大的拉扎尔·赫雷别利亚诺维奇倒下了，他身边全是长矛利器。那些武器是那样的破旧腐朽，它们是属于塞尔维亚人的……大家都命丧于此！可是，坚毅的波什科还在那里。他的旗帜随风飘扬，宛如猎鹰，吓退了那些懦弱的鸽子。英雄班·斯特拉西雅倒在了溪流岸边，他的膝盖还在流血。在这片平原上，有 1.2 万具土耳其人的尸体。"

克里欧是灵感之神，但绝对不是史诗或者抒情诗的灵感之神。前文中提到的传说只能证明这些惨剧是真实存在的，可完全没有交代其起因。我们无法从中证实奥斯曼军队规模是不是大于南斯拉夫军队规模，也没法证明穆拉德一世是由米洛什·奥比利奇杀死的，至于传说中的南斯拉夫军队士气不振一事也许都是因为他们连续作战，太过疲劳了。相关史料记载实在是太少了，而且有些事情甚至连一字半句的记载都没有。现在大家唯一能确定的就是，科索沃之战并非是南斯拉夫人的世界末日。至于穆拉德一世的驾崩，最初是出现在一篇报道塞尔维亚人大获全胜的文章里，当时达尔马提亚、法兰西、意大利等各国人民都共襄盛举，高唱赞美颂[2]。就算那时候的百姓知道战争的真相，也不会立刻受到影响。与之相比，奥斯曼帝

---

[1] 巴耶济德一世（1354—1403 年），其父为穆拉德一世。他在穆拉德一世驾崩后成为奥斯曼帝国的新苏丹，创建了当时世界上最强大的军队之一。——编者注

[2] 赞美颂（TeDeums），来自于"Tedeumlaudamus"，其意为"赞扬神明"。——编者注

国的历史学家也将关注的焦点放在了 18 年前的马里查战役 [1] 上，他们对这场战役的称呼是塞尔维亚辛丁，也就是"失败"之意。近代的编年史学家觉得科索沃之战是一场充满血腥和暴力的冲突。可实际上科索沃之战是具有重大军事意义的，它是时代的转折点。这场战役证明，就算南斯拉夫民族团结一致也不能击退土耳其人，收回尼什。霸占了尼什的土耳其人现在控制了通往四国的交通枢纽。而且从政治角度来看，科索沃之战也十分重要。在这场战役中，包括拉扎尔·赫雷别利亚诺维奇在内的诸多塞尔维亚的勋爵、贵族都命丧于此，侥幸活下来的也在战后被杀。所以科索沃之战后，塞尔维亚人的无政府状态越来越严重，整个国家已经濒临崩溃。不过，南斯拉夫民族的直觉确实很准。他们将 1389 年 6 月 15 日当作"震怒之日" [2]，将科索沃之战当作命运决战。科索沃之战影响了塞尔维亚民族近 5 个世纪，一直到 1913 年 [3]，塞尔维亚国王彼得一世和斯拉夫联盟，这才能够与奥斯曼帝国平分秋色，就像当年的科索沃之战那样。

　　苏格兰人一直受到弗洛登之战 [4] 的影响，他们的国王和将士都死在了这场战役之中；黑斯廷斯之战 [5] 对英格兰人也产生了重大影响。不过与它们相比，还是科索沃之战对塞尔维亚人的影响更大。诺曼人在黑斯廷斯之战脱颖而出后，便一直在强迫英格兰人。不过，他们与英格兰人本来就有

---

[1]　马里查战役，奥斯曼帝国与塞尔维亚联军于 1371 年 9 月 26 日在希腊的马里查河开战，奥斯曼帝国大获全胜。——编者注

[2]　即"最终审判日"，宗教认为神会在世界末日那天现身，让死去之人复活，通过审判将他们分成永坠地狱者和长生者。——编者注

[3]　第二次巴尔干之战开始。——编者注

[4]　弗洛登战役，英格兰军队和苏格兰军队于 1513 年 9 月 9 日，在英格兰北部的诺森伯兰郡开战，最终苏格兰国王詹姆士四世阵亡，英格兰军队大获全胜。——编者注

[5]　黑斯廷斯战役，诺曼征服之战中最为重要的一战。双方于 1066 年 10 月 14 日在东萨塞克斯的黑斯廷斯开战，最终征服者威廉大获全胜。——编者注

同样的信仰与文明。但土耳其人和塞尔维亚人不一样，前者原本就是蛮族，文明落后，两者的信仰也截然不同。所以科索沃之战让塞尔维亚人陷入了深渊，他们之前引以为傲的文明、语言、宗教、文化被土耳其人全盘否定了。于是塞尔维亚人将6月15日定为了哀悼日。每到这一天，所有塞尔维亚人都会去斯洛文尼亚新那瓦尼察修道院，因为拉扎尔·赫雷别利亚诺维奇被葬在这里，人们聚集在他的墓碑前，然后举行朝圣活动。大家不停地唱着缅怀科索沃之战的歌曲，以此抒发心中的悲凉。独弦琴乐手和游吟歌手们将这些歌曲传承了下来，而歌德还把它们和《奥德赛》《伊利亚特》做过对比。这些歌曲所表达的是同情与悲凉，曲风委婉且柔和。有一首歌曲的内容是一名士兵战死沙场后，战友将他的一只手臂送还给了他的母亲。

"她看着那只手，痛苦地说道：'我的孩子，这是你的手啊，你还那么年轻。你生于斯，长于斯，妈妈就这样看着你长大。可是，你却死在了科索沃。'"

每位诗人都可以写出人类的悲欢苦痛，可这些作品中有一首诗极为特殊，它让人们在读过之后愿意归顺于宗教。圣人以利亚在科索沃之战开始前曾让拉扎尔·赫雷别利亚诺维奇选择要去天堂还是留在凡世。拉扎尔·赫雷别利亚诺维奇暗自想道："世间万物转瞬即逝，只有天堂才是亘古不变的。"

于是，拉扎尔·赫雷别利亚诺维奇便选择了天堂。如此推崇基督教理想主义实在是让人敬佩。因为，无论哪一种民族情感都是在无限的苦难中积累而成的。

科索沃之战结束后，奥斯曼帝国对塞尔维亚志在必得，无论塞尔维亚人怎样反抗都是徒劳的。由西吉斯蒙德[1] 创建的联盟在 1396 年于尼科波利斯[2] 战败，随之瓦解。不过造成这一结果的还有那些向土耳其人倒戈的塞尔维亚人。巴耶济德一世在亚洲遇到了一些问题，他在 1402 年与鞑靼人的安卡拉之战[3] 中成为帖木儿[4] 的手下败将。但即使如此，土耳其人还是一直密切关注并控制着巴尔干地区。他们的攻坚战也维持着原有的秩序，不慌不忙。许多塞尔维亚勋爵丢盔卸甲，先后向奥斯曼帝国俯首称臣；塞尔维亚人的特遣队被土耳其军队收编为常规军；塞尔维亚骑兵也在为奥斯曼帝国冲锋陷阵，并且战绩不俗。只有黑山的巴尔士奇王朝还坚持独立，为此他们牺牲了斯库台，将其送给了威尼斯共和国。土耳其人打算让那些各自为政的勋爵鹬蚌相争，然后坐收渔利，如此一来，土耳其人也可以省去诸多麻烦。杜拉德·布兰科维奇是北塞尔维亚的专制君主，但是他在 1427 年才知道贝尔格莱德地区早就已经属于匈牙利王国了。于是他在 1430 年增强了摩拉瓦河谷上游斯梅代雷沃地区的防御工程。他的选择没有错，背后也有军事意义。可惜土耳其人在这一年拿下了萨洛尼卡，而在摩拉瓦河和瓦尔达河间正好有一条可以去到匈牙利王国的捷径。当时，土耳其人已经拥有了尼什[5]，

---

[1] 西吉斯蒙德（1368—1437 年），于 1387 年成为匈牙利国王、克罗地亚国王；于 1411 年成为德意志国王；于 1419 年成为波西米亚国王；于 1431 年成为意大利国王；于 1433 年成为神圣罗马帝国皇帝。他在 1396 年带领十字军远征，想要帮助保加利亚第二帝国和拜占庭帝国对抗奥斯曼帝国。——编者注

[2] 当时，德意志人、法国人、匈牙利人、英国人、克罗地亚人、保加利亚人、勃艮第人、瓦拉几亚人结盟形成了十字军，与奥斯曼军队于 1396 年 9 月 25 日在尼科波利斯开战。最终奥斯曼帝国大获全胜，保加利亚第二帝国灭亡。——编者注

[3] 奥斯曼军队和帖木儿军队在 1402 年 7 月 20 日于安卡拉附近的平原开战。最终帖木儿大获全胜，奥斯曼帝国陷入困境。不过，帖木儿帝国在战后的第三年便灭亡了，而奥斯曼帝国养精蓄锐，恢复如初，并且在之后的两三百年间越来越强大。——编者注

[4] 帖木儿（1336—1405 年），帖木儿帝国的开国之君。——编者注

[5] 土耳其人在 1375 年拿下了尼什，后来也曾几次从这里撤军。——作者注

这就意味着这条捷径的 2/3 都归奥斯曼帝国控制。杜拉德·布兰科维奇在 1443 年与匈牙利国王匈雅提·亚诺什[1] 结盟，开始了远征之旅。这确实让奥斯曼军队元气大伤，可他们在第二年就将杜拉德·布兰科维奇的军队尽数歼灭了。而后，奥斯曼军队在 1453 年拿下了君士坦丁堡，其征服欧洲的步伐也越来越快。一直处于无政府状态的塞尔维亚越来越混乱，他们即将迎来一场浩劫。杜拉德·布兰科维奇于 1458 年撒手人寰，他应该是塞尔维亚最后一位有着满腔爱国之情的君主了。在他死后的第二年，塞尔维亚就失去了被寄托了独立希望的斯梅代雷沃要塞[2]。之后的几年，波斯尼亚和黑塞哥维那失守。奥斯曼军队把塞尔维亚人逼到了黑山，然后将其团团围住，展开了猛烈攻势。

---

[1] 匈雅提·亚诺什（约 1387—1456 年），匈牙利王国的国王。根据相关资料显示，他出身贵族，有着罗马尼亚血统。在 1411 年成为特兰西瓦尼亚的伏伊伏德和南部几省的领导者。——编者注

[2] 它有一个流传度更广的名字：Semendria。匈牙利人掌控了贝尔格莱德，匈雅提·亚诺什在 1458 年保住了这里，这也是他一生最大的荣耀。不过，他们在 1521 年归顺了奥斯曼帝国。——编者注

第七章

土耳其人的到来（1459—1789 年）

土耳其人可以打败塞尔维亚人，并非是因为军事实力的强大，而是因为他们的制度更加先进。不过土耳其人设立的制度、建立的管理机构，也是为了提高军事能力。他们所设立的机构十分稳固，提高了整个民族的实力，因此他们才能速战速决且屡战屡胜。奥斯曼帝国将权力中心设在了小亚细亚的西北部，奥尔汗为其制定的制度也是与众不同的。他从小亚细亚安纳托利亚的农民身上得到了启发，知道应该怎样实现自己的远大抱负。500 年来，这些农民一直都在勤勤恳恳地种地，按时缴税，他们生性淳朴，没有太多的心思，所以在紧要关头也能成为一名坚毅、果敢、勇猛的优秀士兵。这里的领导者既不担忧农民会趁着他们不在的时候造反，也不害怕他们在成为士兵之后临阵退缩。他们的性格和野蛮、残暴、向往自由的塞尔维亚人截然相反，所以他们是实现封建君主专制的最好的工具。于是，这些农民摇身一变成为奥斯曼帝国的骑兵，也是其主力军。奥斯曼一世以自己之名为这个帝国命名，从表面上来看，他似乎没有什么突出贡献，可其实帝国能有如此一片广阔的疆域，全靠他知人善用，驯服了那些大大咧咧的骑兵。

奥尔汗继位之后，奥斯曼帝国的政府体制已经完全成熟。至于是奥尔汗想出了这一体制，还是其兄弟兼大维齐尔[1]阿拉丁提供了思路，我们就不得而知了[2]。不过这个体制的结构是很明晰的，它有三大目标——正式成立奥斯曼帝国公民政体组织、确定奥斯曼帝国和基督教的关系、建立规范的军事系统。奥斯曼帝国的军事制度目的也很明确，那就是为帝国成立一支常备军。按照当时的情况，奥斯曼帝国的百姓基本都是会骑马的，所以军队内也是以骑兵为主。各封地也会派遣军队听命于苏丹，以此得到相应的报酬或者服务。

这个制度的本质也是封建制度，不过由于设计者心思缜密，所以这个制度是领先于欧洲封建主义制度的，并且没有那么危险、复杂。奥尔汗和他的智囊团发现要想维护封建主义，税收是最后一步，最重要的还是国家要有专业的军队。于是他们再出新招，成立了极具规范性的骑兵和步兵军队，按时发放军饷，让他们可以专心为国家服务，这一政策也充分展现了领导人的才华。而他们根据这一政策成立的步兵，也就是之后闻名于世的加尼沙里军[3]，也是奥斯曼帝国的主力军。军队中的成员基本都是来自基督教家庭。不过现在我们还不能确定土耳其人是什么时候开始使用以消耗基督教教徒的土地来发展其自身实力这一手段的。加尼沙里军大概成立于1330年，当时奥斯曼帝国的统治者是奥尔汗。这支军队刚开始规模不大，能力也不突出。当时奥斯曼军队是以骑兵为主，步兵为辅，不过军中将士都能拿到

---

[1] 大中东地区各主权国家的政府领导者。这一头衔源自阿巴斯王朝，之后的奥斯曼帝国、莫卧儿帝国也都有沿用。——编者注

[2] 英国的历史学家爱德华·吉本觉得这个制度的发明者是阿拉丁；美国社会学家赫伯特·吉本则坚持是奥尔汗设计了此制度。当时，阿拉丁先于奥尔汗去世，无法推行此政策，可是这并不表示他没有参加前期的构思过程。土耳其人将阿拉丁视为圣人，觉得这一制度是他经过多年苦思而得，因为阿拉伯征服者也是这样参透穆罕默德思想的。——作者注

[3] 由奥斯曼土耳其帝国常备军和苏丹护卫组成，它是欧洲首支现代常备军，应该是在穆拉德一世时期成立的。——编者注

应得的军饷。而与此同时的西方国家都没有成立常备军。奥尔汗在位期间，西方国家的军队基本是由封建征兵、雇佣兵和临时兵组成的。塞尔维亚帝国的军队则是由农民、贵族与雇佣兵组成的，只是农民的不稳定因素太多，很难控制。拜占庭帝国倒是可以成立国家常备军，可惜其当时的统治者并没有这个打算。

奥斯曼帝国不仅率先成立了常备军，而且还有着更先进的作战计划。他们的骑兵汲取了成吉思汗军队的优势，比如"排成一堵墙前进"的完美作战方法就是他们从鞑靼人那里学来的。因此奥斯曼骑兵骁勇善战，灵活多变，交战时可以碾压欧洲重骑兵。加尼沙里军的成员自8岁起便每天参与到专业训练中，严守军规，自律性远胜于其他部队。他们是新步兵军队的代表，在战场上可以轻易打破重骑兵的围攻。土耳其人在打仗时常用的方法就是以骑兵为侦察员，派非正规军守护前线，然后将轻骑兵安排在军队两翼，加尼沙里军坐镇中心。而基督教的军队基本是重骑兵，在速度上就比不过轻骑兵。因此，基督教军队就只能正面攻击敌方的中心位置，可这种方法实在是缺乏灵活性，且代价惨重。奥斯曼军队的后备力量一般位于其侧翼，由此可见他们对阵形中心的实力是很有自信的，毕竟加尼沙里军实力不凡，表现极佳。在安卡拉之战中，遍地浮尸，帖木儿军队在奥斯曼军队的轻骑兵离开战场后很久才处理好剩下的士兵。对于塞尔维亚军队来说，他们本来就只有本土骑兵、胸甲骑兵和弓箭手长矛兵，在交战时，可以和奥斯曼军队一战的也就是其中的雇佣兵了。从十字军的记载中我们能了解到塞尔维亚人擅长骑射，可以百步穿杨。他们的骑兵在和奥斯曼军队交战时虽然屡次战败，但靠着有利于他们的地形还是能反败为胜的。从科索沃之战中也能发现，塞尔维亚人靠着"坚贞不渝的忠心和所向披靡的武器"将奥斯曼帝国的残存势力全部消灭了。除此之外，塞尔维亚人还获得了尼科波利斯之战的胜利，摧毁了帖木儿在安卡拉的布防。塞尔维亚人的这些表现实在是让人佩服，就连帖木儿也对其大加赞赏。要知道，帖木儿可是当时唯一能打败土耳其人的将军。

奥斯曼帝国正规军的规模在 15 世纪不过 10 万人而已，所以在尼科波利斯之战、科索沃之战和马里查河之战中，究竟是基督教军队人数更多，还是奥斯曼军队规模更大，我们也不得而知。基督教军队没有经过专业训练，士兵们也不怎么遵守军规军纪，所以根据当时的情况来看，如果他们和奥斯曼帝国军队人数相同的话，那么基督教军队毫无胜算。塞尔维亚的步兵善于作战，可这并不是因为严格训练而成的，加上军中又无严格纪律，所以其作战能力是完全比不上加尼沙里军。奥斯曼帝国军队有多团结，由马扎尔人、塞尔维亚人和保加利亚人所组成的联军就有多散漫。土耳其军队靠着专业的训练、完善的制度，以及严明的军纪一直战无不胜，这一纪录保持了 3 个世纪。奥尔汗的统治让这些土耳其人成为士兵，他们不在乎政治，行事作风极为暴力，十分贪婪，但是他们的自制力和忍耐力都是极佳的。

土耳其人统治了奥斯曼帝国 600 余年，其中 300 年都是在开疆拓土，争权夺利，这既有赖于他们强悍的军事实力，也是因为受到了奥尔汗推行的政治改革的影响。奥尔汗当时推行改革是为了在奥斯曼帝国建立起保护霸权的制度，让信奉基督教的人来到奥斯曼帝国发展。为此，他规定国中百姓皆要身穿宽松长袍，并且推出了属于奥斯曼帝国的货币，淘汰了之前市场上使用的塞尔柱王朝[1]与拜占庭帝国的货币。奥尔汗是在 1328 年开始改革的，而他为推动改革所建立的制度却沿用了 100 余年。这一制度规定伊斯兰教教徒的地位在基督教教徒地位之上。我们从当时的纳税方式上可以清楚地体会到这一点，伊斯兰教教徒可以用金钱缴税，但基督教教徒必须要用鲜血纳税。国家各政府部门，以及军队职位都是由伊斯兰教教徒担

---

[1] 塞尔柱突厥人在 11 世纪时期成立的王朝，又被叫作塞尔柱帝国。——编者注

任的，基督教教徒只能做他们的手下。基督教教徒如果要服役的话，通常也不可以在奥斯曼帝国的军中，不过由于奥斯曼帝国一直标榜自己不歧视宗教信仰，因此也会有例外。奥斯曼帝国确实不会干涉大家信奉哪一个宗教，但是在政治上对于宗教管理极为严苛。不能进入国家管理层的基督教教徒只要皈依伊斯兰教，就可以担任国家要职。比如在 16 世纪，巴列奥略家族的某位成员借助皮亚利帕夏的名头成为海军上将，名扬四海。由此可见，奥斯曼帝国对于宗教的要求是不管之前信奉哪一个宗教，只要改信伊斯兰教就可以入仕，种族倒不是他们考虑的范围。在奥斯曼军队中有时也能看到一个粗暴无比的努比亚人对着阿拉伯军队呼来喝去。奥斯曼帝国之所以这么做，就是想让国人都去信奉伊斯兰教，同时也打压基督教。有了权力和地位的诱惑，基督教自然难在奥斯曼帝国生根发芽。

　　奥斯曼帝国对于宗教的宽容自然比不上基督教。但是因为拉丁人和希腊人仇深似海，水火不容，所以信奉东正教的塞尔维亚人、希腊人、土耳其人也就默默认可了奥斯曼帝国的政策。当时有一首歌曲完美地描述了基督教教徒的心理活动，歌中唱道，杜拉德·布兰科维奇曾经问匈雅提·亚诺什："如果能让塞尔维亚人摆脱土耳其人的掌控，那么塞尔维亚人应该信奉哪一个宗教呢？"匈雅提·亚诺什回答道："罗马天主教。"杜拉德·布兰科维奇听到这个答案后心中忐忑，只好再去请教穆罕默德二世[1]。穆罕默德二世听完之后说道："我会在这周围修一所教堂，大家可以在里面画十字，也可以去清真寺礼拜。"这是所有清真寺的现状，也是人们心之所向。那时候，比起拉丁人的统治和残害，希腊基督教教徒更能接受奥斯曼帝国的政策——至少还有些许自由。拉丁人和希腊人这对宿敌积怨已久，哪怕是在和谈结

---

[1] 穆罕默德二世（1432—1481 年），在 1444 年成为奥斯曼帝国苏丹，1446 年退位，又在 1451 年重新上位。——编者注

盟时，他们也能大骂对方是异教徒，是一条狗。塞尔维亚的国王斯特凡·托马舍维奇[1]在处理罗马人的问题时十分极端，这自然会加快塞尔维亚帝国的毁灭。东正教教徒为了抵制塞尔维亚的统治阶级，宁愿开门恭迎土耳其军队入城，但他们没有这样对待罗马教皇。而希腊人对无酵饼天主教[2]的怨恨也让君士坦丁堡的处境更加艰难。一直到20世纪早期，在罗马天主教教徒和东正教教徒的极力劝说下，同为南斯拉夫人的克罗地亚人和波斯尼亚人才愿意携手合作。就算是在现在，各宗教之间的隔阂也会产生极大的影响，更何况是在中世纪呢。可不管怎么样，巴尔干半岛的所有民族都有很深的矛盾，比如塞尔维亚人和希腊人、马扎尔人和塞尔维亚人。不管是罗马天主教还是希腊东正教，都不接受求同存异的做法。这时候，奥斯曼帝国的政策明显优于罗马天主教政策，因此占得了先机。土耳其人一直以来奉行的原则都是"极端主义和分裂"，所以适当的宽容能让他们的利益最大化。

土耳其人可以创建一个强大的奥斯曼帝国有很多因素，但最后一个绝对是个人品德。纵观世界史可以发现，在很多时候，一个人的品德会影响一段历史。这200年来，奥斯曼帝国国王都是很强势的人，他们的身份不同，或许是将帅，或许是政治家，但都有着极高的人格魅力，可以将国家大权掌控在自己手中，是当之无愧的领导者。土耳其人的德行也是领先于他们的手下败将的，这绝非偶然。在刚开始信奉穆罕默德的时候，民族的精神世界会被净化，比之前更丰富。而土耳其人不管是在穆罕默德死后还是在奥斯曼一世撒手人寰之后，都能够一直保持这个状态。奥斯曼帝国上自苏丹、

---

[1] 斯特凡·托马舍维奇，生年不详，死于1463年，后世又称其为斯蒂芬二世。他在1461年登基成为波斯尼亚克特罗曼尼奇王朝君主，也是最后一位君主。除此之外，他在1459年4月到1459年6月担任过塞尔维亚专制暴君。——编者注

[2] 这是东正教在11世纪时期对罗马天主教的蔑称。因为当时罗马天主教的圣餐用的是无酵饼，而东正教吃的是有酵饼。——编者注

下到农民皆是坚持信仰、心思单纯、目标坚定的人。他们的这种状态一直维持到巴耶济德一世和征服者穆罕默德[1]时期，而后才出现了国王贪婪、臣子贪腐的现象。所以，当塞尔维亚人失去科索沃之后，统治他们的是一个有道德感、有信念又不惧死亡的民族，而这个民族的军队设备和军事战术都是世界最高水平。没有人能拒绝科学和信仰的融合，也没有人能违反规定和热情的统一。所以，那时候的由"踏实的神秘主义者"建立的奥斯曼帝国自然会是全世界最厉害又最恐怖的国家。奥斯曼帝国的人可以在战争中无往不利，是因为他们有着信念和勇气，哪怕是在对宗教的热情淡去后，他们实施的政策和实行的外交手段也能确保国家安稳。

现在奥斯曼帝国已经勾画好了其政策和机构的轮廓，之后他们会根据相关民族和国家的情况再进行调整。其实，奥斯曼帝国是在 15 世纪才对巴尔干半岛实施这些政策的。之前一直有人觉得奥斯曼帝国能一举消灭基督教，或者让那些信奉基督教的人皈依伊斯兰教，但这些情况是不可能实现的。因为不管是在欧洲还是在亚洲，奥斯曼帝国都没有那么多兵力去追杀所有的基督教教徒。它只能让那些民族拥有自治权，同意它们建立殖民地。在马其顿、君士坦丁堡和阿德里安堡，随处可见土耳其人的身影。那个时候，这些地区都存有军事重地的遗迹。土耳其人觉得他们凌驾于所有民族之上，因此他们信奉的伊斯兰教也是最具吸引力的，同化其他民族只是时间问题。之后的事件也证明土耳其人所推行的同化方案很成功。许多保加利亚人、希腊人都剃了头发开始戴头巾了；波斯尼亚和阿尔巴尼亚的人们在日常生活中也开始遵守伊斯兰教的教规。

从大体情况上来看，塞尔维亚也开始信奉伊斯兰教了。当时统治塞尔维亚城池的是奥斯曼帝国国王，加尼沙里军也驻守在这里。而地方骑兵西

---

[1]　征服者穆罕默德即穆罕默德二世。——编者注

帕希[1]有他们自己的领土。奥斯曼帝国逐渐出现了许多阿尔巴尼亚人和被伊斯兰化的塞尔维亚人。在此之前，塞尔维亚人基本不信奉伊斯兰教，不过我们目前也不知道他们为什么会信奉东正教。塞尔维亚人和所有巴尔干国家最大的不同就在于他们之中，总有人坚持不向奥斯曼帝国低头。这些人生活在黑山，和土耳其人斗争了 500 多年，最终得到了自由。我会在后续章节中详细论述他们之间的纠纷。黑山人的不屈不挠让那些被奥斯曼帝国统治的塞尔维亚人备受鼓舞，他们会站出来抵制奥斯曼帝国，要是失败了就去投奔黑山人。

不过，也不是只有黑山才能成为对抗土耳其人的阵地。自多瑙河至阿尔巴尼亚阿尔卑斯山脉的路上，到处都有山洞巢穴，随处可见森林山丘，那些失败的塞尔维亚人也会躲在这些地方。查塔姆在提及美国人时如是说道："在这里，森林和自由都是永存的。"躲在这里的人们就像是塞尔维亚的罗宾汉、威廉·退尔[2]，后人称其为"海杜克"或者"乌斯阔克人"。他们就像自己的祖先那样躲在深山老林中，借助地理优势消灭前来围剿他们的敌军。如果敌军规模过大，那么他们就会尽快逃到丛林沼泽中，这里没有道路，敌人自然没有办法进来。传闻，在鲁德尼克山上有很多土耳其人从来都没有去过的地方，塞尔维亚人便躲在那里避难。这个传言的可信度极高，因为几百年来土耳其人都没有到达那里。那些屈服于奥斯曼帝国的塞尔维亚人都听说了他们的同族在黑山和鲁德尼克山上与土耳其人斗智斗勇的事迹。从大家口耳相传的故事中，我们可以了解到当地的山贼也曾如马尔科·克拉列维奇、斯特凡·杜尚那样与敌人英勇搏斗。所以不管是

---

[1] 法兰西军队的轻骑兵军团，军中的士兵几乎都是摩洛哥人、突尼斯人和阿尔及利亚人。——编者注

[2] 瑞士传说中的英雄人物，衍生出了很多文学、戏剧作品。——编者注

波斯尼亚人、阿尔巴尼亚人，还是塞尔维亚人，他们都没有忘记自己的过去，也一直心怀希望，这也是塞尔维亚民族性的两大来源。

土耳其人在塞尔维亚定居后的几百年间一直在这里实行建立封建军事制度的计划。他们在斯特凡·杜尚去世之后立刻攻打塞尔维亚，对其领土进行了大刀阔斧的整治和改造，一直到 17 世纪才大功告成。不过，严格来说，土耳其人对塞尔维亚的改造和整治其实并没有真正完成。不管是在塞尔维亚还是在马其顿地区，奥斯曼帝国都会命令当地的独立公爵派人去奥斯曼军队服役，马尔科·克拉列维奇和拉扎尔·赫雷别利亚诺维奇就遵守过这一命令。斯特凡·拉扎列维奇[1]根据在1389年科索沃之战结束后签署的条约，把 1000 名骑兵和 1000 磅白银送给了奥斯曼帝国。在安卡拉与尼科波利斯打仗的塞尔维亚士兵也有相同经历。有一点不得不提，那就是土耳其人在掌控塞尔维亚的时候经常变着花样在这里征兵，而这个做法违反了奥斯曼帝国之前所定下的基督教教徒不可以在军队服役的规矩[2]。其实这个规定是很有用的，毕竟失去了武器的民族就再也没有办法打仗了，还好在塞尔维亚人和阿尔巴尼亚人中有信奉基督教的人。所以即使他们已经屈服于土耳其人，也还是会使用武器。

几次战争让塞尔维亚的那些土著地主失去了从前的强势，所以在这里生活是比在其他地区生活要容易的。自科索沃之战后，很多塞尔维亚贵族先后被杀，因此在 15 世纪，死里逃生的塞尔维亚贵族都跑到了波斯尼亚或者黑山隐居。如此一来，在他们身上也不会出现像阿尔巴尼亚和波斯尼亚的贵族那种为了保住手中的土地自愿成为土耳其人的情况。但不管是哪种

---

[1] 斯特凡·拉扎列维奇（1374—1427 年），在 1389 年成为大公并且统治塞尔维亚，又在 1402 年成为塞尔维亚专制君主，直到 1427 年逝世。——编者注

[2] 其实也会有例外的情况，但这种例外一般都是发生在瓦拉几亚地区的人身上。奥斯曼帝国在 17 世纪后期逐渐向基督教教徒开放了许多政府要职。——作者注

情况，都使得贵族和平民之间渐行渐远，波斯尼亚和阿尔巴尼亚的贵族也总会欺侮基督教教徒。随着时间的推移，塞尔维亚贵族也不复存在，随之而来的是被基督教教徒和农民民主制度催生出的奥斯曼帝国封建军事专制。这无疑让基督教教徒的生存环境更加艰难。毫无疑问，土耳其的地主是支持奥斯曼帝国政府的，可无尽的欺辱也激励了塞尔维亚人。在那个时期，奥斯曼帝国推行的土地政策还是奥尔汗在位时制定的那套：将一些土地变作封地，为非正规骑兵提供经济来源；再加上一部分土地分发给正规军西帕希。而马其顿地区一直有足够的封建拨款。不过哪怕是到了20世纪早期，还有一部分土耳其地主掌控着马其顿城堡并且拥有大笔封建财产，他们都自称是世袭之家，已经延续了500余年，可是居住在塞尔维亚的土耳其人所得到的封地一直都没有马其顿地区的土耳其人得到的多。其主要原因有二：一是攻打拉什卡内陆一带的难度极高；二是塞尔维亚境内的纳税人之中有很多基督教教徒。他们有可能是自由的基督教贵族，也有可能是被叫作"巴什克尼兹"的地方首领，他们手中掌握的土地资源极多。也就是说，塞尔维亚少有城镇。以前居住在塞尔维亚城内的是外国人，后来则是土耳其人、加尼沙里军和伊斯兰教教徒。塞尔维亚贵族一般居住在自己家中，而西帕希有大片庄园，收着土地租金却住在基建较好的村里或者是城中。塞尔维亚的土耳其地主不多，所以无法改变塞尔维亚人的思想精神，也不能打消他们的爱国热情。

土耳其人并不是很在乎政权，他们依靠分封的土地有了军事力量，要做的就是等基督教教徒前来进贡并且保证塞尔维亚伊斯兰教教徒的公平。公民政府是在1557年才组织起来的，当时身在塞尔维亚的大维齐尔梅赫梅特·索科洛沃奇[1]叛变并掌控了奥斯曼帝国，这些问题才得以解决。当时土耳其人占据塞尔维亚已有百余年了。当时塞尔维亚人看似是被土耳其人交给了三尾帕夏[2]，让巴尔干半岛政府管制，实则他们已经在贝尔格莱德组建了小小的帕夏领地，选出了一位二尾帕夏掌权。领地的都城自然是在贝尔格莱德，其统治者是帕夏，他可以规定每年要上供的数量和纳税金额。基督教教徒是无权反抗帕夏的，不过要是有西帕希想欺负他们，他们可以向帕夏提出保护申请。因为西帕希抢夺百姓土地、驱赶百姓的做法是不合法的。心地纯良的帕夏也会为塞尔维亚的农民提供庇护。当时奥斯曼帝国制定的税收条例十分繁复，塞尔维亚农民除了要给其所在地的西帕希上交租金外，还要给帕夏和苏丹捐钱捐物。税款金额是合理的，可是那时候奥斯曼帝国政府内部因为官员们不满足于现有的俸禄，欲壑难填，所以他们开始贪污舞弊，行贿受贿，塞尔维亚人自然难逃他们的魔掌。时间一长，中央政府对各地的管辖有所松懈，官员们以残暴的手段不停地勒索下属，各帕夏也走上了贪污的道路。即使如此，塞尔维亚人也还是有能力去负担这些经济压力，而且这一现象维持了很久。

塞尔维亚人把帕夏领地划分为了许多个由卡迪[3]或者是纳西[4]管制的地区[5]，这样既有助于社会公平，也能建立起公民政府，而且卡迪也可以

---

[1] 梅赫梅特·索科洛维奇（1506—1579 年），奥斯曼帝国的政治家，也被叫作索库鲁·穆罕默德帕夏。——编者注

[2] 帕夏的级别是根据马尾数或孔雀尾数表示的，有一尾、二尾、三尾，其权力范围也依次递增。——编者注

[3] 伊斯兰教的执法官。——作者注

[4] 诸多村庄形成的地区，也就是"乡"。——编者注

[5] 近代的塞尔维亚除了马其顿、普里什蒂纳、新帕扎尔外共有 4 个帕夏领地。自沙巴茨从德里纳河往南到乌西茨都是贝尔格莱德帕夏领地，往东则是摩拉瓦河，南部是克鲁舍瓦茨，东北部是多瑙河。维丁、尼什和莱斯科瓦茨也组成了一个帕夏领地。——作者注

守护住在塞尔维亚的奥斯曼帝国公民的权益。如果在管辖地内的基督教教徒有"政治罪行"，那么此地的卡迪便会将他处死；如果基督教教徒不愿意上贡或者是反对、伤害、杀死了土耳其人，那么卡迪就会将他抓起来并且予以惩罚。卡迪也会有自己要遵守的规则，只要卡迪想处死基督教教徒，那么他就可以给此人安上"政治罪行"的名头。诸如基督教教徒互相谋杀等罪责较轻的行为，卡迪只需要对他们做出处罚就行。不过，即使卡迪只对帕夏负责，但如果其管辖地动乱频发的话，卡迪也会承担相应责罚。到了 17 世纪后期，塞尔维亚人的土地大多都被巴什克尼兹霸占。他们的先祖基本都是塞尔维亚公爵或者贵族，这些人为了守住自己的土地会讨好土耳其人，为他们提供各种服务。巴什克尼兹在自己的领地中只会对贝尔格莱德帕夏负责，他们只要按时向军队输送人员、准时给帕夏和苏丹上贡，就能维持自治。因为卡迪手里没有统治权，其领地中也无土耳其人居住 [1]，所以塞尔维亚许多区域都不受土耳其人统治。圣萨瓦地区先在 1595 年爆发了动乱，巴什克尼兹们所管辖的地区被夺；在 1689 年又发生了暴乱，其他地区也都沦陷了 [2]。好在还有一小部分人死里逃生。骁勇善战的海杜克屡建军功，守住了塞尔维亚的偏远地区，使其不受土耳其人的荼毒。

　　土耳其人的心思都在军事和经济上，他们只想要人和钱，保证伊斯兰教的地位，至于公民政府，则不在他们的考虑范围内。所以每个纳西都是族长掌管的。这些族长都是塞尔维亚人，他们经由百姓选举，最终得到帕夏同意，可以管理当地的事务，代表当地与卡迪或帕夏负责管理基督教教徒，有骑兵会从旁协助。在行使权力的过程中，按照相关法律规定，族长听命

---

[1] 这些领地基本在塞尔维亚西部、山区，还有新帕扎尔周围。——作者注

[2] 最后一个巴什尼克兹是在 1821 年去世的，他生前是英国驻波斯尼亚副领事。——作者注

于卡迪。族长的职责包括对税收进行评估，然后按照规定数额上缴税款；依照塞尔维亚的法律和风俗审判百姓，对其做出相应的处罚。从后者来看，族长是具有司法意义和权力的，而且族长为了守护基督教教徒的利益，也有处罚权。如果族长不能做出判决的话，将会由卡迪来审判，但是卡迪所用的手段基本上比较偏激。每个纳西都有许多村镇，也会遵守上述规则。管理每个村庄的人是村长或是村委员会选出的克尼兹。塞尔维亚一直奉行民主主义，哪怕现在要听命于土耳其人，他们也从未放弃过自己的民主特色。塞尔维亚的国家机构不是被土耳其人同化，就是被他们取缔，但地方的自治机关还是照旧运行着，而且其职能也逐渐完善。一旦塞尔维亚出现了民族起义运动，克尼兹和海杜克就会携手合作，为起义运动保驾护航。

总而言之，奥斯曼帝国国王在这几百年来都没有像拜占庭帝国国王迈克尔八世那样欺压百姓，土耳其人不会强行干预塞尔维亚各地政府的日常工作，而且塞尔维亚人的宗教信仰也从没有被剥夺过。诚然，有一些帕夏在行为处事方面比较残暴而且贪污腐败，使得其辖地内的人口数量下降，百姓生活艰难，但是塞尔维亚人在15—16世纪一直进行着反抗运动，而且并非是因为被压榨，而是因为他们心生恐惧又被外界所扰。巴什尼克兹、海杜克，以及黑山的独立让塞尔维亚人受到了鼓舞，他们继承并且发扬了不屈不挠的民族精神。

不管是塞尔维亚人还是基督教教徒，都很讨厌加尼沙里军的制度。其实这一制度只是土耳其人用来压迫基督教教徒的手段，他们不但让基督教教徒将自己的孩子送到军中以抵扣税款，而且利用这些孩子逼迫甚至是杀害其父母。这种恶劣的人肉征税制度在刚开始实行的时候还没有这么过分，因为就算是在穆罕默德二世掌权期间，加尼沙里军的士兵数量也不算多。可到了苏莱曼一世掌权期间，加尼沙里军便已有了几千人，其所产生的影响也让人难以忽视。各地每过三五年就要根据规定数量选出8岁孩童，将其交给国家。这些孩童被迫皈依伊斯兰教，在军事院校中接受严苛的训练。这种做法和耶稣会相似，都是把儿童集中起来训练他们，让他们脱离家庭，只听从指挥。不过一个是为军队输送人才，一个是为士兵打气而已。刚开始的时候，无论是耶稣会还是加尼沙里军，都是有禁婚令的，不过后者的规定没有那么严苛。在这200多年间，加尼沙里军成为奥斯曼帝国最厉害的一支军队，也是当时世界上最强大的步兵军团。奥斯曼帝国在其领地之中广招士兵，使其信仰伊斯兰教，是想慢慢减少基督教的男性教徒数量，这自然是有利于奥斯曼帝国的。可是在苏莱曼一世于1566年撒手人寰后，奥斯曼帝国便出现了不祥之兆，那就是加尼沙里军犯上作乱，而且还要求以后只能挑土耳其人的孩子进军队。刚登基的赛利姆二世[1]只能答应了他们的要求。如此一来便产生了重大影响：土耳其的后人本就是信奉伊斯兰教的，而之前选出的孩子是信奉基督教的。从土耳其人中选择新兵，那么选择的基督教教徒的孩子就越来越少，1676年是加尼沙里军最后一次招收基督教教徒的孩子。由此加尼沙里军成为世袭制军队，并且十分反感基督教教徒。需要特别关注的一点是，在加尼沙里军放弃了传统招收制度的同时，土耳其人的军事实力开始下滑了，军中的军纪也被破坏。之后加尼沙里军成为奥斯曼帝国和军队中的单一群体，不管是在战时还是在和平年间，他们都很难控制。军队中的士兵经常在塞尔维亚各地欺压百姓。不过从整体上来看，直到16世纪后期，塞尔维亚人对于西帕希地方骑兵、加尼沙里军，以及塞尔维亚的土耳其政权都是不能容忍的。

土耳其人在15世纪占据了塞尔维亚地区，于是很多塞尔维亚人只能穿过多瑙河，到匈牙利南部生活。大家都知道，在15世纪中叶，杜拉德·布

---

[1] 塞利姆二世（1524—1574年），他有一个外号，叫作"金发塞利姆"，于1566年成为奥斯曼帝国苏丹。——编者注

兰科维奇对于塞尔维亚人的移民活动是十分支持的，而且还让塞尔维亚人去他在匈牙利的领土居住。之后塞尔维亚的移民越来越多，就连斯洛文尼亚的各城镇也都有塞尔维亚人的身影。他们在面对已经被拉丁语化的匈牙利人时，极力守护着塞尔维亚民族的自由和信仰。奥斯曼帝国在 1526 年打败匈牙利王国后，塞尔维亚人的未来也迎来了转机。这时候，匈牙利平原有了很多来自塞尔维亚的移民，这一现象背后有着重要的教育意义。可以说居住在塞尔维亚的人是被居住在黑山的塞尔维亚人所鼓舞，然后才看到了希望，而居住在匈牙利的塞尔维亚人让他们摆脱了无知。塞尔维亚人终于站了起来，在 16 世纪极力反抗奥斯曼帝国，绝不妥协。

　　苏莱曼一世打败匈牙利王国后，维也纳也落入了奥斯曼帝国的魔爪，塞尔维亚人只能坚持反抗运动，以此消耗奥斯曼军队的精力。于是，教会变得越来越重要。在 1592 年到 1614 年，塞尔维亚的主教是约万二世[1]，他是从伊佩克来的。他一直在努力守护塞尔维亚民族的独立。其实，塞尔维亚教会是很特别的存在。东正教首领在 1352 年将塞尔维亚教会从教会名单中除名了，而拉扎尔·赫雷别利亚诺维奇在 1374 年提议取消这一禁令。塞尔维亚教会因此又得到了自治权，也可以自行任免主教。征服者穆罕默德在攻打君士坦丁堡的时候就是将东正教牧首当作了傀儡，以他来掌控君士坦丁堡。而东正教牧首根本无力和奥斯曼帝国相抗衡，只能乖乖听话，不断扩大其权力范围，做奥斯曼帝国的棋子。因此，东正教牧首在 15 世纪中期的权力比伊佩克自主教会还要大。当年圣萨瓦让塞尔维亚教会摆脱了奥赫里德大主教的统治，得到了独立。后人将他的贡献铭记于心。可是现在奥斯曼帝国第一次推行了法纳尔人制度，塞尔维亚教会只能听命于君

---

　　[1]　约万二世，生年不详，死于 1614 年。他是塞尔维亚东正教教会的领军人物，也是伊佩克的大主教。——编者注

士坦丁堡，他们的地位已是岌岌可危。法纳尔人制度是君士坦丁堡牧首融合了土耳其和拜占庭的制度的产物，它并没有被用在塞尔维亚教会身上，毕竟当时塞尔维亚东正教教会的统治者是奥赫里德大主教，不属于君士坦丁堡主教。塞尔维亚人在 15 世纪一直要求奥赫里德大主教保持独立，所以我们也不知道法纳尔人制度在塞尔维亚的实行情况。不过有一点能确定，那就是塞尔维亚的百姓因为这一制度而饱受欺凌，日子过得十分艰难。

梅赫梅特·索科洛维奇的兄长马卡里乌斯是塞尔维亚的僧人，在他的影响下，梅赫梅特·索科洛维奇于 1557 年恢复了塞尔维亚国教，并且让兄长做了塞尔维亚教会的牧首。伊佩克也就成为教会中心。牧首不但能得到塞尔维亚人的支持，而且还可以任命主教，可这并不意味着塞尔维亚人就不用再受土耳其人的威胁了。塞尔维亚的基督教教堂要么是被糟蹋了，要么就是被改成了清真寺或者成为民用地。表面上，为了避免和伊斯兰教教徒发生矛盾，基督教教徒是不能做礼拜的，不过实际上没有人会责怪基督教教徒私下做礼拜。随着时间的推移，大家的容忍度越来越高，基督教教徒也就可以光明正大地做礼拜了。

伊斯兰教教徒所缴的税款有一部分会被用于宗教地产瓦克夫，或者是成为伊斯兰教的宗教活动金。如此一来，基督教的活动金就被大幅度缩减，在穷人们的捐助下，一小部分修道院得以运转，而剩下的诸多修道院被毁弃。受其影响最大的并非是宗教，而是塞尔维亚的教育。数以万计的珍贵手稿被毁，其中有的是随着修道院的损毁而丢失，有的是被看不上它们的土耳其人直接销毁，还有的被法纳尔人付之一炬。南斯拉夫的文字也尽数被土耳其人毁去。直到 1493 年，黑山主教在奥博德创建了一家印刷厂，斯拉夫的文学和礼乐才得以保存。这家印刷厂出版的书籍都是用斯拉夫语写成的，并且流传于塞尔维亚。虽然印刷厂最后还是被土耳其人毁掉了，但是它让塞尔维亚民族的语言和思想有了载体，可以传承下去，拯救了水火之中的

南斯拉夫文学。在这场灾难中，修道院因为存有很多手稿并且有教学活动
而成为土耳其人攻击的首要目标，但是学校也没能幸免。塞尔维亚的很多
祭司都目不识丁，但好在伊佩克的宗主教都在努力支持教育事业。僧人与
祭司都是靠着穷人们的接济勉强度日的，但是修道院也会为申请不到场地
的教区祭司提供活动场所。这也是塞尔维亚宗教史上最伟大的一段时期。
神职人员因此能接受教育、传播文明、表达他们的爱国之心。塞尔维亚民
族现在没有了大公，牧首便理所当然地成为领军人，不过这对于他们来说
也很危险。伊佩克的牧首一直都是独立的，而土耳其人因为塞尔维亚人的
反抗活动取消了宗主教区，塞尔维亚教会也因此受到影响。这对于塞尔维
亚人而言才是真正的危机。

　　众所周知，塞尔维亚人在约万二世的引导下，于匈牙利南部、拉什卡、
斯洛文尼亚和波斯尼亚发动了圣萨瓦起义[1]。约万二世不但为这场起义祈
福，而且还让人在塞尔维亚的三色旗上绣了起义军领导者圣萨瓦的样子。
圣萨瓦起义发生于 1593 年，土耳其人在两年后便挖出了圣萨瓦的遗体，并
且把其带到贝尔格莱德烧成了灰烬。可土耳其人此举并没有震慑住起义军，
在奥地利人的支持下，各地起义运动还是在进行。直到土耳其人在 1606 年
和奥地利人讲和后，起义军才销声匿迹。约万二世本来想让萨伏依公爵伊
曼纽尔一世[2]做塞尔维亚的新国王，但是后者并没有答应。而奥斯曼军队也
在 1609 年彻底镇压了起义运动。圣萨瓦起义展现了塞尔维亚人强大的意志
力，也让土耳其人知道了一件事——即使有土耳其人驻守在伊佩克，这里
的独立牧首也是一大威胁。

－－－－－－－－－－

　　[1] 圣萨瓦起义是塞尔维亚人在 1593 年为了抵制土耳其人对其文化的侵害而进行的起义
运动。——编者注

　　[2] 萨伏依公爵伊曼纽尔一世（1562—1630 年），于 1580 年登基。——编者注

奥斯曼帝国的国力在 17 世纪开始下滑，但是它对基督教教徒的压迫和独裁专制则越来越严重。17 世纪的情况就是这样的：辉煌的苏丹时期已变成历史长卷。科普鲁律家族[1]的一位维齐尔，在 1691 年时谈到过，在苏莱曼一世后的历任苏丹都是"笨蛋"。臣子是否向主上尽忠取决于主上的个人魅力，各个东方君主制政体都是如此。奥斯曼帝国的领导人软弱无能，所以才会出现加尼沙里军叛乱、战时缺乏准备、伊斯兰教教徒欺压百姓等现象。因为地方领导者的权力被中央政府限制，所以帕夏就一意孤行，在自己的领地任意妄为，不断逼迫、压榨基督教教徒们。这种现象持续了很久，直到奥斯曼帝国在 1691 年推行了《科普鲁律法案》才有所缓解。该法案规定，如果土耳其人对基督教教徒进行了烧杀淫掠等行为，那么基督教教徒便可以申请法律援助。可就算是这样，土耳其人对塞尔维亚人还是为所欲为，塞尔维亚女性的贞操、男性的生命都掌握在土耳其人手上。如果那些帕夏叛变，不再听命于奥斯曼帝国的话，那么基督教教徒的处境也许会更加危险。

西方霸权的争夺让欧洲列强忙得不可开交，无法分出精力去关注东方。奥斯曼帝国在 17 世纪的前中期国力虽然在下滑，但仍然强盛。它真正衰败的标志应该是奥地利大公国拉依蒙多·蒙特库科利将军率兵战胜了奥斯曼军队这一事件，这也是奥斯曼帝国首次败于欧洲列国手下。昔日奥斯曼帝国的军事装备、战术战略都领先于世界各国，但现在这些优势都已经跟不上时代的发展。曾经名扬四海的加尼沙里军再没有往日的森严军纪，俨然成了一盘散沙。奥斯曼帝国在 1683 年对维也纳发动了猛烈攻击，结果兵败如山倒，被维也纳军队打退了。此战无疑给塞尔维亚人注射了一剂强心药，

---

[1] 科普鲁律家族，奥斯曼帝国氏族。在大维齐尔掌权时期，历任大维齐尔都是出自这一家族。——编者注

他们开始斗志昂扬，但它同时也是灾难的预兆。匈牙利王国在 1686 年让布达城堡回归了基督教世界；1687 年夺回了之前失去的领地；奥地利人在 1688 年攻占了贝尔格莱德。居住在匈牙利南方的塞尔维亚人也揭竿而起，公开对抗奥斯曼帝国，各地塞尔维亚人纷纷响应。奥地利大公国凭借实力成为一大强国，就连奥斯曼帝国的中心也竖起了奥地利军旗。没过多久，奥地利大公国便拿下了斯科普里，在科索沃之战中赢得胜利。不过土耳其人最终还是力挽狂澜，打了一场翻身仗。奥斯曼帝国不但夺回了贝尔格莱德，而且还重新占据了塞尔维亚。根据 1669 年签订的《卡尔洛夫奇和约》[1]，奥地利大公国将得到匈牙利王国的全部领土，除了特梅斯瓦尔的巴纳特；俄罗斯帝国将得到亚速海，成为黑海强国，斯拉夫巨神像也将被放在巴尔干半岛。从这些和约内容中不难发现这一和约是十分重要的。可按照当时的情况来看，虽然斯拉夫人很强势，但他们离塞尔维亚人太远了，根本不能提供援助。所以，如果塞尔维亚人希望从土耳其人的魔爪中解脱出来，那就只能依靠奥地利人的帮助。

　　塞尔维亚的牧首阿尔森三世在这个时候进行了许多有意思的谈判。此人遇事沉着，不骄不躁，而且还有一颗爱国之心。对于他所推行的政策，我们虽然不能说将损失降到最低，但也无伤大局。当时奥地利大公国和俄罗斯帝国因为利益问题在巴尔干半岛发生了冲突。起初是奥地利大公国占优势，塞尔维亚人也会帮他们提供一些交通工具。可阿尔森三世没过多久就意识到神圣罗马帝国皇帝利奥波德一世[2]打算让重获自由的塞尔维亚人遵守罗马天主教的教规。阿尔森三世本来信仰的是东正教，

---

　　[1]　奥斯曼帝国和欧洲列强在 1699 年签订的条约。条约中规定，奥斯曼帝国将让出部分领土，这也是奥斯曼帝国首次割让土地。这也让奥地利大公国从 30 年战争的颓废中解脱，并且可以开疆拓土了。——作者注

　　[2]　利奥波德一世（1640—1705 年），于 1658 年登基成为神圣罗马帝国皇帝。——编者注

所以他选择了和俄罗斯帝国谈判。可是塞尔维亚的百姓并没有意识到这些问题，他们在奥地利人的诱骗下，站在了奥地利大公国这边，全然忘记了奥地利人之前的所作所为。于是奥地利大公国借助杜拉德·布兰科维奇的名义煽动塞尔维亚人，使其揭竿而起，攻入了奥斯曼帝国。奥地利军队便趁机在 1689 年来到了伊佩克。这时候，奥地利人居然公然违约，将杜拉德·布兰科维奇关了起来。而阿尔森三世对农民的冷淡也让他们失去了信心。塞尔维亚的农民看到恺撒士兵戴着的羽毛头盔和耶稣会士身穿的长袍就像看到异教徒的头巾那样，十分反感。在这种情况下，塞尔维亚的援军在 1689 年的冬季撤退了，他们放弃了剃光头发的牧师，也不再帮助奥地利人，而是去重新寻找了一个区域发展，颇有军事成果。尼什最终还是被土耳其人占领，贝尔格莱德与摩拉瓦河谷也先后失守。奥地利军队慌忙逃窜，塞尔维亚的后备军也是明哲保身，能躲就躲。利奥波德一世之后在 1690 年 4 月呼吁塞尔维亚人站起来，希望他们能反抗土耳其人的统治。因为有了失败的经验，所以利奥波德一世特意在号召信中表示他会让在奥地利大公国生活的塞尔维亚人拥有自由的宗教权，并且享有一些国家特权。土耳其人的东山再起让阿尔森三世有了危机感，他立刻带领大批的塞尔维亚人跑到了奥地利大公国定居。这一次，有 3 万多个塞尔维亚家庭开始信奉犹太教。人们横渡多瑙河来到了多瑙河平原及匈牙利南部，在这两个地区定居，可这并不意味着他们能够高枕无忧。当时，奥地利和奥斯曼两国经常爆发冲突，塞尔维亚人被两方所压迫，生活得十分艰难。他们是在欧根亲王 [1] 打赢了泽塔之战，将土耳其人赶出多瑙河后，才过上了安稳日子。

---

[1] 欧根亲王（1663—1736 年），欧洲最伟大的军事指挥官之一，同时也是一位政治家。他曾担任神圣罗马帝国的陆军元帅一职。——编者注

阿尔森三世和利奥波德一世达成一致并签订了条约，只是这份条约在有些方面态度暧昧，很难不让人有别的想法。除此之外，阿尔森三世还和俄罗斯帝国的沙皇进行了谈判，由此可见，他对于利奥波德所承诺的给塞尔维亚宗教自由权一事是持怀疑态度的。利奥波德一世也曾信誓旦旦地说会帮助塞尔维亚人实现自治，获得独立，但这件事难度实在是太大了。不过他确实是有这个打算的，让塞尔维亚人担任军队指挥官并且雇佣一部分塞尔维亚士兵。于是他答应让匈牙利的塞尔维亚人按照他们的军事标准去推选出可以做总指挥的将军，可这并不代表他会让塞尔维亚人独立，享有全部自由，因为这样不利于奥地利大公国的霸权主义。塞尔维亚的士兵在行军打仗时的表现都很优异，他们还取得了泽塔之战[1]的胜利。在这场战役中，奥斯曼帝国失败了，一半士兵命丧多瑙河，苏丹穆斯塔法二世[2]也被流放。欧根亲王对此十分满意。利奥波德一世是最大的获益者，所以他也许会对塞尔维亚人更加大方。但实际上，因为塞尔维亚人在军事方面实力出众，所以他们已经威胁到了奥地利大公国。当时维也纳战争委员会也不停地催促利奥波德一世，让他接管塞尔维亚的兵力。阿尔森三世对利奥波德一世的阿谀奉承也受到了塞尔维亚历史学家们的批评，为人所诟病。但让塞尔维亚军队离开本国，撤兵迁移的行为其实有助于保护塞尔维亚人的民族性格，这是毋庸置疑的。塞尔维亚民族来到多瑙河北部地区后，发现这里的文明发展更先进，思想也更加自由，从而实现了他们的文学复兴。而生活在匈牙利的塞尔维亚人今后也会影响到其他地区。

塞尔维亚地区的人们在 17 世纪后期被土耳其人袭击，失去了诸多土地，他们为了站起来反抗土耳其人的行为，却激怒了对手。在这次侵略中，

[1] 泽塔之战发生在 1697 年 9 月 11 日，是奥斯曼帝国历史的转折点。——编者注

[2] 穆斯塔法二世（1664—1703 年），于 1695 年登基成为奥斯曼帝国的苏丹。——编者注

土耳其人扮演的是一个新角色——宗教迫害者，但是事实上，土耳其人的本质一直都没有发生过变化。我们有理由相信他们在破坏其他民族的文化，并不单纯是因为宗教信仰[1]。毕竟在那个时期，伊斯兰教教徒的地位都是高于其他宗教教徒的，无论是在政治上还是在军事方面，都不必将其他教徒分三六九等，可是"神明的意志不会被常人所左右"。其实，伊斯兰教奉行的律法是规定了不可以强迫成年异教徒改变其宗教信仰，同时也不允许伊斯兰教教徒对于其他宗教观念指手画脚。"如果上帝有意志，那么世界上的每个人都不会怀疑他，你怎么能这样急躁？大家皆凡人，为什么要逼迫他人相信？除非是上帝另有安排，否则你骗不了他们的灵魂。"土耳其人只有在确定亚美尼亚人、保加利亚人、希腊人或者是塞尔维亚人所信奉的宗教会让他们抵制奥斯曼帝国时，才会对这些人进行迫害[2]。其实，土耳其人经常被塞尔维亚人的信仰所迷惑，认为塞尔维亚人在政治方面是不讲诚信的。土耳其人确实也会给基督教教徒安上各种阴谋论的罪名，然后对他们进行惩罚，手段极其残忍。但是，我们不能因此判定土耳其人就是诸如血腥玛丽、腓力二世一般的宗教迫害者。同样地，塞尔维亚人也不能因为自己所经历的痛苦就指责土耳其人在对他们进行宗教迫害。

塞尔维亚人和沙皇彼得大帝、利奥波德一世，还有黑山塞尔维亚人的关系，并非是像奥斯曼帝国臣民之间那样忠诚。土耳其对塞尔维亚的

---

[1] 阿尔巴尼亚比克塔什派的托钵僧在1910年曾经被迫害，但这并非是因为其宗教信仰，而是因为土耳其人觉得是他们在鼓动阿尔巴尼亚人发动叛乱。这应该也是奥斯曼帝国首次进行宗教迫害行动。比克塔什派在14世纪出现，其教徒都是思想家。比起土耳其人的迫害，他们宁愿受到基督教教徒的伤害。——编者注

[2] 土耳其人也许是因为畏惧俄罗斯帝国的计划才会在亚美尼亚进行大屠杀。奥斯曼帝国在和平年间偶尔会占用教会；在镇压叛乱之时也会对教会有所冒犯。可这都是偶然事件，并没有违反其原则。——作者注

掌控因为塞尔维亚人居住在奥斯曼帝国的军事疆域边界而有所动摇。可就算这样，奥斯曼政府也还是特别能包容塞尔维亚牧首。土耳其人以平叛之名屠杀了一些塞尔维亚人，还对他们用了穿刺刑，巴什克尼兹曾经享有的半封建自由也被废除了。可在做完这一系列政治警告后，土耳其人在宗教问题上放宽了对塞尔维亚人的要求。作为奥斯曼帝国最后的大维齐尔，基乌普尔生性豁达，他尽力修改法律以维护奥斯曼帝国的基督教教徒的利益。他又在 1691 年提议让塞尔维亚教会重新拥有自治权。此前梅赫梅特·索科洛维奇在 1557 年赐予了塞尔维亚教会宗教自由权。没过多久，基乌普尔便撤掉了阿尔森三世在伊佩克主教区担任的职务。卡里尼在坐上牧首之位后便和苏丹艾哈迈德二世[1]谈判，他表示只要土耳其人不欺辱塞尔维亚人，那他就会让塞尔维亚人安静下来，不再作乱，双方最后就此达成了一致。可根据当时的情形来看，塞尔维亚人根本不可能默默无闻。黑山人在 1702 年对伊斯兰教教徒进行了大肆屠杀，这给塞尔维亚人争取自由的行动打下了基础。而后黑山与俄罗斯的往来也让一直被土耳其人欺压的塞尔维亚人得到了启示。不过对他们影响最深的还是一直对贝尔格莱德和摩拉瓦河谷虎视眈眈的奥地利人。奥斯曼军队在 1715 年对奥地利大公国发起了进攻，却被欧根亲王痛击。欧根亲王在 1717 年带兵战胜了奥斯曼帝国，夺回了贝尔格莱德，这也是他最后一次亲上战场了。随后，双方在第二年签署了《帕萨罗维茨和约》，和约中规定奥斯曼帝国要立刻停止战争，并且把匈牙利王国东南部[2]、塞尔维亚王国、贝尔格莱德、斯拉夫尼亚，以及波斯尼亚的部分领土让给奥地利大公国。在之后的 20

---

[1]　艾哈迈德二世（1643—1695 年），于 1691 年成为奥斯曼帝国的苏丹。——编者注

[2]　即位于特梅斯瓦尔的巴纳特。——作者注

年间[1]，生活在匈牙利的南斯拉夫人和塞尔维亚人统一了阵线。曾经被欺压、丧失了宗教自由权和人身权的匈牙利人在1735年爆发了起义，可惜还是被奥斯曼帝国派兵镇压了。贝尔格莱德附近的塞尔维亚人虽然有了奥地利总督的带领，但还是没能发展起来。这个时期，奥地利人针对塞尔维亚人制定的税收政策十分苛刻，而且他们还使用了宗教迫害的手段。于是，许多塞尔维亚人都搬回了土耳其人的领地。由此可见，塞尔维亚农民宁愿接受土耳其人的蹂躏、践踏，也不愿忍受奥地利人的苛政。所以，当奥地利人在1738年发动战争时，塞尔维亚人只是冷眼旁观，根本没想出手相助。奥地利大公国的将领生性胆小，不擅长管理军队，同时，军队的实力也不强，所以他们根本赢不了这场仗。不管是摩拉瓦河谷人还是贝尔格莱德人都主动向土耳其人俯首称臣。奥斯曼帝国和奥地利大公国再次以多瑙河为分界线，划分了各自的领地。此战之后，贝尔格莱德和摩拉瓦河谷永远都属于奥地利大公国。奥地利人死守着多瑙河，同时派兵驻扎在摩拉瓦河谷中，如此一来，土耳其人便永远都无法得到波黑了。如果有军队想到君士坦丁堡和爱琴海，那么大军必须要经过摩拉瓦河谷。所以，奥地利人只需要在多瑙河上建立一个桥头堡便能轻松攻打奥斯曼帝国了。如果奥地利人在1793年依旧统治贝尔格莱德的话，那么日耳曼东扩运动[2]就不可能以失败告终。如果奥地利人统治了塞尔维亚，那么他们去往萨洛尼卡的路程就会比以前短，这是哈布斯堡王朝一心想完成的事业。同样地，如果塞尔维亚被奥斯曼帝国或是奥地利的对手占据的话，那奥地利人去萨洛尼卡就需要绕路而行了。纵观巴尔干半岛的历史，可

---

[1] 即1718年到1739年。——作者注

[2] 德意志帝国攻打斯拉夫地区的行动，是一个专用术语。到了19世纪后期成为德意志帝国民族主义运动的口号。——编者注

以发现极少发生有像 1738 年到 1739 一样极为重要却又被人忽略的战役。塞尔维亚也是全世界唯一一个想要独立却又一直遭受着巨大威胁的国家。

第八章

黑山的抗争

"这个国家的宿命是 500 年的战斗。"这句话是黑山流传已久的俗语。欧洲有一句话与之相应，那就是"想要自由就要时刻保持警惕"。如果黑山境内一直都有基督教教徒在和伊斯兰教教徒相抗衡的话，那么黑山人只能依靠不停地战斗，才可以得到自由。在这场拉锯战中，黑山人要面对的不仅仅是有着绝对优势的对手，还有气候和物质条件的差异。黑山的气候条件十分恶劣，这在无形之中磨炼出了黑山人非凡的意志力。有一个威尼斯人，17 世纪早期去过黑山，据他描述，黑山的气候比较温暖，山上有冷杉、白蜡等植被。但是，那里的环境并不适合人类居住。因此，生活在这样极端环境中的黑山人，无论老少，脸上都布满皱纹。风餐露宿，于他们而言是家常便饭，就算是在暴风雨天气中，他们也只有一件斗篷蔽体。不难想象，生活在这种环境中的人，意志力和勇气都远胜常人。

黑山王国在 20 世纪早期的疆土轮廓类似于长方形，其边界从阿尔巴尼亚阿尔卑斯山脉往东而去。黑山在 1878 年和 1913 年两度扩大领土范围。按照现在的疆域版图来看，黑山的国土面积和塞尔维亚的泽塔王国国土面积接近。泽塔王国的边界与黑山边界除了斯库台湖东部的堡垒和科托尔港的出海口外基本上是重合的。在长达 5 个世纪的时间中，黑山人都在和土耳其人抗衡，最终他们成功打败了土耳其人，可与 20 世纪相比，其领土面积只有 1/4，人口数量不到 1/6。

在科托尔边境有一座小镇，镇上还有中世纪的城墙。路上的石灰岩宛如磨砂银，阳光落在岩石上，折射出七彩的光芒；走过石灰岩悬崖便能来到采蒂涅山地高原，洛夫琴山的最高处是巨大的岩石，这种岩石在黑山随处可见。而科托尔人也无法经过弯弯曲曲的小道把物资送到科托尔和采蒂涅之间的岩石堡垒中[1]。人们很难在这些石灰岩中找到生命的气息。在黑山有一首古老的民谣，其中一句歌词是这样的："上帝挥手将花岗岩撒了下来。"很多地方都只剩下大大小小的石头，已经看不到土地的样子了。就连那不足 20 英尺的耕地都是人们把岩石打平，然后挖土填出来的。一进入冬季，黑山的环境就更差了。山峰在阳光的映衬下泛出微弱的光芒，如果山中起了大雾，那么山脉就更显灰暗，这才有了"黑山"之名。以前的黑山就是这样：缺乏水资源，缺少耕地，地皮裸露，到处都是峡谷洞穴。这种地方很适合山地战。从采蒂涅平原向南走便能到斯库台湖，然后沿着泽塔河与莫拉查河前行就能看到与黑山完全不同的景象——河流从山谷流过，沿途皆是良田沃土，地里种着桑葚、苹果、玉米、橙子等农作物，长势良好。这里曾经是属于奥斯曼帝国的，现在则属于黑山，波德戈里察——黑山仅有的一座城市就在这里。波德戈里察东北方是布尔达地区，那里是丘陵，土地质量极佳，水资源丰富，有牧场，有林场，被叫作新黑山。从波德戈里察向北走就能看到斯皮兹要塞，不过它现在已经被奥斯曼帝国遗弃了。

在简单了解了黑山的地理条件后，我们就能理解土耳其人为什么想要拿下黑山了。他们是想占据波德戈里察堡垒和斯皮兹要塞，从而守住泽塔山谷，让布尔达脱离黑山。其实土耳其人也是有机会拿下斯皮兹的，只是

---

[1] 黑山以前的路都是小路，直到 20 世纪早期才修了大路。——作者注

因为黑山和科托尔是相通的，所以他们才没能得手。土耳其人和黑山人经常在山谷中打仗，他们会往山上进攻，占据采蒂涅平原不下三次。黑山人数量不占优势，但在失去据点之后，他们可以凭着自己卓越的耐力，忍受着饥饿和土耳其人展开拉锯战，最终得到胜利。土耳其人的小分队根本不是黑山人的对手。所以在黑山的每块岩石上都能看到战斗后留下的印记。

从我在前文中介绍过的泽塔王国的历史来看，塞尔维亚人在 10—11 世纪一直是将自己的民族情感寄托在泽塔王国身上。塞尔维亚人虽然被科索沃之战重创，但他们很快就收拾好旧山河，再度对抗土耳其人。之后，巴尔沙等领主、勋爵占据了泽塔，而他们又经常和威尼斯分分合合。最终还是斯特凡·切尔诺杰维奇[1]接手了巴尔沙的职务，他也成为泽塔 15 世纪中期的领导者。那时候，伊斯兰教教徒打败了基督教教徒；土耳其人在 1444 年的瓦尔纳之战[2]中打败了匈牙利人；奥斯曼帝国又在 1448 年的科索沃之战中，战胜了拉什卡的塞尔维亚人；拜占庭君主君士坦丁十一世[3]和他的威尼斯盟友在 1453 年被土耳其人打败，命丧君士坦丁堡。面对土耳其人势如破竹的攻击，唯一能与其相抗的只有阿尔巴尼亚与伊庇鲁斯的斯坎德培及其盟友斯特凡·切尔诺杰维奇。不过双方战斗力相距甚大，在经过殊死抵抗后，斯坎德培还是失败了。他在世期间基本把能用的资源都用上了。

斯特凡·切尔诺杰维奇去世后，接替他的是其子伊万·切尔诺杰维奇。伊万·切尔诺杰维奇上位之后不得已带兵离开了斯库台堡垒、斯库台湖，

---

[1] 斯特凡·切尔诺杰维奇（1426—1465 年），在 1451 年接管了当时只是塞尔维亚省份的泽塔。——编者注

[2] 瓦尔纳战役，战争发生在 1444 年 11 月 10 日，战场是位于保加利亚东部的瓦尔纳。奥斯曼帝国苏丹穆拉德二世带兵战胜了匈牙利、瓦拉几亚、波兰三国联军。——编者注

[3] 君士坦丁十一世（1405—1453 年），于 1449 年登基，是拜占庭帝国最后一位君主。在 1453 年的君士坦丁堡之战中阵亡。——编者注

以及扎布利克堡垒。他把首都设在了采蒂涅，这里地势较高，又被群山环伺，易守难攻。伊万·切尔诺杰维奇以此为据点，一直和土耳其人斗争。即使他最后没能成功，使得领土被敌人占据，但他那种无所畏惧的勇气让黑山的百姓为之感动，就此所产生的影响也将在之后发挥作用。伊万·切尔诺杰维奇也因此成为黑山人心目中的英雄，民间流传着许多和他相关的传奇故事。直到现在，吟游诗人们还在高歌他的励精图治、英勇无畏。歌手们纷纷传颂着他的事迹，例如伊万·切尔诺杰维奇一箭射穿大山羊；他独自乘船去往威尼斯，受到了威尼斯总督和贵族的热情款待，并且替自己的儿子迎娶了威尼斯总督之女；他在扎布利克城堡的地窖中堆满了金子，饲养了无数马匹、猎鹰，而他就坐在银色宝座上审问罪犯。歌曲最后还说伊万·切尔诺杰维奇枕着仙女的胸口，睡在奥博德的山洞中。他会在土耳其人被赶走的那天睁开眼。[1]

关于黑山人从 1478 年到 1696 年的历史资料只有那位威尼斯商人的只言片语和几首歌谣，再无其他记载。那时候黑山应该只有 8000 人，其中有一部分人是从来没有被征服过的。我们现在能够确定的就是在经历过几十场战争后，黑山损失了上千名同胞，可关于黑山人是怎样打败奥斯曼军队的问题，只有一些故事传说可以给出零星的答案。我们先来猜一猜黑山人的特点吧。黑山人中有许多人都是从"古塞尔维亚"和波斯尼亚逃来的塞尔维亚人，其中还有很多是贵族出身，他们自然也是黑山人中最为勇敢上进的一批人。黑山女性有着白皙的皮肤、美丽的容貌，五官轮廓深邃，气质尊贵；黑山男性高贵典雅，脸庞如刀削斧劈般锋利，我在南斯拉夫的其

---

[1] 据传言称，奥博德在 1493 年开设的印刷厂是首个印刷南斯拉夫文字的工厂，之后毁在了土耳其人手中。俄罗斯帝国是在 1553 年才有印刷厂的。此前波西米亚和克拉克夫都出现过印刷厂。彼得在 19 世纪于黑山又开设了印刷厂，可当时情况特殊，印刷厂只能被拆除，拆下来的金属被用来做成了子弹。——作者注

他地方从没见到过这种长相的人。黑山与阿尔巴尼亚相接，阿尔巴尼亚人身材高大，在这里经常能看到身高超过六英尺的人。他们都有着浅棕色头发、蓝色眼睛，长相很端庄。阿尔巴尼亚男子仪表堂堂，骁勇善战，可阿尔巴尼亚的女子既没有黑山姑娘的尊贵气质，也没有她们的端庄仪态。北部的塞尔维亚人基本都是混血儿，头发的颜色比较深，五官也很深邃，但是身材并不高大，气质更偏儒雅。黑山人的长相是符合南斯拉夫民族的传统特点的，虽然族中有混血儿，但其数量还是少于其他民族，大部分人的血统较为纯正。

其实黑山也一直受到罗马尼亚和阿尔巴尼亚的影响。意大利人一直都在黑山周边进行贸易活动，黑皮肤的吉卜赛人也在这里生活，他们自然也会影响到黑山人。除此之外，黑山人一直被恶劣的气候和无休止的战争折磨，而他们的主力就是勇敢无畏的塞尔维亚贵族。

由于黑山战争频仍，经济发展较为落后，其社会制度与塞尔维亚有一定的差异。拜占庭帝国曾在 1043 年派兵攻打泽塔，但是行至普里兹伦西部山脉处，便全军覆没了。但他们带来了拜占庭帝国的税收制度，增大了其影响力。不管怎样，泽塔的金融体系和行政机构都推动了扎德鲁加体系的发展。值得一提的是，"扎德鲁加"并非是古老的群体类别，而是在后期形成的经济体系基础上做出的改变。扎德鲁加体系是当时国家组织的根基。黑山人的群体空间很小，但其村落相隔甚远，缺乏防御能力，这种情况一直持续到了 20 世纪早期。虽然后来扎德鲁加体系被废弃了，但它所产生的影响力并没有消失。不管是在以前还是在 20 世纪，黑山人一直都追求公平。因为在黑山境内，无论是士兵和军官还是农民和牧民，都饱受贫穷和敌人的折磨。在如此恶劣的环境中，贵族和平民之间的区别逐渐消失，人和人之间也并没有什么不同。到了斯特凡·杜尚掌权时，塞尔维亚的议会代表的并非是平民百姓，而是高级神职人员和贵族。后来泽塔也归黑山所有，它是否也会如此，我们就不得而知了。或许国民议会也会被取消吧。黑山的乡镇共 4 个，它们都有自己的基层议会。里耶卡是其中交通最为便捷，土壤也比较肥沃的地区了，所以这里自始至终都被土耳其人统治着。当然其他地区或许在不同时期也曾属于土耳其人，是他们的管辖地。可不管怎样，我们都能知道这 4 个地区的议会为什么会集中成为中央议会。塞尔维亚的地方议会是极其民主的，并且都会以人民的需求为先，这是它和中央议会的区别。由此看来，采蒂涅议会应该也具有地方议会的特征。但无论如何，黑山最终还是得到了自由，这里的所有士兵都能拿着军刀和步枪去集会，也可以对要不要打仗一事进行投票表决。[1] 不过，这种绝对自由对于黑山人而言并不一定是百利而无一害的。黑山人在 19 世纪以前表达仇恨的方法都十分原始粗暴，这可能是被阿尔巴尼亚人所影响，也有可能是在自由的生活中衍生出来的。同样地，在黑山人民口中流传的神话故事也较为原始，而且都是 1450 年之后的神话，这也许还是阿尔巴尼亚人带来的。

在黑山神话中，无论是在山川河流中还是在深山老林里，都有妖邪奸佞。比如，森林中的叶子会散发雾气，迷人心智。有些地方的人还认为打死蜜蜂也会给人带来灾祸。从这些神话中可以发现，当时的社会是处于原始状态的。南斯拉夫有很多奇奇怪怪的迷信，不过最易相信别人的肯定不是塞尔维亚贵族。他们也曾经和泽塔人及阿尔巴尼亚人联手反抗斯特凡·切尔诺杰维奇父子的统治。其实，这些人在退步的同时还采用了阿尔巴尼亚人最初所制定的法律，因为它是符合新时代生活需求的。不可否认的是，四处游荡的生活、分散于各地的村庄，以及荒野求生都为黑山王国埋下了

---

[1]　上尉或者州长也会以民谣和诗歌的形式来讲述战争与和平。这些国家先是建立了一个简化的理事会，然后才向联合大会说明相关问题，就像荷马笔下写的那样。可不管怎样，民主联合大会还是最后的赢家。——作者注

动荡的隐患。一些黑山人无奈之下成了强盗，但是他们就像重视土耳其人那样重视基督教教徒的生命和财产。

所以，东正教教会才会影响着黑山人，并且让他们拥有了独一无二的民族特性。在伊万·切尔诺杰维奇与弗拉迪卡·达尼洛[1]统治时期[2]，黑山完成了从世俗国家到政教合一国家的改变，国王也同时掌握着政权和教权的主教。由于东方各国一直都是奉行政教合一原则，比如君士坦丁大帝就有和使徒一样的地位，所以黑山的改变也在情理之中，并不突兀。换而言之，东方国家的历任君主都是虔心向教之人。罗马教皇曾经宣布罗马东正教脱离德意志宗主国宣布独立，但拜占庭牧首没有这样做。塞尔维亚国王斯特凡·杜尚也一直受拜占庭所影响。他虽然自称为罗马与塞尔维亚之主，让伊佩克的塞尔维亚大主教做了牧首，但是他也公开表示过他对教会的理解。他这么做就是为了让教会和国家都感受到他的权威，并且服从于他。这位塞尔维亚史上最了不起的君主都觉得政教应该统一，塞尔维亚人自然也会接受这种思想，不过他的权力还是超过了牧首。而黑山的主教，或者说弗拉迪卡曾经统治了黑山王国 300 余年。

出现这个现象的原因比较复杂。采蒂涅修道士们是极端的爱国者，他们会穿着一袭长袍上战场，同时也在努力去影响黑山人。修道院主教就是从他们之中选出来的，而修道院则是抗击土耳其军队的避风港。他们会根据拉古萨与威尼斯的规定进行外交、通信，也曾经在奥博德开设代表当地文明与文化的印刷厂，可惜最后被土耳其人毁了。切尔诺杰维奇家族的领导者常常向威尼斯请求支援，由于切尔诺杰维奇一直留在意大利，所以领

---

[1] 弗拉迪卡是斯拉夫在 16 世纪初期到 19 世纪中叶的一个官职。黑山的弗拉迪卡就是采蒂涅主教。达尼洛（1670—1735 年）在 1697 年成为弗拉迪卡。——编者注

[2] 即 1468 年到 1735 年。——作者注

导者有时候一忙就是好几年。因为国家没有专制君主，所以国家大权就会
落到主教手上，他们也会借此扩大自己的势力。还有一点就是大家会推选
黑山的主教做塞尔维亚的牧首。伊佩克的塞尔维亚牧首确实打败了土耳其
人，但这之后他们就逐渐变成了专制君主，并且还掌管着教会。这可能是
因为塞尔维亚牧首对此有所表示，也有可能是因为黑山主教对此心领神会。
但原因究竟是什么，就只能从传说中考证了。黑山境内流传的故事就是最
好的史料。有传闻称切尔诺杰维奇家族的最后领导者在 1514 年或者是在
1515 年打算离开黑山。为此，他特地举行了集会，在会上把自己的权力交
给了深得百姓爱戴的采蒂涅主教。此故事倒像是在告诉大家皇权是从何而
来的。以前的君士坦丁大帝就是在万般无奈之下离开了罗马，随后创建了
君士坦丁堡，并且将权力赐给了教皇。这两个起源的区别在于，罗马教皇
口头上承认其地位是高于君王的，可他实际上并没有这么做，而采蒂涅主
教则采取了行动。所以弗拉迪卡就集教权和政权于一身了。我们必须承认
这些传说是具有一定的真实性的。"君王"与"主教"逐渐合二为一，人
们对此也毫无异议。

　　可不管是从哪个角度来看，采蒂涅主教得到了两种权力都会引发灾祸。
当时的总督是世袭职位，也有一定权力，可他的地位是在采蒂涅主教之下的。
也就是说，采蒂涅主教随时都能摘下总督的乌纱帽。国家就这样渐渐融入
了教会之中。东正教教会和土耳其人成了宿敌。也许专制君主会和土耳其
人进行谈判。毕竟有一些英雄歌谣是专门在讲述伊万·切尔诺杰维奇之子
皈依伊斯兰教的故事和身为基督教教徒的大公被美人与金钱所引诱成为伊
斯兰教教徒的故事。尼古拉国王 [1] 就是从这些故事中得到灵感，写下了《巴

---

　　[1] 即黑山国王尼古拉一世（1841—1921 年），他在 1860 年掌管了黑山，又在 1910 年
正式登基成为黑山国王。——编者注

尔干皇后》这一出戏剧。采蒂涅主教天生禁欲，所以他能抵御住美人的诱惑，不会中了土耳其女性的圈套。基督教会对他也极为宽容，因此他也没变成奥斯曼帝国的宿敌。采蒂涅主教和奥斯曼帝国、匈牙利王国的塞尔维亚牧首都有往来，自然不会对伊斯兰教心生好感。他的信仰和爱好让他选择了一样的道路。采蒂涅主教上位后，没有出现任何嫉恨争执，要知道这可是此前塞尔维亚的每个朝代都不可能出现的现象。这也能让他挑选出一个有勇有谋的继位者去和奥斯曼帝国相抗衡。而继位者的影响力和经济实力，都和他的爱国之情息息相关。

人们都不知道黑山在 1515 年到 1600 年发生了哪些事。与此同时奥斯曼帝国越来越强大，将匈牙利 1/3 的土地纳入了自己的版图之中，还将维也纳团团围住。在此期间，唯一战胜了奥斯曼军队的是西班牙和威尼斯海军，他们在 1571 年的勒班陀之战中大获全胜。不过奥斯曼帝国也在攻打黑山，并且还毁掉了奥博德堡垒和斯拉夫印刷厂。里耶卡被攻陷，有人到处宣扬说黑山已经投降并且向奥斯曼帝国进贡了。[1] 可是在斯科德拉帕夏于 1604 年被抓时，奥斯曼军队早就失败了。被派往奥斯曼帝国的威尼斯使节波利扎写过和黑山人有关的文章，其中记录了黑山当时有 8027 名士兵和 93 个村庄，这是黑山全部的兵力，也说明了那时候黑山人的自由还是被限制的。在 1612 年到 1613 年、1623 年、1627 年的战争中，奥斯曼帝国都是战败方，并且付出了惨痛代价："数以千计的人在悬崖峭壁中作战，没有一个人退缩。"

黑山是那时欧洲境内唯一一个战胜了奥斯曼帝国的国家，可他们的处境并没有因此而变得更安全。在 17 世纪，一大半阿尔巴尼亚人都是伊斯兰教教徒。他们不能在战场上打败黑山王国，就想着让黑山伊斯兰化，毕竟他们之前就是这样对待黑塞哥维那、波斯尼亚和拉什卡部分地区的。所以

[1] 这个说法是有据可依的，而且就算是到了 18 世纪他们也要进贡。——作者注

在黑山半山坡上也有被伊斯兰化的斯拉夫人生活。

奥斯曼军队攻打维也纳的行动在 1683 年以失败告终 [1]；发生在 1686 年到 1687 年的对抗匈牙利王国的战役也没能成功。黑山人倒因此在 1688 年拿下了卡斯特努沃之战的胜果。然而福兮祸所伏，奥斯曼军队因此注意到了这个山中要塞，并且对其发起了进攻。有黑山叛徒向奥斯曼军队投诚，帮助他们占领了采蒂涅。虽然当时奥地利一直在支援南斯拉夫人，并且波斯尼亚发生了起义运动，但是奥斯曼军队并没有因此而受到影响。好在黑山人最后还是把奥斯曼军队赶出了采蒂涅。黑山现在还没有建立起稳固的独立政权，黑山人如果不想被毁灭，只能尽快选举出新的采蒂涅主教。采蒂涅主教应该是现在各君主的前辈了。采蒂涅主教在奥斯曼帝国和基督教的争斗中所表现出的个人魅力，引得无数人为之倾倒，并且让巴尔干历史进入了新篇章。

黑山在 1697 年选出了新的采蒂涅主教——达尼洛·彼得罗维奇·涅戈什 [2]，他出生在位于洛夫琴山山底的涅戈什，这是一个土地贫瘠、多乱石且少有人烟的地方。但是这里居住着黑山王国历史最为悠久、身份最为尊贵的家族。达尼洛·彼得罗维奇·涅戈什应该和很多塞尔维亚名人一样，都是黑塞哥维那人，也有传言称他是意大利或法兰西人，不过这些都微不足道，因为达尼洛·彼得罗维奇·涅戈什性格就是如此。他在弱冠之年便登高位、掌大权，他觉得黑山要想留住基督教传统并且拥有独立权的话就必须要有一套完整且严格的管理系统。因为在黑山的山谷要塞中依旧有奥斯曼军队驻守；基督教教徒和伊斯兰教教徒没有划分楚河汉界；还有黑山人卖主求

---

[1]　即维也纳之战。奥斯曼军队虽然将维也纳围困了两个月，但还是在 1683 年 9 月 12 日战败。——编者注

[2]　即之前所说的达尼洛。——编者注

荣，用国家的机密去换取财富。生活在莫拉查河谷和泽塔境内的基督教教徒是能够和土耳其人生活在同一屋檐下的。伊斯兰教采用润物细无声的方式将其势力范围扩大到了黑山山脚下。让黑山人摆脱这些危机的人正是达尼洛·彼得罗维奇·涅戈什，这件事被写成了一首带着淡淡忧愁的民谣——《完全独立》。大家在 1702 年冬季对达尼洛·彼得罗维奇·涅戈什的基督教神职人员提出要求，希望他们能建造出一座教堂。在教堂建好后，牧师告诉部落长老们："虽然我们已经拥有了教堂，但是如果不能得到上帝的保护，则与异教徒的洞穴无异。所以我们应该用钱打点一下，让思科德拉帕夏给我们一张安全通行证。这样的话，黑山主教就可以把这座教堂神圣化了。"达尼洛·彼得罗维奇·涅戈什在拿到安全通行证后，摇头道："大家根本不会信守诺言。可我愿意为了我们的信仰搏上一搏，就算为之付出生命也在所不惜。"于是他选择了一匹心仪的宝马，给它上了马鞍，便策马而去。不讲诚信的伊斯兰教教徒趁着达尼洛·彼得罗维奇·涅戈什在教堂做礼拜时，捆住了他的双手，然后将他带去了波德戈里察。达尼洛·彼得罗维奇·涅戈什被抓的消息传开后，所有泽塔人都聚集在斯库台，希望奥默帕夏能网开一面。然而，奥默帕夏开出的条件是让黑山拿 3000 金币来赎人。黑山人将采蒂涅圣物变卖，和泽塔人东拼西凑才凑到了这笔赎金。

"黑山人在看到主教达尼洛·彼得罗维奇·涅戈什平安归来时都欣喜不已。"但达尼洛·彼得罗维奇·涅戈什很清楚，在这场精神之战中获胜的是土耳其人，他也因此而感到无比的揪心。他决定要攻打奥斯曼帝国，而且对国内的土耳其人痛下杀手。于是他连忙找来了所有部落首领，告诉他们为了让黑山人不向太阳神屈服，只能这样做。但大家在听完了他的话以后，只有马丁诺维奇几兄弟表示赞成，其他人都一言不发。最后大家把屠杀土耳其人的日子定在了圣诞节前夜，想以此告慰在科索沃之战中牺牲的人的亡灵。

"马丁诺维奇兄弟在平安夜即将到来之际点燃了蜡烛，诚心祈求上帝保佑，随后举杯致敬基督教的荣誉。在做完这一切之后，他们拿起圣杯消失在黑夜中。"这些杀手来到了每一个土耳其人身边，土耳其人如果不接受洗礼便会命丧黄泉；如果接受洗礼就会成为基督教的一员，采蒂涅主教将会把他们视作自己人。大家聚在采蒂涅，这里一片欢声笑语，每个人都在期待圣诞节。这是他们在科索沃之战后，第一次高声呐喊：

"自由属于黑山！"

这次屠杀远比德罗赫达[1]、格伦科[2]、圣巴托罗缪[3]大屠杀更残忍。圣诞节本应是上帝赐予人间的和平美好之日，可那些僧人居然在这一天大肆称赞平安夜的大屠杀。而他们所写的那些颂歌和歌中所表达的时代需要根本不符合那时候发生的事情。这是一出惨剧，可黑山人兴奋不已。因为每当他们想起科索沃之战时，对土耳其人的恨意便会加深，就像是以色列人憎恨亚玛力人与摩押人那样。从这天之后，伊斯兰教教徒便四面楚歌。冷酷的黑山人不但杀死了拒绝洗礼的男性伊斯兰教教徒，而且也没有放过伊斯兰教的女性。这是不容忽视的事实。不过这场屠杀和之前的圣巴托罗缪、格伦科屠杀最大的不同在于这一次黑山人的所作所为都是出于他们的政治需求。面对即将挥下的屠刀，在生死存亡之时，人们是否会依据荷马式或者约书亚式的道德标准行事，则完全是取决于当时的部落和氏族文明水平。达尼洛·彼得罗维奇·涅戈什在外交中表现得温和儒雅，很难让人相信他

---

[1] 在德罗赫达围攻之战期间，克伦威尔占据了爱尔兰，并且下令在 1649 年 9 月 11 日到 9 月 13 日在爱尔兰进行了大屠杀。——编者注

[2] 格伦科大屠杀，英格兰的坎贝尔家族在 1692 年 2 月 13 日屠杀了麦克唐纳家族。——编者注

[3] 法国在 1572 年发生了宗教之争，其中出现了圣巴托罗缪屠杀事件。——编者注

会做出这样残忍血腥的事。黑山人在面对信奉胡格诺教的查理九世[1]还有威廉三世[2]时，不会像奥斯曼叛徒威胁采蒂涅主教那样。其实，黑山并非是一个结构完整、秩序井然的国家，它是由各个分散于各地的村庄集合而成的，所以很容易被敌人逐个击破，然后被同化。要想避免这些事情，黑山就必须壮士断腕，放弃一些不能及时管理、已经出现了贪污腐败现象的地区。这个做法很残忍，颇有野蛮宗教之意。"达尼洛清洗运动"便是如此，但它还是让黑山暂时安稳了下来。屠杀的确是违背法律的行为，可这对于黑山来说并没有错。所以，黑山人都是以一种骄傲的语气来讲述这件事情。彼得二世还特地为此作了一首诗以示嘉奖。之后黑山军队便实行封闭化管理，也再无人叛变。而黑山人对伊斯兰教的仇恨直到20世纪早期仍没有消散。在18世纪曾经发生过这样一件事，黑山人发现有一个土耳其人来到了黑山附近后直接将其打死。曾经和谐相处的黑山人和阿尔巴尼亚人因为这一次大屠杀事件而反目成仇[3]，双方的关系直到20世纪早期也未有缓和的迹象。这些事情都告诉我们一个道理，那就是犯罪虽然能让人得到一时的利益，但终究是有代价的。

黑山和土耳其自这次事件之后便注定要经历一次生死搏斗。在失去一个盟友后，达尼洛·彼得罗维奇·涅戈什打算再找一个强大的盟友。如此一来，黑山不但能平息之前的风波，而且还能得到更多好处。彼得大帝在1711年派了两名使臣去黑山见达尼洛·彼得罗维奇·涅戈什，告诉了他俄罗斯帝国在波尔塔瓦战胜查理十二世[4]的过程并且发兵攻打奥斯曼帝国的事情。

---

[1] 查理九世（1550—1574年），于1560年登基成为法兰西国王。——编者注

[2] 威廉三世（1650—1702年），于1689年成为爱尔兰、苏格兰、英格兰国王。——编者注

[3] 如密尔迪派等信奉天主教的阿尔巴尼亚部落都很排斥黑山人。——作者注

[4] 查理十二世（1682—1718年），于1697年登基成为瑞典国王。——编者注

俄罗斯帝国是最先认可黑山独立的欧洲国家，并且比其他国家早了150年，而俄罗斯帝国的目的是想团结所有的斯拉夫人，共同对抗伊斯兰教。这件事的重要性和之前平安夜大屠杀事件一样，它代表着黑山之后会与北边的俄罗斯帝国建交，且往来密切。

黑山的民谣和诗歌中蕴含着黑山人最为浓烈的情感。比如有一首歌谣就记录了黑山人是怎样将俄罗斯帝国沙皇寄来的信读给采蒂涅首领听的。"黑山的英雄们，你们和俄罗斯帝国同出一脉，有着一样的信仰，说着一样的话，自然也是一样的英勇无畏。旧时的勇士们，快睁开你们的眼睛！你们不能向土耳其人妥协。"俄罗斯帝国本就信奉基督教，又是斯拉夫民族后裔，所以当他们的沙皇发出这样的号召后，人们纷纷挥刀砍向毛瑟枪。可惜彼得大帝没能打赢这场仗，而且还和奥斯曼帝国签下了一系列不平等条约。黑山人在知道这件事后很伤心，但他们还是要继续为自由而奋斗。有一首诗歌在记录黑山人胜利的同时也记录了土耳其人所签署的条约，诗中这样说道："黑山人在通往自由的路上要经历万般艰险，能阻止硝烟四起的唯有上帝。"可是当时的土耳其人还没有对战的打算。黑山的另一首诗歌则讲述了奥斯曼的5万大军到达波德戈里察的经过。当时领军之人不但要扣留人质，还要采蒂涅主教上交贡品。达尼洛·彼得罗维奇·涅戈什被折腾得头疼不已，只能把黑山的所有首领叫到采蒂涅开会决议。有人同意进攻；有人反对且嚷着要给奥斯曼军队一堆石头；有人则表示要保护其部下，绝不将他们交出去。最终大家达成一致——他们要守护黑山的信仰和自由，宁为玉碎，不为瓦全。

采蒂涅主教祈求生活在库莫山中的女精灵媚娃可以保佑大家，黑山人则派了探子去奥斯曼军队的军营打探情况。探子回禀道："奥斯曼军队规模极大，如果我方将士是盐粒的话，加到他们喝的汤中，只怕也尝不出咸味。"诗中还写到探子后来安慰激励了那些胆小的人。主教在奥斯曼军队尚在睡梦之中时说道："我方将士们都有神明庇佑，大家迎接圣水吧。"然后便下令发兵开战。于是黑山人就这样不费吹灰之力地抓住了奥斯曼士兵，得到了很多战利品。被惊醒的土耳其人纷纷逃散，有些掉下了悬崖，有些被大炮轰炸而亡。"啊，塞尔维亚士兵手起刀落间便取下敌人首级。山上的岩石纷纷滚落下来，场面甚为壮观。1712 年 7 月，黑山举国欢庆，到处都是欢声笑语，随处可见战利品。啊，我的南斯拉夫同胞们，还有开心快乐的你们！只要我们守住黑山，我们就能守住自由。"

从这首歌谣中，我们可以肯定，黑山在 1712 年战胜了奥斯曼帝国军队，而且虽然达尼洛·彼得罗维奇·涅戈什负伤了，但是黑山并没有什么损失。不过这一次的战败让土耳其人再次醒悟。他们在 1714 年攻占了采蒂涅；1715 年打败了威尼斯共和国，得到了伯罗奔尼撒半岛与科林斯湾。达尼洛·彼得罗维奇·涅戈什亲自去了圣彼得堡，圆满完成任务，俄罗斯帝国也答应了他的条件，并且给了他一大笔酬劳。这也是俄罗斯帝国首次给黑山金钱补助，且数额不小。之后欧根亲王亲自带兵迎战，奥斯曼军队成了他的手下败将。奥地利军队在 1717 年拿下了贝尔格莱德，减轻了黑山人的压力。10 年后，黑山人在达尼洛·彼得罗维奇·涅戈什的带领之下又一次成为战争的大赢家，并且在之后的一些小战役中屡屡获胜。哪怕是到了 20 世纪早期，在黑山依旧有达尼洛·彼得罗维奇·涅戈什一剑斩杀 27 名奥斯曼士兵的传说。他的这些事迹不但守住了黑山，也让布尔达地区的人们投身于守护自由的战斗中，而布尔达就位于泽塔河谷东北方，有大片良田。达尼洛·彼得罗维奇·涅戈什找到了新盟友，双方携手合作，扩大了黑山的版图和势力范围，他让黑山有了一个光明的未来。而他的盟友几乎都是在布尔达周边，这里和莫斯科相距甚远。东正教在他的努力下声望越来越高，可是身在安蒂瓦利的威尼斯天主教教徒们对此颇有微词，他们认为达尼洛·彼得罗维奇·涅戈什改变了很多人的信仰。达尼洛·彼得罗维奇·涅戈什还让黑山有了更多的领土、更大的影响力，他既是一位优秀的将军，也是一位杰出的外交官，声名显赫。因此，当黑山王国国王尼古拉一世特意为他在山上修建纪念碑时，没有人觉得不妥。大家可以在这座山的山顶看到采蒂涅全貌。

达尼洛·彼得罗维奇·涅戈什生前还制定了继承人的标准，这也是他为黑山王国尽的最后一份力。他结合选举制和世袭制的优点，规定继承人须是被继承人的侄子。这样一来，既能保证家族荣耀的传承，又能让采蒂涅主教有一些自主权。可惜他自己的继承人不太合格。他侄子萨瓦·彼得罗维奇不像是一位掌权者，更像是一位圣人。他在 1735 年成为弗拉迪卡，直到 1782 年去世。在此期间，他并不能服众，所以有很多野心勃勃的人想要取代他。他在位时所发生的事情基本是独立事件，比如 1754 年，黑山人打败了奥斯曼军队。有一首民谣反映了当时黑山人的精神。那时候波斯尼亚的维齐尔要求萨瓦·彼得罗维奇向他进贡 12 个黑山美人。萨瓦·彼得罗维奇在和上尉们商讨之后答复道：“你这个叛徒！作为生长在黑塞哥维那的人，你居然让黑山人向你进贡！好呀，我们会给你一块石头，还有 12 条猪尾巴。你可以把它们放在你的头巾上以做装饰，并且时刻记住，黑山人就算头破血流，就算血染黄沙也绝对不会把姑娘送到土耳其人手上，更不会送给叛徒！你要是想打仗，我们愿意奉陪。我们会留下你的首级，然后把它丢到山里去，好和那些土耳其人的头颅做个伴。”萨瓦·彼得罗维奇这番话中所表现出的精神正是其叔叔在圣诞夜大屠杀中建立起来的。

黑山人还在 1768 年发生于赛罗周边的战争——“黑山马拉松”中大获全胜。那一年，因为被威尼斯背叛，所以黑山陷入了险境之中。奥斯曼军队不但包围了科托尔，使得黑山失去了粮草供应，而且还截断了黑山的火药供应。三支军队浩浩荡荡地向黑山进发，其规模远胜从前，但依旧以失败告终。有两支军队是败在了赛罗战场上，有一支军队则是遇到了暴风雨，只能仓皇后退。可带领黑山人取得这场胜利的人并不是萨瓦·彼得罗维奇，而是一位俄罗斯帝国僧人，此人极其神秘，大家只知道他叫斯蒂芬。黑山人向来心思单纯，所以当斯蒂芬说他是已经驾崩的彼得三世[1]时，大家也都没有怀疑。后来，他完全掌控了黑山，直到 1774 年撒手人寰。斯蒂芬并非军人，可他对黑山产生了极大的影响。曾经有两名黑山人犯了抢劫罪，斯蒂芬毫不犹豫地枪决了这两人，要知道在当时就算是采蒂涅主教也没有勇气这么做。除此之外，他还平息了黑山的氏族之间的战斗，又带领黑山在 1768 年战胜了奥斯曼帝国。黑山因此被奥地利大公国认可，女王玛丽亚·特蕾莎[2]也在 1768 年和黑山结成了同盟。

萨瓦·彼得罗维奇在 1782 年死去，其侄子彼得一世成为新一任的弗拉迪卡。此人也是彼得罗维奇家族的中流砥柱，后世称其为"黑山路易十四"，这点着实让人不解。他管辖黑山 50 载，在黑山历史上留下了浓墨重彩的一笔，最后于 1830 年撒手人寰。他在位期间的最大功绩就是对黑山国内的资源进行了开发和利用。此外，他也极善于外交，在他的统治下原本管理松散的黑山收服了同样松散的布尔达，成为一个统一有序的国家。他又结合黑山的生活习俗在 1798 年为黑山颁布了相关法典，国家从此有法可依。布尔达使用的也是这一法典。彼得一世将部落与氏族整合建立起了黑山政府、司法体系和国家议会[3]，规定司法的最终流程是法院审判，也就是由弗拉迪卡亲自在采蒂涅橡树下审判罪犯。[4]

彼得一世是一位优秀的军人。他在 1796 年亲自带领士兵们在克鲁兹附近的峡谷中战胜了奥斯曼军队。当时，黑山经历了多次战斗，但战果少得

---

[1] 彼得三世（1728—1762 年），于 1762 年登基成为俄罗斯帝国沙皇。——编者注

[2] 玛丽亚·特蕾莎（1717—1780 年），于 1740 年成为奥地利女王。——编者注

[3] 即旧议会。——作者注

[4] 黑山在 20 世纪早期废除了这一做法，但尼古拉一世还是会让农民在皇宫前的长椅上坐着，然后像一个族长一样和他们交流。——作者注

可怜。黑山人在 1788 年到 1791 年的俄土之战 [1] 中只是把一部分奥斯曼军队打退了。彼得一世在 1805 年到 1810 年一直赞成让俄罗斯帝国和拿破仑交战，可是没有人支持他，由此导致黑山人被法兰西军队赶出了拉古萨与科托尔。不过，黑山人最终还是在 1814 年帮英国人拿回了科托尔地区。可惜没过多久，这里就成为奥地利人的地盘。彼得一世又在 1820 年带兵攻打奥斯曼军队，并且大获全胜，把他们从泽塔山谷赶了出去。

身为俄罗斯帝国武将的布罗尼耶夫斯基介绍过黑山人在 1806 年到 1807 年的经历，称赞黑山人能在 24 小时内集合所有军队，效率极高。黑山所修建的军事系统都是既能进攻也能防御。他们会派一小部分士兵故意将敌人引入山谷中或岩石旁，随后集中火力击溃对方的主力军。布罗尼耶夫斯基还说黑山的非常规部队确实擅长探察军情和埋伏，可其行事效率远不如正规军；而且黑山兵不能成为储备军，主要是由于他们做事太过冲动，不会认可对方的想法。黑山军队在人手不够的情况下就会跑到高地放声大骂敌军，想以此激怒对方，让对方走入他们的陷阱，以前的荷马英雄就是这么做的。如果两军旗鼓相当，黑山人便会呐喊前进，更有甚者还会把敌军的首级挂在自己的肩膀上。黑山人每经过一个地方就会像"进入羊群中的狼"一样，疯狂地将当地洗劫一空，并且加以破坏。一旦黑山面临危机，黑山人就会以国家为重，忘却个人恩怨。他们心思简单，视死如归，将以身殉国当作是人生最大的荣耀。在彼得一世掌权期间，凡是有黑山人参与的战争报道都很有意思，他们所表现出的真实特点一如既往。在 20 世纪早期的巴尔干之战中，黑山领导者只用了 4 天时间便说服了全体人民加入到战争之中。他们不在乎前线是否有医院，没有人关心怎样去前线，甚至连行李

---

[1] 本文所说的是第六次俄土之战，发生于 1787 年到 1791 年，战败方是土耳其。双方在战后签署了《雅西和约》，土耳其要把德涅斯特河东部的领土让给俄罗斯帝国。——编者注

都没拿，直接就奔赴战场了。[1] 黑山人擅长小规模军事行动，可以攻下许多小堡垒，但还是在斯库台之战中失败了。他们不在乎死亡，也不听信科学，更不遵守纪律，可他们一直保持着祖先的优势——有着常人所不能及的意志力和崇高的英雄主义。黑山人在跟我提及此事时还强调道："黑山军是令行禁止的！只有将军下令，他们才会开火！就像查理大公在卡洛登率领的军队那样。"

彼得一世的侄子彼得二世在 1830 年上位，手握大权。他先是强化了中央集权政府，调和了各世家大族的关系，取消了采蒂涅的总督之职，消除了地方分歧；最后让弗拉迪卡掌握了全部的地方权力。他只需要让大家接受公民统治观念，放弃以前弗拉迪卡统治的观念，就能将政府机制现代化。但是这一步是身为彼得二世继承人的达尼洛一世[2] 完成的。他在的里雅斯特遇到了一位姑娘并且对她一见钟情，于是他在 1853 年特地修改宪法，取消了弗拉迪卡制度，实施君主世袭制，这样他便能迎娶心上人了。不过，黑山在 1855 年推行了新法典，达尼洛一世被废，主教和大公权职分离。

达尼洛一世无论是在军事方面还是在外交事务上，都有着杰出的表现。对于他的各项才华，我们会在之后详述。他在克里米亚之战中禁止黑山和奥斯曼军队开火。然而，黑山人本就憎恨奥斯曼帝国，再加上他们一直对俄罗斯帝国颇有好感，所以对达尼洛一世的这个命令很是不满。动乱也随之出现，但还是被镇压了。虽然这个现象在巴尔干各国屡见不鲜，但黑山

---

[1]　我曾经在 1913 年于里耶卡附近遇见了一位黑山长者，我问他有没有上过战场？但他似乎是听不懂我在说什么，于是我找到了一个年轻人帮我询问。长者听了之后十分诧异地反问我怎么会问他这个问题，因为黑山的每个人都上过战场。"黑山应该是全世界唯一一个有军队便有国家的国家了。"——作者注

[2]　达尼洛一世（1826—1860 年），于 1851 年成为黑山牧首，后又坐上了大公之位。他在位期间将黑山王国从主教公国变成了世俗公国。——编者注

此前并没有出现过。黑山在 1858 年和土耳其人开战，领军者是冲动鲁莽的米尔科大公 [1]。他带领黑山军队与被包围在格拉沃霍峡谷中的奥斯曼军队作战，经过一番搏斗后，黑山军队大获全胜。这也是黑山史上的一大转折点。那时候的俄罗斯帝国国力式微，其他国家自然不会放过这个好机会。自顾不暇的俄罗斯帝国，根本无力支援黑山。在这种情况下，黑山稍有不慎便会被土耳其吞并。

在彼得一世、达尼洛一世掌权期间，黑山慢慢褪去了原始特征，发展出了文明，后者更是功不可没。身为黑山人的尼古拉一世既是诗人，也是将帅，而且名扬四海。他不但在城内开办了免费的教育机构、为黑山建立起了交通系统，而且将军队重新整编，推行了自由宪法，让黑山从一个公国变成了一个王国。黑山面临的主要问题还是对人民的管控。黑山人个个都勇气可嘉，但要是想从中选出合格的管理者和办事人就很困难了，更何况他们绝不会听命于外族。在这种情况下，政府出现贪污腐败，办事效率不高的现象也是理所当然的。马克·吐温写的美国人适应不了亚瑟王宫廷，黑山也同样适应不了现代官僚制度。最麻烦的是，黑山国中有很多人曾经在美国生活过，接触了更加优越的生活和更优秀的思想，并且将这些带回了黑山。这自然会影响黑山的原始社会状态。而只看到过采蒂涅宏伟的大使馆、享受过一般文明的人们是不会发现黑山境内还处于原始时期这一事实，更不会想到改变这一现象需要克服怎样的困难。虽然现在国家发展迅速，但是如果政府办事效率太低的话，根本无法适应现代的社会，但黑山人还是重武力，根本不会接受政府突然改变，提升效率的情况。黑山人拥有自己的文明。与生活在爱尔巴桑或者是德巴尔的阿尔巴尼亚人相比，生活在波德戈里察的黑山人自然是要优秀些的。黑山人淡忘仇恨，尽量善待

---

[1] 米尔科大公，其兄长是达尼洛一世。——编者注

女性，也不排斥陌生人的到来。可黑山的文明还是相对落后的，黑山人在乎的是黑山，而非扎德鲁加或者是单独的部落。阿尔巴尼亚人从1878年开始就归黑山人统治，但是他们一直没有被黑山人同化。这也证实了黑山人有着他们自己的高度文明。以前的黑山人对土耳其人恨之入骨，因此激发了强烈的宗教热情。但是现在奥斯曼帝国已经不能威胁到黑山了，仇恨慢慢淡化，这种热情逐渐消退，在新一代的黑山人身上已经看不到这些了。"新黑山运动"是向着文明、发展的方向进行。不过这并不代表黑山放弃了传统，没有支持无政府主义平等的保守主义了。黑山一直处于贫困状态，而且在中世纪时期追求平等，这使得资本主义无法在黑山萌芽。黑山人不在乎政府的办事效率如何，但非常反对有外来势力干预他们，所以他们极其排斥金融代理人、辛迪加、资本家，以及奉行资本主义的人。尼古拉一世在1905年推行了《自由宪法》，但黑山人民并不在乎它。他们只想漫步于山中，听一首老歌，在大雪纷飞时带孩子练剑，就这样安安稳稳地过日子。他们对"尼基塔"[1]的喜爱程度远胜于尼古拉一世为国家利益而做的事情。之所以这么说，是因为黑山百姓在1912年以前就已经把这个故事谱成歌谣，用马头琴演奏了。

对于尼古拉一世而言，只有进入战争时代，他才能自信满满地去回忆1860年。尼古拉一世刚上位时的表现并不能让人满意。土耳其人还是进山从黑山手里夺得了布尔达。可尼古拉一世并没有就此妥协，他在1875年再一次带兵正面迎击奥斯曼军队。这场仗从1875年打到了1876年，过程极为曲折，最终黑山人不但抢回了波德戈里察与尼西奇，而且还把奥斯曼军队从泽塔山谷中驱逐出去了。双方在1878年签订了《柏林条约》，对此，我们就不再细说了，只需要知道世界各国及其法律已经认可了黑山的独立。

---

[1] 东斯拉夫传统故事中的一个角色。——作者注

黑山先是守住了泽塔山谷与安蒂瓦利，随后又在威廉·尤尔特·格莱斯顿[1]的支持下于 1881 年征服了乌尔奇尼。到了 1913 年，伊佩克、古西涅、普拉瓦河与吉亚科瓦都是黑山的领土了。尼古拉一世带领黑山人走出了奥斯曼帝国的阴影，扩大了黑山版图，使其基本和泽塔王国一致。其实，黑山人在这 500 年间都是自由的。而在黑山历任统治者中，尼古拉一世应该是政绩最突出的一位了，当然他所付出的心血也是最多的。毕竟在黑山原始社会中，人民的付出是多于君主的。特别值得一提的是，如果上位者拥有吸引重武力民族的人格魅力的话，那么他也会影响欧洲的政治家们。

有着远大抱负的尼古拉一世一直想让黑山成为南斯拉夫民族中的主导力量，而他自己自然就会是南斯拉夫人的领导者，可惜他穷尽一生也没有实现这一目标。《巴尔干女王》中也写到这是黑山的目标。尼古拉一世会有如此大的野心，也是因为黑山与泽塔曾经拥有过充满荣耀的历史，只是他无法完成自己的抱负，这是由黑山的现状和为南斯拉夫人所做的努力决定的。塞尔维亚如今还是四分五裂，摇摇欲坠，又臣服于奥地利公国。所以，黑山现在所拥有的自由和勇敢正是曾经南斯拉夫人的美好愿望。可是塞尔维亚曾经也是陆地强国，不但打败了保加利亚大公国和奥斯曼帝国，而且还能与奥地利大公国抗争到底。黑山也不再是塞尔维亚王国的统治者，而是它的盟友。尼古拉一世早在战争开始之前就答应和塞尔维亚王国签订盟约，两国将和平共处，平等互助，共同发展经济。这一盟约中黑山人才是最大牺牲者，如果盟约生效，那么大家将会看到"尼基塔"以国为重的精神。但不管怎么样我们都能确定，黑山现在只能做塞尔维亚的"跟班"。黑山人对此似乎也没有异议。不在局中的人很容易看出黑山在经历了巴尔

---

[1] 威廉·尤尔特·格莱斯顿（1809—1898 年），英国自由党政治家，曾 4 次担任英国首相一职。——编者注

干之战后对继承人亚历山大，以及塞尔维亚十分殷勤。

南斯拉夫人经历了一场灭顶之灾，黑山侥幸存活，但其为此所做的牺牲也是极大的。黑山可以战胜奥斯曼帝国是因为每个黑山人都拿起武器上战场，粉碎了所有和平的表象。漫长的战争终于落下帷幕，黑山守护住了他们的自由，没有向外族屈服。黑山的领导者呕心沥血地推动着黑山文明的发展，但是黑山人在经济、政治和思想方面还是停滞不前。人们会记得黑山人为了他们的独立是怎样顽强拼搏。黑山文明目前依旧处于原始状态，充满了暴力和冲动。黑山人的守旧主义和新时代的思想水火不容。不过，黑山还是完成了它的使命，让南斯拉夫各民族团结一致。处于困境之中的南斯拉夫人，不管是身在塞尔维亚、科索沃，还是波西米亚，其目光都停留在那条紫色的山脉上。黑山人就在这里守护着自己的家园，捍卫着国家的独立，永不屈服。据说马尔科·克拉列维奇在受伤之后是靠着雄鹰给他喂水才活下来的。而对于南斯拉夫人来说，黑山便是他们的雄鹰。

第九章

准备独立（1739—1804 年）

在 1739 年到 1788 年，笼罩在塞尔维亚王国的硝烟已经散去，可生活在匈牙利王国和奥斯曼帝国的塞尔维亚人还在进行斗争。被奥斯曼帝国统治的塞尔维亚王国基督教教徒自 1739 年起便陷入了困境。大牧首失去了百姓对他的信任，因此也快要失去统治权。其实，听命于奥斯曼帝国的基督教神职人员绝对不会只负责宗教事务，土耳其人也会让他们去管理民生。不过，如果说塞尔维亚王国教会与政治密不可分的话，那么，敌人法纳尔人也和宗教有着千丝万缕的联系。

法纳尔体系的弊端早在 18 世纪便显露无遗了。拜占庭大牧首当时已经变成了奥斯曼君主手上的一枚棋子。凡是不服从奥斯曼帝国的人，大牧首都会对其下教会禁令，然后苦口婆心地劝他们乖乖听命于奥斯曼帝国。在政治上低三下四的大牧首，在宗教上却趾高气扬。法纳尔体系的思想基础就是人民如果在政治上接纳了奥斯曼帝国，那么他们在宗教上就要服从希腊宗教。所以法纳尔体系认为巴尔干地区的斯拉夫教会都应该遵守希腊神学，并且还毁掉了巴尔干半岛上的许多东西。

在这种情况下，斯拉夫人和他们的教会都只能像希腊宗教那样行事。在宗教机构中担任职位的斯拉夫人也被希腊牧师所取代。新来的牧师也根本不了解其管辖地的斯拉夫人。斯拉夫语的书籍和稿件都被焚毁，学校老师只会让学生学习希腊语。塞尔维亚人不但被强迫学习希腊文明的宗教仪式，而且还失去了和自己国家有关的文字资料，这是不利于民族情感的。希腊人这么做是因为他们在宗教问题上固执己见，可其做法实在太过分。

实施法纳尔体系的并非是疯狂的教徒，而是充满贪欲的世俗教会。教会制定了一系列的苛捐重税，以此来剥削斯拉夫人，并且四处敛财。他们还会把教会职位出售，只有大牧首职位除外。那些购买神职的人在上位之后又会继续搜刮民脂民膏，赚回他们的买官钱。他们有时候还会抢劫男子，强抢民女献给主教。由于那时的希腊文明是处于世界领先地位，因此法纳尔体系想将各地希腊化的动机也就不会让人感到意外。法纳尔人不但修建教育机构、出版图书，而且还在一些偏远地区传播希腊文明，可他们为达目的所用的手段实在是太过残暴野蛮了，这导致民众开始排斥希腊化。如果当时法纳尔人可以发挥希腊人的聪明才智，从道德层面推行希腊礼仪和文化的话，那么他们或许就能达到目的，并且不被众人排斥。

在18世纪早期的巴尔干地区，只有塞尔维亚王国没有实行法纳尔政策。罗马尼亚人与保加利亚人也曾反抗过，可没能成功。关于强制执行法纳尔政策一事给人们带来的影响，我们可以从一个故事中去体会。当时有一名希腊主教要求保加利亚的牧师把圣公会马厩中的马粪处理了，牧师没有答应，就被主教的手下暴打了一顿。他为了保命只能去找卡迪，借助卡迪的庇护赶在主教手下到来之前变成了伊斯兰教教徒，这才逃过一劫。马其顿的牧师和百姓也都在学希腊语，放弃了传承已久的斯拉夫语礼拜仪式。这一系列措施也让乡村更加贫穷。百姓们也曾反对法纳尔体系，可这只会让他们的处境更加艰难。不过这对于奥斯曼帝国来说倒是一件好事，苏丹也因此更加认可法纳尔人了。

在奥赫里德主教辖区，发生了第一次起义。但是，这里却是希腊主教区，君士坦丁堡无权插手。于是，首次有人提出法纳尔政策就是一个政治阴谋，应该将其废除。而提出这个建议的人则被谋杀。君士坦丁堡大牧首在 1737 年成为伊佩克主教区的候选人，就是他把这一职位卖出去了。塞缪尔[1] 在 1767 年取消了奥赫里德的主教区，还在 1766 年取消了伊佩克的主教区。在政治上被土耳其人管制的塞尔维亚人如今也失去了宗教自由。塞尔维亚王国大维齐尔曾在 1557 年带领大家成功解除了宗教压迫。可惜这一次反抗没有发挥任何作用。塞尔维亚王国的主教皆被罢免，位卑的神职人员被赶出塞尔维亚王国。因此而空缺的职位被公开拍卖，只要是会讲希腊语的人都可以参与竞拍，价高者得。

塞尔维亚人在教会腐化、教育失衡后要面临的就是经济压力。好在只有这一批塞尔维亚人经历过法纳尔体系。他们在 1804 年起义反抗[2]，不但把希腊牧师赶出了塞尔维亚王国，让塞尔维亚王国牧师重回教会，而且还宣布了君士坦丁堡的独立。令人费解的是塞尔维亚王国教会并未经历断代，其教徒数量很多，可塞尔维亚王国宗教在 20 世纪早期的影响力却是巴尔干地区各教会之中最低的。这或许是由于它在中世纪时期有着较为鲜明的政治倾向，尤其是在科索沃之战和 17 世纪逃至匈牙利的时候。不过对于塞尔维亚人而言，法纳尔体系所带来的羞辱是极大的。对国家有着满腔热血的塞尔维亚人始终把当时的主教和神职人员看作是吸血鬼，认为他们是土耳其人派来折磨斯拉夫人的。

塞尔维亚人在宗教上被希腊人欺压，同时也在政治上被土耳其人折磨。在奥斯曼帝国统治塞尔维亚王国的几百年间，拉雅或者是基督教教徒享受的

---

[1] 塞缪尔（1700—1775 年），在 1763 年成为拜占庭牧首。他在 1768 年退位后，又在 1773 年重新坐上了牧首的位子。——编者注

[2] 这次运动的领导者是卡拉乔尔杰·彼得罗维奇。——编者注

待遇是很不错的。虽然冲动的帕夏也会采用一些强制手段，但这针对的都是一小部分人。拉雅会心生怨怼是因为伊斯兰教教徒在面对基督教教徒时总是一副高高在上的样子。比如拉雅不可以骑马只能骑驴或者是骡子，而且他们在看到土耳其人时必须要立刻从骡背或者驴背上下来。其实如果只是这种规定，百姓们只是会有些怨言而已。真正不利于拉雅的是一旦发生了土耳其人杀害基督教教徒、侵犯基督教女性等事件，奥斯曼帝国也不会为基督教教徒讨回公道。在18世纪，土耳其人在帕夏的默许下可以对基督教教徒为所欲为。其实帕夏也没有权力去处理这些事情，所以塞尔维亚人如泥船渡河，整日惶惶不安。拉雅和西帕希约定，只要他们向西帕希交税，就可以安稳度日。当时，在贝尔格莱德帕夏管辖地内，只有不到 1000 名西帕希。可是当加尼沙里军大规模入驻后，塞尔维亚人的日子又难熬了。那时候的加尼沙里军早就停止招募基督教儿童入军了，完全是世袭制军团，一心想的都是如何满足他们的私欲，而不是为国尽忠。他们多次和其他军队爆发冲突，甚至还屡屡发动兵变逼迫苏丹下台。于是苏丹只能把军团中无法无天、胡作非为的人调到偏远的塞尔维亚王国地区，以此来减小他们对君士坦丁堡的威胁。

到了 18 世纪后期，他们更是变本加厉地欺压塞尔维亚人。这些人不了解塞尔维亚王国的律法，其首领自称达希，根本不把帕夏、卡迪放在眼里，经常虐待西帕希和拉雅。达希常常带着他的手下去塞尔维亚人的村庄作威作福，不但会杀死村长，而且要其他村民为他修建堡垒，以此来巩固其霸权。除此之外，达希还会搜刮民脂民膏，强抢良家妇女供其玩乐。当时的塞尔维亚王国可谓民不聊生，人民穷困潦倒，寻求不到一丝庇护。

大家可以想象一下，一位家徒四壁的塞尔维亚王国牧师遭到了法纳尔人的驱逐，只能离开教区去往修道院。牧师在修道院内的几年间任劳任怨，不但自学了希腊语，而且还研究了图书馆内存有的手稿，写下了以鲍格米尔派为题的论文。可他刚写好的这篇论文很快就被法纳尔官员烧掉了，就连手稿也不能幸免。这里被希腊人霸占了，无助的牧师只能逃进山中成为一名海杜克。他拿着剩下的战利品买了地，然后成家立业，有了妻儿。在某一个清晨，达希闯进了他居住的村庄，抢了他的地，霸占了他的女儿。他万念俱灰，想和达希拼命，却被达希的手下抓住，然后命丧黄泉。故事中的牧师可以是任何一个塞尔维亚人，而塞尔维亚人所经历的痛苦远比故事中的更多。

　　塞尔维亚是第一个重获自由的巴尔干民族。他们的生活比其他民族更稳定，对故乡的情感也更深。塞尔维亚王国充满了各种活力，数以千计的自立村庄、不计其数的爱国人士、成百上千的让塞尔维亚人期待自由的海杜克都是塞尔维亚的优势。塞尔维亚王国的民族意识早在他们被压迫之前便已经形成了。教会也是让塞尔维亚人团结的因素之一，所以它不会被法纳尔体系所影响。比起希腊人或者是保加利亚人，帕夏和西帕希对于塞尔维亚人保持其民族精神也留下了一丝空间。自由一直都存在于黑山，以及塞尔维亚王国的山区内，只是暴虐不堪的加尼沙里军剥夺了塞尔维亚王国的自由。塞尔维亚王国的民族精神一直都存在，一旦塞尔维亚人被欺压，它就会出现。

　　对于巴尔干半岛的基督教民族而言，无论它们内部发生了怎样的动乱，都是独立进行的，一直没有被外界政治所干扰。我们需要先了解一下 18 世纪后期东方问题[1]的发展，它对塞尔维亚王国产生的影响没有对其他国家产生的影响多，但是对生活在匈牙利南部的塞尔维亚人影响很大。这些人听命于奥地利国王，以及匈牙利的马扎尔政府。同为利益团体的匈牙利和奥地利并不完全一样。奥地利国王和战争委员会的首要目的是训练军队，所以多瑙河附近的一些地区投靠了奥地利，不再听命于匈牙利王国。这些地区就是"军

---

　　[1]　东方问题是一个外交名词，是指在 18 世纪后期到 20 世纪早期，欧洲列强们为了争夺奥斯曼帝国而使用的各种手段。——编者注

事边境"，有很多塞尔维亚人都生活在这里。奥地利国王向阿尔森三世承诺
会给塞尔维亚人宗教自由权，让他们成立民族自治政府。但是国王并没有信
守承诺，而是想扶持东仪天主教取代塞尔维亚王国的传统宗教。东仪天主教
会使用的是希腊仪式，但其特点更接近罗马天主教。因此，大部分塞尔维亚
人都选择了皈依东仪天主教。但这也给塞尔维亚王国带来了危机，帕克拉茨
在 1704 年暂时没有选出合适的牧首。阿尔森三世发现其继承人是东仪天主
教教徒后便买通了反对派，将一位传统的塞尔维亚人推上了牧首之位。由此
可以看出塞尔维亚人和奥地利国王之间的问题。生活在匈牙利南部的塞尔维
亚人被马扎尔政府统治，处境艰难。而匈牙利所推行的政策比奥地利简单——
直接让塞尔维亚人皈依天主教。查理六世[1] 曾经说过希望塞尔维亚王国可以
保留其已有的特权，并且让匈牙利议会通过了一项议案。议案中规定在匈牙
利境内只有天主教教徒可以享有合法土地。他想拉拢匈牙利，所以便放任马
扎尔人去压迫塞尔维亚人。而塞尔维亚人进行的起义运动也在 1735 年被镇
压了。纵观 18 世纪，极端的马扎尔人疯狂地想让其他民族放弃原有的宗教，
迫使塞尔维亚人皈依天主教。可是我们不能因此就断言马扎尔人的做法是去
民族化的，或者说马扎尔人是想将塞尔维亚人同化。如果当时的传教士真的
想要去民族化，那么匈牙利议会一定会鼎力相助，毕竟如此一来匈牙利人将
会是受益方。这种强迫同化的方法一如既往地惹恼了塞尔维亚人，同时降低
了他们在匈牙利的地位，只是还不至于毁掉所有。在这种情势下，塞尔维亚
人为了抵制马扎尔人只能向奥地利国王求助。

贝尔格莱德是在 1737 年到 1739 年的一系列战争[2] 中失守的。之后塞
尔维亚人陆续穿过多瑙河来到了这里。玛丽亚·特蕾莎在早期是支持匈牙

---

[1] 查理六世（1685—1740 年），于 1711 年登基成为神圣罗马帝国之君。——编者注

[2] 即奥土之战，最后奥地利败北。——编者注

利限制塞尔维亚人特权的。可是在 1745 年，她顶不住塞尔维亚王国教会和本国军政的压力，只能答应恢复塞尔维亚人的地位，并且在 1747 年建立了专门保护塞尔维亚王国利益的"伊利里亚法庭代表会"。但是代表会没过多久就和匈牙利议会有了矛盾，无辜的塞尔维亚人只能在 1750 年迁移到俄罗斯帝国南部生存[1]，这场迁移运动一直持续到 1756 年。俄土之战[2]在 1774 年落下帷幕，匈牙利的塞尔维亚人终于进入了一个幸福的时期。俄罗斯帝国借助第五次俄土之战扩大了其领土和声望。苏丹阿卜杜勒－哈米德一世[3]也接受了国内基督教徒受俄罗斯帝国保护的事实。神圣罗马帝国之主约瑟夫二世[4]知道这件事后大惊失色。但他的母亲玛丽亚·特蕾莎觉得这是一个好机会，他们可以趁机挑拨奥地利的塞尔维亚人，让他们反抗土耳其人。不过约瑟夫二世宅心仁厚又有远见，没有实行母亲的建议。

由此也可以推断出生活在多瑙河北部的塞尔维亚人的结局了。他们"拥有着无限的精力和热情，一直相信他们的国家"，这是他们和别的被奥地利、马扎尔人压迫的外族最大的不同。他们看着多瑙河的眼神中满怀期待，他们相信总有一天多瑙河会再度回到塞尔维亚王国的怀抱，这里将充满自由。毋庸置疑的是生活在奥斯曼帝国和匈牙利的塞尔维亚人之间一直没有切断联系。他们都有着南斯拉夫民族的民族意识，双方在不断沟通中也慢慢形成了民族统一的认知。比如贝尔格莱德在 1718 年被奥地利夺去的事

---

[1] 其后裔已经被当地同化。——作者注

[2] 这里是说第五次俄土之战，双方于 1768 年开战，一直持续到了 1774 年。此战之后，北高加索地区、南乌克兰，以及克里米亚都归俄罗斯帝国掌控。——编者注

[3] 阿卜杜勒-哈米德一世（1725—1789 年），于 1774 年登基成为奥斯曼帝国苏丹。——编者注

[4] 约瑟夫二世（1741—1790 年），原为哈布斯堡-洛林王朝的奥地利大公，于 1775 年登基成为神圣罗马帝国之君，又在 1780 年成为波西米亚和匈牙利两国之主。——编者注

件就刺激了宗教的团结。贝尔格莱德的奥斯曼帝国的塞尔维亚王国牧首一职和卡洛维茨的匈牙利王国的南斯拉夫人牧首一职在1731年被合二为一。塞尔维亚王国教会也在致力于推动教育发展，到了18世纪取得了显著的成绩。匈牙利的塞尔维亚王国牧首一直在资助学校宿舍的建造。塞尔维亚人拥有的财富超出我们的想象，毕竟他们一直在和匈牙利南部的百姓进行贸易往来。

有了约瑟夫二世的支持，塞尔维亚人的教育发展迅速，匈牙利南部的塞尔维亚人也将其当作是上帝派来保护他们的人。约瑟夫二世又在1781年推出了《宽容特许令》保护匈牙利南部塞尔维亚人的宗教信仰。可是当约瑟夫二世于1790年驾崩后，匈牙利王国就一直在压迫塞尔维亚人，颁布了许多不平等法律，"伊利里亚代表会"也被撤除了。好在他们没有破坏塞尔维亚人的教堂和学校，也允许塞尔维亚人拥有和匈牙利人相同的政治地位。塞尔维亚人在这时候的主要任务就是守护其教育。他们也取得了显著的效果，培养出了很多优秀人才，著名诗人约瓦诺维奇、开创塞尔维亚王国国民教育的奥勃拉多维奇都是匈牙利南部的塞尔维亚人，同时，在布达佩斯出现了首个塞尔维亚王国文学社团。武克·卡拉季奇对塞尔维亚王国民族语进行了重新编写，出版了大量作品，也在维也纳、卡洛维茨和布达佩斯进行研究工作。匈牙利南部的塞尔维亚王国的神职人员的教育水平也比较高，塞尔维亚王国的优秀牧师和主教都是出自其中。所以当塞尔维亚王国重回自由后，教育中心便设立在了多瑙河北部。

约瑟夫二世一直在帮助塞尔维亚人，但他这么做的目的主要是为了分割奥斯曼帝国。俄罗斯帝国女皇叶卡捷琳娜大帝[1]和约瑟夫二世于1781年

---

[1] 叶卡捷琳娜大帝（1729—1796年），于1762年登基成为俄罗斯帝国女皇，是俄罗斯帝国历史上最伟大的沙皇之一。——编者注

在私下达成约定，确定了分割奥斯曼帝国的计划。我们将重点放在这一计划中与奥地利大公国有关的部分。计划中规定会把塞尔维亚王国、黑山、波斯尼亚和黑塞哥维那划分给约瑟夫二世。两国在 1787 年开战，正式执行这一计划。这也激励了塞尔维亚人。塞尔维亚王国和多瑙河南部两地的人一直有来往，他们都把约瑟夫二世当作是塞尔维亚王国的救世主。塞尔维亚王国刚开始攻打奥斯曼帝国的行动以失败告终。不过到了 1789 年，贝尔格莱德失守，土耳其人落了下风。多瑙河两边的塞尔维亚人帮助奥地利作战，但奥地利人最终还是和土耳其人达成了和解。塞尔维亚人做的一切成了"竹篮打水一场空"。奥地利在大不列颠和普鲁士的施压下于 1792 年签订了《西斯托瓦条约》[1] 承诺放弃所有战利品，因此它也没能从这场战争中得到任何好处。塞尔维亚王国的南斯拉夫人倒是得到了解脱，拥有了更大的公民权。对于塞尔维亚人而言，奥地利现在比俄罗斯帝国更重要。不过俄罗斯帝国一直没有放弃战场，并且打败了奥斯曼帝国，得到了权力和声望。可塞尔维亚人依旧没有发现守护他们的一直都是斯拉夫信念。值得一提的是，塞尔维亚王国在反抗之战中首次求助的就是奥地利。可惜奥地利当时并没有出兵支援塞尔维亚王国，也就因此失去了对其的掌控权。奥地利的一位杰出政治家对此也深表遗憾。奥地利在百年内三次攻占贝尔格莱德，可它没有听从卡拉乔尔杰·彼得罗维奇[2]的建议守住这里。

---

[1]　奥土双方在 1791 年 8 月 4 日签署了《西斯托瓦条约》，这标志着奥土之战落幕。——编者注

[2]　卡拉乔尔杰·彼得罗维奇（1768—1817 年），他于 1804 年带领塞尔维亚人发起了第一次起义运动，让塞尔维亚王国摆脱了奥斯曼帝国，得到了独立。大家叫他"黑乔治"。——编者注

第十章

两次起义

为自由而牺牲的英烈们墓前都有着自由之花，孕育出自由之种，它们随春风去往远方，享受着风雨雪霜的滋润。

——沃尔特·惠特曼

第一节　第一次起义，以及了不起的卡拉乔尔杰·彼得罗维奇

塞尔维亚人民的反抗运动完全可以写成一部史诗，作为这一次反抗起义领袖的卡拉乔尔杰·彼得罗维奇也是当之无愧的英雄。许多人将这一段历史写成歌谣，处处传唱。

这一段故事极具传奇色彩。许多塞尔维亚人毫无征兆地攻击了奥斯曼军队。他们将堡垒团团围住，以边攻边守的方式战胜了帕夏，打败了奥斯曼军队，成功取得独立。整个过程中，他们都没有依靠任何大国的帮助。

要知道，希腊是靠着乔治·坎宁[1]才赢得独立的；罗马尼亚是靠着路易·拿破仑而独立的；保加利亚是靠着亚历山大一世[2]而独立的；只有黑山和塞尔维亚王国，在面对实力强悍的奥斯曼帝国时，是靠着自己的力量获得了自由。因此他们的胜利在巴尔干半岛是史无前例的。历史总能制造奇迹，塞尔维亚王国可以最先得到自由应该是他们有相应的优势。首先，塞尔维亚王国的教会和地方政府一直独立自治；其次，生活在边境的海杜克一直激励着塞尔维亚人，让他们从来没有放弃对自由的向往；再次，塞尔维亚王国远离君士坦丁堡，境内多山林，易守难攻；最后，多瑙河周边地区的友国一直在为塞尔维亚王国提供人力、物力和各种帮助。而奥斯曼帝国在19世纪早期逐渐没落，国家内部出现了嫌隙，这也给塞尔维亚人提供了机会。更何况塞尔维亚王国境内还有很多厉害的首领，他们对加尼沙里军深恶痛绝，又有众多农民跟随者。塞尔维亚王国的独立战争最重要的就是参与人数众多，而且没有出现过叛徒和逃兵。大家自愿参军，不求回报，一心为自由而战。他们心怀梦想，即使是在战争结束之后也仍然充满斗志，正是因为这样他们才能在战时锐不可当，视死如归。这种野蛮的民族如果能遇到优秀的领军者，将会爆发出无穷的潜力。所以在塞尔维亚王国的独立运动中，最伟大的不是卡拉乔尔杰·彼得罗维奇，而是每一个塞尔维亚人。

人们普遍认为革命的先行者是最先从被剥削中醒悟过来的人，但他们不一定是被剥削得最严重的人，塞尔维亚人便是这样。在被奥斯曼帝国征服之后，塞尔维亚人依旧拥有马其顿人和保加利亚人没有的特权。他们知道自己的国家曾经多么辉煌，也了解国家当时的实力如何。所以他们不会

---

[1] 乔治·坎宁（1770—1827年），英国首相，任职时间为1827年4月到1827年8月。——编者注

[2] 亚历山大一世（1777—1825年），于1801年登基成为俄罗斯帝国沙皇。——编者注

像保加利亚人那样一言不发，而是一直排斥土耳其人的所作所为。而且当时的加尼沙里军整日为非作歹，目中无人，奥斯曼政府却对其放任不管，这成为塞尔维亚人起义的导火索。奥斯曼帝国在 1788 年经历了一件神奇的事情。刚登基的塞利姆三世[1]推行了改革，打算推行更开明的体制。西方改革基本是针对政治而行，改革之路上困难重重；东方的改革主要是针对宗教，改革之路上危机四伏。奥斯曼帝国是根据《古兰经》设计的制度，其法律判决也具有宗教性。奥斯曼帝国如果想进行改革，首先要解决的就是宗教问题，也就是必须要先进行宗教改革，才能进行政治改革。可奥斯曼帝国本就是以神权为重，如果改革宗教，那么无疑是将国家逼上了绝路。塞利姆三世自然是想让国家变得更好才进行改革，可在这件事中真正获益的是塞尔维亚王国的基督教教徒。不过西方还是认为塞利姆三世的改革颇为成功。

第六次俄土之战[2]在 1792 年落下帷幕。这一场大战让塞利姆三世意识到了奥斯曼军队存在的不足之处。因此他想借改革重新整合奥斯曼和法兰西的联军，使其能与欧洲军队相抗衡。他还想有效管理基督教教徒，使他们能够为奥斯曼帝国尽忠。可这些想法遭到了加尼沙里军的抵制。加尼沙里军还想插手军中事务，可他们现在已经没有实权了。他们想自立为王，废掉西帕希和帕夏，欺压拉雅，而他们并没有建立起民主政府。身在塞尔维亚王国边境的加尼沙里军更是无法无天。塞利姆三世对此难以忍受，便赐予了各地帕夏更高的权力，并且大力支持基督教教徒帮助帕夏的行为，打算借此粉碎加尼沙里军。

---

[1] 塞利姆三世(1761—1808 年)，于 1789 年登基成为奥斯曼帝国苏丹，在 1807 年被废。——编者注

[2] 这场战争从 1787 年开始，到 1791 年结束。叶卡捷琳娜大帝为扩张版图向奥斯曼帝国开战，并且取得了最终的胜利。在战争结束后两国签署了《雅西和约》。——编者注

　　塞利姆三世遵守《西斯托瓦条约》，在1793年到1794年让塞尔维亚王国的多个地区拥有了自治权。塞尔维亚王国本就拥有一定特权——可以自带武器，也可以和奥地利做生猪贸易，并且抓住这个机会，将自身优势发挥到了最大。在贝尔格莱德，帕夏刚上任就设计谋杀了加尼沙里军首领，并且将军团赶出了贝尔格莱德。[1] 他还以雷霆之势解决了抢劫案，将西帕希的财产如数奉还，并且就基督教的管理问题虚心求教于塞尔维亚王国首领克尼兹。其继承者穆斯塔法帕夏上任后也一直按他的政策执行。自穆斯塔法帕夏掌权后，塞尔维亚人的日子轻松了许多，这也是他们被土耳其人统治后度过的最愉快的时期了。因此，塞尔维亚人也尊称穆斯塔法帕夏为"塞尔维亚王国之母"。不过，加尼沙里军的问题还没有被全部解决。他们被赶到了保加利亚边界，心中充满怨恨，一心想要雪耻。为此，他们特地找到了同样讨厌塞利姆三世的维丁帕夏帕斯万格鲁，向其求助。帕斯万格鲁让加尼沙里军进入了牢固的城堡，在此接见了他们。在经过几番思索后，他决定要公开抵制塞利姆三世，于是便带兵叛乱，并且打败了苏丹派出的军队，赢得了独立。在此之后，贝尔格莱德帕夏的领地便四面楚歌。穆斯塔法帕夏不可能坐以待毙，他迅速将塞尔维亚王国的拉雅全部聚集在一起，然后让他们去往其首领带领的志愿军中。这次的志愿军模式是参考约瑟夫二世作战时带领的军队。穆斯塔法帕夏在1798年战胜了加尼沙里军，帕斯万格鲁也成了他的手下败将，可他并没有居功自傲，而是由衷认为这一切都是靠塞尔维亚人的努力和拉雅的支持。土耳其人对自己国家的实力认知有偏差，不过奥斯曼帝国的实力也不容小觑。而穆斯塔法帕夏的能力能让塞利姆三世都为之动容，所以他是怎么战胜帕斯万格鲁的呢？其实帕

---

[1] 近代塞尔维亚王国的地区归尼什帕夏、新帕扎尔帕夏、莱斯科瓦茨帕夏管辖。——编者注

斯万格鲁是败在了基督教军队的手下，这些基督教士兵是在某一位帕夏的默许下以无宗教信仰者的身份参军的，而且他们还将伊斯兰教教徒斩首示众。[1] "这件事情发生之后，奥斯曼帝国觉得这是一桩丑闻，于是便倾全国之力压住这个消息。塞利姆三世也下令让穆斯塔法把加尼沙里军迎回来。"不过塞利姆三世也强调这一切必须要在加尼沙里军愿意效忠于穆斯塔法、不让帕斯万格鲁采取袭击行为的情况下进行。塞利姆三世召回了那些无能的剥削者，导致一个名垂千古的首领被死神召唤，也激怒了本想安稳度日的人民。

加尼沙里军在 1799 年重归穆斯塔法帕夏的管辖地区。对此，穆斯塔法帕夏只能竭尽全力去限制他们，比如让他们进入宫内当差，然后安排专人对他们进行监控；将他们原有的土地扣留不还。穆斯塔法帕夏在加尼沙里军回归的第二年就按照塞利姆三世的命令去对付帕斯万格鲁，并且取得了胜利。但他也知道绝不能让加尼沙里军成为主力军。因此，他招纳了一批塞尔维亚人担任他的左膀右臂，然后带着他们再次战胜了帕斯万格鲁军队。这时候，加尼沙里军团中的一个人突然杀了沙巴茨的塞尔维亚人，而且他这么做没有任何原因。向来追求公平的穆斯塔法帕夏连忙派兵前去捉拿凶手。他们围困住了凶手，并且把他赶到了波斯尼亚边界线上。穆斯塔法帕夏这一次不但没有网开一面，而且还郑重警告了加尼沙里军不可再犯。加尼沙里军对此自然不服气，他们打算团结一致，给穆斯塔法帕夏一点颜色看看。他们在边疆无人看守的时候跑到贝尔格莱德，偷袭了穆斯塔法帕夏，遣散了他的军队，要了他的命。这位真心对待塞尔维亚人的帕夏就这样离开了人世。塞尔维亚王国的革命者为了纪念穆斯塔法，在革命之初都会对

---

[1] 苏丹和他的智囊团们没有预料到帕斯万格鲁的追随者竟然是基督教教徒！不过，土耳其人在严格意义上也不属于任何一个宗教流派。——作者注

除加尼沙里军团之外的土耳其人手下留情。

　　加尼沙里军的 4 个首领在穆斯塔法死于非命后坐上了达希之位，然后便推行了暴力统治。他们让塞利姆三世又安排了一名帕夏过来，最后便将其当作他们的牵线木偶。疯狂的波斯尼亚人和阿尔巴尼亚人聚集到了贝尔格莱德，打算抢劫基督教教徒。而加尼沙里军此前早已在各地安插了眼线，根据上级指示，不让外来人进入。而塞尔维亚王国的克尼兹和奥斯曼帝国的卡迪都不敢阻止此事。在加尼沙里军的恐怖统治下，没有一个基督教教徒能全身而退或者守住自己的财产。西帕希的遭遇也是如此。他们也曾经反抗过，可都未能成功。在西帕希被处决或流放后，加尼沙里军又开始针对基督教教徒。塞利姆三世虽然知道这些人的所作所为，但是他没有能力去阻止，只能在口头上警告他们，希望能够借此帮到基督教教徒。可他的做法适得其反，基督教教徒因此而承受的痛苦更多了。于是他派人警告加尼沙里军，国家一定会派军队来收拾他们的。可惜塞利姆三世派出的军队十分不可靠。他本来是想像穆斯塔法那样将拉雅聚在一起，然后共同对抗加尼沙里军。不过之前，他对这种做法是嗤之以鼻的，甚至还因此斥责过穆斯塔法。另一边，加尼沙里军认为绝对不能让塞尔维亚王国的军队打过来，达希便打算杀掉各地族长。10 位颇具声望的族长和几位名声在外的牧师因此被杀。达希的手上沾满了鲜血，各地百姓依旧生活在水深火热之中，这样的日子什么时候才能到头呢？

　　我们无法详细了解这个充满了血腥暴力的恐怖计划，唯一能确定的就是塞尔维亚王国即将迎来浩劫。塞尔维亚王国的农民们曾经提刀上战场，立下了种种战功。这些是他们引以为傲的荣耀，他们也因此有了自豪感。可他们的自豪感如果被打击，那么他们一定会进入危境。所以卡拉乔尔杰·彼得罗维奇带领大家在 1840 年发动了起义。

　　如果在和平时期，没有连天的烽火，没有动荡的政局，安德烈亚斯·霍费尔[1]能够开一家旅店安稳度日；奥利弗·克伦威尔可以在美丽的田园间终其一生；卡拉乔尔杰·彼得罗维奇这样心思简单、做事果决的人也能纵情于山水之间，做着生猪贸易，享受美好的生活。可他偏偏出生在一个战火纷飞的年代，于是他只能在水深火热中带领同胞们进行反抗。在之后发生的种种事件中，卡拉乔尔杰·彼得罗维奇向世人展现出了他的人格魅力并且因此而流芳百世。

卡拉乔尔杰·彼得罗维奇在 1787 年打算带着家人横穿萨瓦河，和奥地利军队并肩作战。可他们一行人刚来到萨瓦河边，他的父亲就后悔了。父亲年事已高，不想再奔波，便希望儿子能够放弃这一计划。卡拉乔尔杰·彼得罗维奇自然不答应。父子俩便这样僵持不下。卡拉乔尔杰·彼得罗维奇说道："与其让我眼看着你被奥斯曼帝国的人活活折磨死，倒不如让我给你个痛快！"话音刚落，他便开枪射向了自己的父亲。但是父亲并没有立即死去。为了减少父亲的痛苦，卡拉乔尔杰·彼得罗维奇请求自己的战友杀死了父亲，然后又给了当地农民一笔钱，让他们将父亲下葬。在解决了这一意外事件后，他又按照计划前行。从这件事中我们可以看出卡拉乔尔杰·彼得罗维奇和他的家人都宁愿为国捐躯也不愿苟且偷生。在回到领地后，他的果决受到了奥地利南斯拉夫志愿军中的一位中士的赞赏。不过中士也说他有些太过冲动。卡拉乔尔杰·彼得罗维奇之后又离开了军队，成了一名海杜克，开始了在山间作战的生活。不过最终他还是再度投身于军营之中，一直坚持到战争结束才光荣退役。因为穆斯塔法素有仁德之名，所以卡拉乔尔杰·彼得罗维奇又返回故乡，在这里做着猪肉生意，安稳度日。直到

---

[1] 安德烈亚斯·霍费尔（1767—1810 年），他开了一间名为蒂罗尔的旅店，也是一位赶马人。第五次反法联盟之战爆发后，他在 1809 年组织了蒂罗尔起义运动，和拿破仑对抗。但他最终还是失败被抓，失去了生命。——编者注

之后起义运动爆发，他成为领袖人物。

彼得·卡拉乔尔杰维奇[1]在成为塞尔维亚王国国王之后发表过一段演讲："我们的先辈是永不言弃的英雄！我的爷爷卡拉乔尔杰·彼得罗维奇也是一个农民。我为此感到自豪！王位权力不过是镜花水月，只有那些勤勤恳恳耕种之人的血脉会一直流传下去。"他说的这些话描绘出了祖辈们最真实的样子。卡拉乔尔杰·彼得罗维奇本来就是一位农民，自然有着农民的优缺点。他淳朴节约，却在得势之后欲壑难填。他在功成名就之后依然是一身布衣，一顶素帽，这打扮和一般农民别无二致，哪怕当时他的臣子们都是锦衣玉食，光鲜亮丽。可他会在私下里如一个守财奴般疯狂地囤积金银珠宝，就连之前做的猪肉生意也不放弃。他的情绪反复不定，上一秒还是一言不发，下一秒就会大发雷霆，甚至还会杀人。而当他冷静下来之后，又因自己的冲动而懊恼不已。不过，他虽然阴晴不定，但也不是毫无人性。他在心情好的时候会和周围的人一起唱歌跳舞，也会在节日假期与民同欢。而且他生性豁达，不会锱铢必较。卡拉乔尔杰·彼得罗维奇虽然目不识丁，行为粗鄙，但是眼光独到，料事如神。所以他知道在统治公民的过程中最重要的就是定好规则。在军事方面拥有过人天赋的汉斯·卡尔·冯·迪比奇[2]在1810年和卡拉乔尔杰·彼得罗维奇有过交集，事后他是这样评价他的："看到卡拉乔尔杰·彼得罗维奇本人，你就会明白他是一个拥有伟大思想的人。他行动力强，做事果决，不拘小节。我知道有人会说他是一个残暴嗜杀的君主，但这个评价实在是有失公允。因为当时的塞尔维亚王国还没有成型的宪法法律，要想管理好这样一个国家，卡拉乔

---

[1] 彼得·卡拉乔尔杰维奇（1844—1921年），于1903年成为塞尔维亚王国国王，其父是亚历山大·卡拉乔尔杰维奇。后人又称其为彼得一世。——编者注

[2] 汉斯·卡尔·冯·迪比奇（1785—1831年），俄罗斯帝国军事总参谋长，冬宫六十四元帅之一。——编者注

尔杰·彼得罗维奇必须要有杀伐果决的魄力。"卡拉乔尔杰·彼得罗维奇
在行军打仗方面确实是靠着自己的非常人所能及的胆气和魄力脱颖而出。
更何况他本就是人高马大,眼睛深邃,目光有神,再加上一头黑色长发,
怎么看都是蛮族首领之相。他的脸上留有伤疤,右手也落下了伤病,可他
还是能靠着一只左手在战场上驰骋,所向披靡。他的御驾亲征既让军队士
气大振,又让敌军有所忌惮。他是一位优秀的军事家,一生战功赫赫,拥
有极大的影响力。他可以井然有序地管理着散乱的突击队,也可以亲上战
场,以少胜多。关于他高超的指挥技巧,最经典的案例就是他在一次战役中,
一边亲自带着一小支军队对抗奥斯曼军队,拖延住他们的脚步;一边安排
集中火力攻打奥斯曼帝国的另一队人马,随时增派援军。他当时所面对的
危险和查尔斯·爱德华·斯图亚特王子 [1] 镇压苏格兰高地动乱时所面对的危
险一样。不过卡拉乔尔杰·彼得罗维奇所取得的胜利更为持久,其威望也
是举世无双。

　　他之所以可以拥有如此强大的力量,是因为他生性坚强并且了解农民
思想的变化,知道应该在什么时候强硬,什么时候平和。他甚至会费心筹
谋一些暴行。比如在他的两名手下实施抢劫行为之后,他直接将这二人五
马分尸,然后挂于城门之上警示众人。不过,有一些行为也是他没有预料
到的,比如枪杀父亲、烧死自愿辞官的酋长。不过无论如何,他的这种铁
血手腕都让所有人为之忌惮,只要他在,就没人敢造次。在他的内心深处
还是有着农民的野性,所以他既残忍又伟大,宛如山间巨石,让人望而生畏。

　　塞尔维亚王国的拉雅刚开始是在位于摩拉瓦河与克鲁巴拉河之间和克
鲁巴拉河与鲁德尼克山之间西部一带的舒马迪亚起义,之后发展到了塞尔

---

[1] 查尔斯·爱德华·斯图亚特(1720—1788 年),后人称其为"小王位觊觎者"。——
编者注

维亚王国的北部和摩拉瓦河东部地区。卡拉乔尔杰·彼得罗维奇是在与牧民们赶猪去往市场的路上才知道自己成为加尼沙里军的抓捕目标的。当时，他立刻抛下猪群，带着牧民们跑去了森林，和舒马迪亚其他领袖共商大计。大家宁愿战死沙场，也不想束手就擒。于是，不过片刻，乡村部落的人便都加入了起义大军之中。他们虽然将一部分奥斯曼军队围在了堡垒中，但一些村庄还是惨遭毒手。没过多久，大家就推举卡拉乔尔杰·彼得罗维奇做他们的领袖。可是民间多有传言，说卡拉乔尔杰·彼得罗维奇并没有答应，至于这一说法的真实性如何，我们就不得而知了。[1] 卡拉乔尔杰·彼得罗维奇起初是全然拒绝的，他也告诉过自己的手下，如果由他掌权，那么他必会采取铁血手腕进行管理。"不管是谁，只要他有了二心，我都会立刻取其性命，决不宽容。"大家知道后对此很赞同，认为对待叛徒就不应该手下留情，并且还发誓会效忠于卡拉乔尔杰·彼得罗维奇。卡拉乔尔杰·彼得罗维奇曾反复确认道："你们真的愿意认我为主吗？"大家每次给出的答案都是一致的——"是！"卡拉乔尔杰·彼得罗维奇终于下定决心，高声呐喊道："吾心亦是！"

　　就这样，卡拉乔尔杰·彼得罗维奇接受了牧师的加冕，成为起义军的统帅，在场 500 余人，皆是见证者。大家愿意听命于卡拉乔尔杰·彼得罗维奇，一是为其人格魅力所折服；二是他代表了塞尔维亚王国的 3 个阶层。塞尔维亚王国的每个村庄、部落首领都是想起义的，也都想山中的海杜克能助他们一臂之力。可他们不过是平民老百姓，所以还是会对这些野蛮的山匪心生畏惧。屠夫出身的卡拉乔尔杰·彼得罗维奇很了解这些人的心理，他知道应该如何安抚他们。而之前做海杜克的经历，又让卡拉乔尔杰·彼

---

[1] 据说有人曾经亲眼见证过这一事件。可塞尔维亚王国的传说起源大多简单。所以这一说法的可信度不高。——作者注

得罗维奇知道应该如何去管治山匪。他有着充足的常规作战经验，这让他在带领舒马迪亚起义运动时如鱼得水。他刚做指挥官时，经常有人告诉他其权力只限于克鲁巴拉河。可卡拉乔尔杰·彼得罗维奇不但有着优秀的人格魅力，而且运气极佳。他所拥有的财力、兵力、武器都远多于其他领袖。也正是借助这些资源，他才能屡屡获胜，坐上最高位。

塞尔维亚王国的起义运动虽然有多方人士参与，但其最终目的都只有一个。不管是英勇善战的牧师，还是村庄的克尼兹，或者是海杜克首领，都只是为了给自己谋求利益，才参与到起义之中的。可只要触及民族，卡拉乔尔杰·彼得罗维奇便会站出来统一各方。其中有很多首领，都自称为司令官，其身边的侍卫少则50人，多则100人。凯蒂奇与卡拉乔尔杰·彼得罗维奇应当是舒马迪亚最出名的两位司令官了。米连科、基尔希亚与雅各布·内那多维奇分别是摩拉瓦河东部地区和克鲁巴拉河海杜克区最出名的司令官。当时，三地一起发生起义运动，不但把加尼沙里军驱逐出境，而且还拦截了波斯尼亚帕夏的援军。奥斯曼军队知道塞尔维亚王国军队已经整装待发后，大惊失色，甚至不愿接受这一事实，把这些当作是子虚乌有的说法。其实，奥斯曼军队早就知道塞尔维亚人在行军作战方面有着过人之才。塞尔维亚王国的农民在各种恶劣气候，还有土耳其人的压迫之下，磨炼出了极强的忍耐力和意志力，更何况他们本就有着勇往直前的气概。海杜克善于分散作战；莫克斯擅长马战；军队领袖擅长防御和围攻；之前的志愿军则是善于常规作战。身为统帅的卡拉乔尔杰·彼得罗维奇发挥其优秀的指挥才能，布置兵力，常与众多非正规军中尉展开合作。

塞尔维亚王国军队经常采用围攻战术，比如舒马迪亚部队攻打贝尔格莱德，雅各布·内那多维奇带兵围攻沙巴茨，借助大炮之力让沙巴茨自愿投诚。卡拉乔尔杰·彼得罗维奇举枪上马带领所有人马奔赴摩拉瓦河东部战场，支援米连科。波沙维拉茨失守后，各首领便将炮火对准了贝尔格莱德。基尔希亚的手下被卡拉乔尔杰·彼得罗维奇当场杀死，他愤怒不已，立刻要带兵离开战场，结果死在了雅各布·内那多维奇手里。塞尔维亚王国首领在知道波斯尼亚帕夏来做和事佬后都很震惊。他应当是受奥斯曼总督贝基尔帕夏之命前来的。此人早就想解决加尼沙里军了，便想借此诱骗塞尔维亚王国拉雅。此举不但让贝尔格莱德雇佣军领袖古什茨·阿里对加尼沙里军失去了信心，也吓得各达希连夜坐船逃离多瑙河，去到了新奥尔绍瓦[1]。于是，古什茨·阿里打开城门迎接贝基尔帕夏。贝基尔帕夏也宣布叛逃的加尼沙里军领袖们站在了奥斯曼帝国的对立面，注定不会有好下场。失踪多日的米连科带着他的手下出现在了贝尔格莱德城墙外的塞尔维亚王国难民营中，他手上提了 4 颗还在流血的人头，这是他在新奥尔绍瓦杀掉的 4 个帕夏。他将人头丢给了卡拉乔尔杰·彼得罗维奇。贝基尔也对塞尔维亚人保证说事情全部解决了，塞尔维亚人将过上和平安稳的日子。不过，他虽然嘴上这么说，但其实自己也身处险境之中，根本没有权力让大家停止战争。古什茨·阿里依旧控制着贝尔格莱德要塞。所以塞尔维亚王国的各首领只好住在城外。

　　关于塞尔维亚人是为了自由而发起起义运动的说法无从考证。不过能确定的是，他们绝对不会答应贝基尔帕夏。达希依旧是加尼沙里军的指挥官，其手下也还守着堡垒，掌控着那些陷入恐慌的地区。而塞尔维亚人现在有了兵权，就不能再像以前一样掉以轻心了。而这些本就野心勃勃的首领如今尝到了武力统治的甜头，自然也不会再想听命于奥斯曼帝国。他们打算求助于大国，奥地利便是他们的首选。卡拉乔尔杰·彼得罗维奇赞成跟奥地利合作。不过近几年俄罗斯帝国的实力越来越强，瓦拉几亚和摩尔达维亚都被它统治，并且发展越来越好。所以卡拉乔尔杰·彼得罗维奇几经思

---

[1] 罗马尼亚与匈牙利的交界处。——作者注

索之后，还是让人带着他的信去往了俄罗斯帝国。他在 1805 年 2 月得到了回复——俄罗斯帝国愿意站在塞尔维亚王国这边。因此他派出代表团去君士坦丁堡和塞利姆三世谈判。与此同时，塞尔维亚王国的首领也带兵将南部堡垒团团围住。雅各布·内那多维奇像大多数首领那样借着塞利姆三世的名义拿下了乌西茨堡垒。塞利姆三世不但没有答应塞尔维亚王国的要求，而且还将塞尔维亚王国代表团扣留下来，要求塞尔维亚王国投降。于是在这一年的秋天，双方开战了。卡拉乔尔杰·彼得罗维奇使用了防御之计。他先让地方首领守住边界，阻挡奥斯曼军队前进；然后自己坐镇舒马迪亚中心筹划全局，只要有地方需要支援他便能立刻调遣储备军过去。

奥斯曼军队在 1805 年离开尼什，从摩拉瓦河谷挺进。这无疑是塞尔维亚王国当时所面对的最大威胁。伊万诺瓦茨村位于查布里亚旁，也是贝尔格莱德帕夏领地的分界线。塞尔维亚王国派出了一支军队在此挖沟建垒，迫使 3 万奥斯曼士兵退回到了数英里之外的帕拉钦。而这时候塞尔维亚王国的军队士兵不足 3000 人。随后，卡拉乔尔杰·彼得罗维奇带着援兵、装备赶来，又把奥斯曼军队打回了尼什。而奥斯曼军队首领在此战中阵亡了。虽然塞尔维亚王国没有大获全胜，但是也狠狠打击了奥斯曼军队的锐气。伊万诺瓦茨之战对于塞尔维亚王国就像瓦尔密之战[1]之于法兰西第一共和国。它告诉世人，这个向往自由的民族可以破釜沉舟去对抗大批正规军；也告诉大家，奥斯曼帝国的势力已经大不如前，对于贝尔格莱德帕夏领地也只有名义上的统治权罢了。

塞尔维亚王国在 1805 年取得了诸多战绩。可卡拉乔尔杰·彼得罗维奇是在 1806 年一鸣惊人的。大家都知道奥斯曼帝国也许会从各个方向攻来，

---

[1] 瓦尔密之战发生在 1972 年 9 月 20 日，最终胜利的是法国军队。它决定了法国大革命的结局。——编者注

可是塞尔维亚王国早就建立起了内部战线。米连科驻守在多瑙河；雅各布·内那多维奇带兵在西部与波斯尼亚军队抗衡。而且，塞尔维亚王国的一部分兵力还在帕拉钦和打算横穿摩拉瓦河攻打贝尔格莱德的奥斯曼军队周旋。卡拉乔尔杰·彼得罗维奇在 1806 年 8 月带兵支援西部战场。他于沙巴茨的周围挖了沟渠，静候波斯尼亚军队的到来。奥斯曼军队要求塞尔维亚王国马上投降，卡拉乔尔杰·彼得罗维奇则表示大家手底下见真章。双方打了两天都没能分出胜负。但奥斯曼军队仗着自己人多势众，认为能在第三天取胜。结果在第三天开战后，卡拉乔尔杰·彼得罗维奇充分发挥了他的指挥才能。他先是让骑兵躲在旁边的树林中，等塞尔维亚王国军队开枪后攻击奥斯曼军队。当奥斯曼军队靠近战壕时，卡拉乔尔杰·彼得罗维奇下令开火，重创了奥斯曼的先锋部队。藏在树林中的骑兵听到炮火声立刻冲出来从侧面包抄。而塞尔维亚王国步兵也离开战壕，加入战斗。奥斯曼军队根本抵挡不住塞尔维亚的两军合击，伤亡惨重。这时候塞尔维亚王国的农民们也从四处赶来，在树林之中清剿奥斯曼残兵。这一战，奥斯曼的兵力是塞尔维亚王国的三倍，却几乎全军覆没。

不过，塞尔维亚王国并非只打过这一次胜仗。尼什帕夏知道奥斯曼军队失败的消息后大惊失色，便打算和塞尔维亚王国进行和谈，答应给他们地方自治权、减少塞尔维亚王国的岁贡、帮他们赶走西帕希，以及让奥斯曼的士兵撤出堡垒。可是塞利姆三世在和谈的最后流程中突然提出了许多要求，导致双方最后不欢而散，和谈自然也没成。不过和谈内容成为两国日后签署的协约中的一部分。我们如今已经无法考证奥斯曼的外交机密了，不过还是能推断出一些信息，那就是拿破仑在 1806 年秋季对俄罗斯帝国施压，导致俄罗斯帝国和塞尔维亚王国的联盟解散，帮奥斯曼帝国消除了一大威胁。但和谈失败还是让那些被困在战壕中的奥斯曼士兵失去了希望。在此之后，塞尔维亚王国军队先后收复了贝尔格莱德与沙巴茨，又在 1807

年 6 月征服了塞尔维亚王国北境最后的一大堡垒^[1]——乌西茨堡垒。

不过，塞尔维亚王国这一次并非是光明正大取胜的，他们不但采用了残忍的屠杀手段，而且还没有遵守投降条约。卡拉乔尔杰·彼得罗维奇也在极力减少塞尔维亚王国的暴行。而塞尔维亚王国之所以能够成功，还是因为俄罗斯帝国在 1807 年派兵支援了塞尔维亚王国。塞俄两国也就此达成合作，关系无间。之后，俄罗斯帝国又出手帮助了黑山，两边的关系就更加融洽了。与此同时，拿破仑也在 1807 年与俄罗斯帝国和谈，不再偏帮奥斯曼帝国。也是在这一年，英国派出海军攻打君士坦丁堡，但还是被塞利姆三世打败了。可塞利姆三世也在此时被废黜，于是君士坦丁堡在 1808 年进入了混乱的状态。那时候近代罗马尼亚的大部分区域都归俄罗斯帝国所有。塞利姆三世的继承人^[2]又被马哈茂德二世^[3]罢免。不过两年，奥斯曼帝国就换了两任苏丹、失去了两大城池，而希腊也一直蠢蠢欲动。当时的奥斯曼帝国可谓四面楚歌，八方受敌。好在奥斯曼帝国的恢复力极强，没过多久便在马哈茂德二世的带领之下完成了近代唯一一次改革，然后东山再起。马哈茂德二世应该是奥斯曼帝国在苏莱曼一世之后最有能力的一位苏丹。

但花无百日红，塞尔维亚王国在敌人拥有着强大的实力、先进的装备，以及充足的军队数量的情况下是不可能一直立于不败之地的。塞尔维亚王国在起义之初可以取得不俗战绩的原因有二：一是塞尔维亚王国的领军者是天纵奇才，而塞尔维亚王国的将士们也勇猛无畏；二是土耳其人本就轻视拉

---

[1] 之前塞尔维亚王国将加尼沙里军赶了出去，可在一些重要堡垒里还是由奥斯曼军队把守。——作者注

[2] 即穆斯塔法四世（1779—1808 年）。他在 1807 年继位成为奥斯曼帝国苏丹，一年之后被废黜。——编者注

[3] 马哈茂德二世（1785—1839 年），于 1808 年登基成为奥斯曼帝国苏丹。——编者注

雅，君士坦丁堡又陷入了一片混乱，各地帕夏都想自立为王。接二连三的败仗让伊斯兰教教徒气馁，也开始反思。而俄罗斯帝国横插一脚、奥斯曼帝国的困境也让苏丹和帕夏怒不可遏。其实波斯尼亚与维丁的帕夏都有自己的人马，其规模与塞尔维亚王国军队规模不相上下。之前加尼沙里军便想废掉苏丹，夺其政权。可马哈茂德二世有法兰西第一帝国军官的帮助，早就重新整合了部队并且引进了一批法国武器。可就在这种情况下，塞尔维亚王国军队还是在 1808 年大获全胜，波斯尼亚境内随之也爆发了起义运动。

卡拉乔尔杰·彼得罗维奇在 1809 年打算跨过普里兹伦与新帕扎尔，和黑山的塞尔维亚人结盟。其实，这种打算是极其大胆的。虽然最终他实现了自己的想法，但这主要是因为他运气不错。从这件事上我们不难发现塞尔维亚王国急缺资源。卡拉乔尔杰·彼得罗维奇在取得胜利之后便收到了摩拉瓦的噩耗，于是他立刻带兵退回大本营。与此同时，塞尔维亚王国的一支军队已经进入了尼什，而且在北边高地建起了战壕。他们的对手是奥斯曼总督所带领的 8 万士兵。双方交战，难分伯仲，僵持数日。最终，塞尔维亚王国军队还是在 1809 年 5 月 19 日撤兵了，这一次他们损失了 4000余人。身在军事要地的彼得·辛杰利奇只好立刻点燃了这里的军火库，炸死了众多奥斯曼士兵。但一些塞尔维亚王国的幸存者也因此丧命。

彼得·辛杰利奇和卡拉乔尔杰·彼得罗维奇、基尔西亚都是塞尔维亚王国的英雄人物，其事迹也被写成歌谣传唱。不过大家对于彼得·辛杰利奇皆是赞扬，对于后两位则是有夸有贬。70 年后，塞尔维亚王国军队来到了尼什。他们想找到一座土耳其人所建的塔楼，因为塔楼的装饰物是那时候战死沙场的塞尔维亚人的首级。而这座塔楼、楼上的装饰物，以及一个现代化军火库直到 20 世纪早期都还存在于世。它们是彼得·辛杰利奇的光辉战绩的证明。

卡拉乔尔杰·彼得罗维奇虽然带着军队来到了战场，但为时已晚，一切都已经发生了。于是他只能帮助塞尔维亚王国主力军退回到了摩拉瓦河。当时的塞尔维亚王国陷入了一片黑暗，好在最终柳暗花明，俄罗斯帝国的支援军队来到了多瑙河，帮助塞尔维亚人扭转了局面。另一边，奥斯曼总督知道塞尔维亚王国有了援军，只能再返回战场作战，留了一小队人马驻守尼什。塞尔维亚王国士气大振，在俄军的帮助之下打败了奥斯曼军队，夺回了尼什，守住了自己的国家。于是，局面又回到了双方交战之初的样子。后来俄罗斯帝国又在 1878 年和 1914 年两度干预他们的政治。

　　拿破仑在 1809 年打败了奥地利军队，取得了瓦格拉姆之战的胜利，这是南斯拉夫史上至关重要的一战。拿破仑也因此得到了本来是"伊利里亚行省"管辖的达尔马提亚与克罗地亚的一些地区。拿破仑是法兰西第一帝国的君王，他充满理智又富有正义感。他在掌权之后所实行的也是几百年来最开明的一项政策。他结束了封建主义并告诉人们王子犯法与庶民同罪的道理。除此之外他还开山修路、规划建筑，而且兴建学校推动当地教育事业的发展。在他的领导下，法兰西人民过着丰衣足食的日子。可当拿破仑被废黜后，奥地利君主弗朗茨二世[1]去巡查了这些地区，居然评价说："彩云易散，真是让人叹息！"但无论怎样，后人都会记住拿破仑所做的一切。南斯拉夫民族在俄罗斯帝国的军事支援和法兰西第一帝国的精神支持下，终于在 1809 年统一，这是南斯拉夫史上的第一次民族统一。此后，各国依照自己的特点形成联盟。达尔马提亚和克罗地亚合并，建立起了文明开化的政府；塞尔维亚王国和黑山结盟，在军事方面互帮互助。

　　卡拉乔尔杰·彼得罗维奇在 1810 年陷入了内忧外患之境。之前尼什之

---

[1]　即弗朗茨二世（1768—1835 年），于 1792 年登基成为神圣罗马帝国皇帝。他在 1804 年成为拿破仑一世的手下败将后就解散了神圣罗马帝国，创建了奥地利帝国。所以后世也称其为弗朗茨一世。——编者注

战的失败让他颜面扫地，而反对党的干预更让他身心俱疲。奥斯曼军队虽然在 1810 年于尼什周边和波斯尼亚边境两度战败，但是元帅库尔希德帕夏找到了攻打塞尔维亚王国军队的方法。他先派人探清了塞尔维亚王国战壕的位置，然后仗着人多势众毁掉了塞尔维亚王国的乡间土地，并且搭建好专供野战使用的堡垒。这种方式有一个致命的弱点——一旦其基地遭遇攻击，远离基地的非正规军就会失去指挥，变成一盘散沙。不过，如果奥斯曼帝国一直采用这种方法的话，那么塞尔维亚王国军队将无法与之抗衡。

之后的几年间，两国一直在开战，但都没有章法。库尔希德帕夏打算借和谈之名诱骗塞尔维亚王国军队。可是卡拉乔尔杰·彼得罗维奇更想拥有俄罗斯帝国这一盟友，所以没有答应库尔希德帕夏的请求。他的这一行为正中奥斯曼帝国下怀。只要奥斯曼帝国可以将塞尔维亚王国逼入孤立无援之境，那么它就能占据优势，有所收获。而且，俄罗斯帝国也并没有回应卡拉乔尔杰·彼得罗维奇的诚意。他在拿破仑的逼迫之下，于 1812 年 5 月和奥斯曼帝国签订了《布加勒斯特和约》[1]。和约之中也有一些有利于塞尔维亚王国的规定，比如塞尔维亚王国拥有自治权，减少了其岁贡数量。可这些条款也极易被曲解。奥斯曼帝国就是这样做的。"其实，奥斯曼帝国最擅长歪曲条约的规定，为自己趋利避害。这也是他们难对付的地方。"拿破仑在 1813 年年初战胜了反法联军。奥斯曼帝国便借此机会单方面毁约。对于土耳其人来说，拿破仑的胜利为他们挽回了之前的损失。法兰西军队攻进了俄罗斯帝国，奥斯曼帝国便打算在这个时候除掉塞尔维亚王国的拉雅。

---

[1] 此条约签订于 1812 年 5 月 28 日，为俄土之战画上了句号。条约中规定比萨拉比亚归俄罗斯帝国所有，但俄罗斯帝国也要将之前所攻占的摩尔达维亚与瓦拉几亚归还给奥斯曼帝国。——编者注

奥塞两国在 1813 年开战之后使用的都是传统的作战方式。卡拉乔尔杰·彼得罗维奇依旧坐镇舒马迪亚，然后把各地征兵安排在了边疆；而奥斯曼帝国打算从尼什、维丁和与德里纳三个地方同时发兵。塞尔维亚王国军队在年初所拥有的土地面积基本与 1878 年所划分的土地面积相当。但是在这一战中，塞尔维亚王国的前线士兵不过 5 万人，但奥斯曼帝国安排在尼什的军队人数就有 10 万之多，双方兵力悬殊。卡拉乔尔杰·彼得罗维奇是塞尔维亚王国最伟大的统治者之一，也是最有希望拦截奥斯曼军队之人。可惜他这一次的表现实在是太差了。双方的第一次交锋就以塞尔维亚王国军队的惨败告终。卡拉乔尔杰·彼得罗维奇在知道自己的军队正在和库尔希德帕夏军队作战后，立刻领兵前去支援。可是刚一出发他就斗志全无，居然独自逃回了贝尔格莱德。之后他便一直神龙见首不见尾，最后在 1813 年 10 月带着几个手下渡过多瑙河跑去了匈牙利，不再管塞尔维亚人民的死活。塞尔维亚人的独立运动进行得轰轰烈烈，最终却是这样悲凉的一个结果。卡拉乔尔杰·彼得罗维奇这一次的所作所为实在是让人费解。据说他是想把自己囤积的金子偷运到匈牙利才会出此下策。按照卡拉乔尔杰·彼得罗维奇的性格，他确实有可能这样做。当然还有一个更加合理的说法——极具想象力的卡拉乔尔杰·彼得罗维奇陷入了绝望之中，在经历了这样惨痛的打击之后，他彻底崩溃了。其实，这种刹那的崩溃对于那些临危受命、被逼上梁山的领导者而言并非奇事。腓特烈·巴巴罗萨、拿破仑都曾如卡拉乔尔杰·彼得罗维奇这样在危急关头害怕不已并且萌生退意；安德烈亚斯·霍费尔在蒂罗尔独立之战中也有过这样的表现。

而拿破仑·波拿巴则出现过这种表现两次。对那些因责任或灾难链而走险的行动者来说，这种瞬间的崩溃并不稀奇，反而更像是出于人类简单的本性。在蒂罗尔独立战争中，安德烈亚斯·霍费尔最后的犹豫不决就与卡拉乔尔杰·彼得罗维奇此次情况十分相似。

不过让人百思不得其解的事件并非这一桩。卡拉乔尔杰·彼得罗维奇在其生命最后一段旅程中的所作所为也不符合常理。他在1817年返回塞尔维亚王国，打算重整旗鼓和希腊的起义军结盟，为塞尔维亚王国开疆拓土。那时候，塞尔维亚王国的领袖是米洛什·奥布雷诺维奇[1]，他其实很害怕这位昔日的英雄与他争夺领袖之位。所以，卡拉乔尔杰·彼得罗维奇极有可能是死在他手上的。而且民间也有传言说他的兄弟是被卡拉乔尔杰·彼得罗维奇所杀。如果真是这样的话，那么他们的王位之争就持续了近百年，这就是一场埃斯库罗斯式的惨剧。当奥布雷诺维奇王朝的最后一位君主[2]死于暗杀后，这场悲剧才真正落下帷幕。但不管怎样，卡拉乔尔杰·彼得罗维奇死了这件事于他而言都是喜讯。可是这场争斗对于塞尔维亚王国而言则是一次致命打击。奥斯曼军队曾经多次败在卡拉乔尔杰·彼得罗维奇手下。所以当马哈茂德二世看到卡拉乔尔杰·彼得罗维奇的首级时，他绝对是欣喜若狂的。如果他还知道杀了卡拉乔尔杰·彼得罗维奇的人是米洛什·奥布雷诺维奇，他一定会更加幸灾乐祸。

第二节 第二次起义，以及米洛什·奥布雷诺维奇的行动

塞尔维亚王国塔科沃镇教堂旁边有一棵巨大的橡树，而这棵树现在有了枯萎之象。橡树下放着一块石头。米洛什·奥布雷诺维奇当年便是踩着

---

[1] 米洛什·奥布雷诺维奇（1780—1860年），于1817年成为塞尔维亚王国国王，在1839年退位后又在1858年重新登基为王。他经历过塞尔维亚王国的第一次起义运动，也带领了塞尔维亚人民发动第二次起义，最后创建了奥布雷诺维奇王朝。——编者注

[2] 即亚历山大·奥布雷诺维奇（1876—1903年），于1889年成为塞尔维亚王国国王，1903年遇刺身亡。在他死后，奥布雷诺维奇王朝也就落下了帷幕。

这块石头带领塞尔维亚人民揭竿而起。就像乔治·华盛顿站在波士顿旁边的大榆树下带领美国军队打响独立之战那样。之后大家便将此地当作圣地，而这棵橡树就和波士顿那棵榆树一样，被当作了自由的象征。不过，大家自然不会把美国独立运动和塞尔维亚王国起义相提并论，也不会把卡拉乔尔杰·彼得罗维奇的治国表现和马哈茂德二世的残暴行为一概而论。

据记载显示，每当有人用轻蔑的语气问埃马纽尔·埃贝·西哀士[1]可曾在暴政之时为法兰西尽一份力时，他总会淡定地说道：“我还活着便是我为法兰西做的最大努力。”如果让米洛什·奥布雷诺维奇来回答这个问题的话，那么他的答案绝对不会这样简洁。因为他不但从暴政之下活了下来，而且还守护住了自己的王冠。卡拉乔尔杰·彼得罗维奇带着雅各布·内那多维奇等首领逃走了，米洛什·奥布雷诺维奇却坚守在原地，打算扛起塞尔维亚王国的重担。雅各布·内那多维奇也曾请求他跟着卡拉乔尔杰·彼得罗维奇一起走，而他当时是这样回答的：“就算我去了奥地利又能怎样？而且我如果离开，那么我的母亲和妻儿就会落入敌军之手，成为奴隶。我绝对不会离开！无论未来如何，我都要和我的族人们一起面对！”他没有做领导者的经验，这可能是因为他觉得自己的兄弟就是死在卡拉乔尔杰·彼得罗维奇手上，因此一直耿耿于怀。但是，他坚守阵地的魄力、对卡拉乔尔杰·彼得罗维奇的恨意，以及他对当地的了解都引起了贝尔格莱德帕夏苏莱曼对他的关注。苏莱曼之前和米洛什·奥布雷诺维奇交过手，也被其所伤。因此他打算从米洛什·奥布雷诺维奇下手，让塞尔维亚王国重新臣服于奥斯曼帝国。于是，他把大克尼兹之职交给了米洛什·奥布雷诺维奇，同时也给了他克拉古耶瓦茨、波斯蒂加与鲁德尼克三地的统治权。这样一来，

---

[1] 埃马纽尔·埃贝·西哀士（1748—1836 年），法兰西政治家、神职人员和政治家。他曾在法国大革命时发表过许多重要政治理论。——编者注

米洛什·奥布雷诺维奇基本上就统治了舒马迪亚整个地区，这也是塞尔维亚王国起义运动的中心。苏莱曼对自己的安排很满意，他到达贝尔格莱德后，还曾让米洛什·奥布雷诺维奇看过他手臂上的伤口，并且对他说道："这就是你打伤的。"米洛什·奥布雷诺维奇听了这话连忙表示道："今后我愿为您鞍前马后，让您的手可以再得荣耀。"不过，谁都不知道他会不会言行如一。

塞尔维亚人经常和土耳其人往来，因此其性情也变化莫测。所以土耳其人一直无法对症下药。不过，米洛什·奥布雷诺维奇比卡拉乔尔杰·彼得罗维奇要难琢磨多了。他喜怒不形于色，心事也难为人所知，因此极擅长在外交时迷惑他人。据说他很会玩弄人心，经常会挑起鹬蚌之争，然后自己坐收渔利。不过这都只是传言，真假难测。米洛什·奥布雷诺维奇也许就是见机行事，想要塞尔维亚王国在奥斯曼帝国的掌控之下得到自治。如果这一想法不能实现，那么他必然不会妥协。但不管怎样，我们能确定的是他曾经极力劝服塞尔维亚人放弃争斗。其实这本来是毫无可能的，但是塞尔维亚王国的堡垒在1813年冬季相继失守，军队不是士气大跌就是原地解散。在这种情况下，如果坚持打仗，那么伤亡最惨的一定是塞尔维亚王国。所以，塞尔维亚王国只能放弃战斗，主动投降，将损失降到最低。

不管是米洛什·奥布雷诺维奇，还是其他塞尔维亚人，也许都不会相信土耳其人所说的重建秩序会是充满宽容和友爱的行为。毕竟塞尔维亚人在屡屡获胜后也会对土耳其人实施暴行，比如欺压投降者和战俘等。可土耳其人在塞尔维亚人投降之后的所作所为实在是令人发指。他们肆意屠杀塞尔维亚王国战俘，对于将军实施穿刺之刑，将人放在火架上炙烤，甚至把几个月大的孩子丢进沸水之中，以此来讽刺基督教的洗礼仪式。他们的恶行简直罄竹难书。土耳其人确实不会一直屠杀塞尔维亚人，但塞尔维亚人不用多久就会知道，等待他们的将是炼狱般的生活。那些被流放在外的人们要想回归家园简直难于登天；而西帕希和土耳其人还在不停剥削，四处敛财。塞尔维亚王国的每一座堡垒内都有阿尔巴尼亚军队或者加尼沙里军的人把守，就连偏远地带也被严防死守。恐怖的氛围笼罩了整个塞尔维亚王国地区。小有名气的人都难逃一劫。地方统治者随时都能拿塞尔维亚人开刀；贝尔格莱德可以随意制定税款金额，而每个塞尔维亚人都必须按照这一金额纳税。所有塞尔维亚人都生活在这暴政之中，无一幸免。

在此之后，米洛什·奥布雷诺维奇控制的鲁德尼克境内爆发了第一次动乱。米洛什·奥布雷诺维奇连忙带着侍卫来到了克拉古耶瓦茨，将一些暴乱分子赶回了家。因为苏莱曼答应米洛什·奥布雷诺维奇对其他人宽大处理，所以米洛什·奥布雷诺维奇把这些人交给了他。可是苏莱曼出尔反尔，不但将40位首领施以穿刺之刑，而且斩杀了150名参与动乱的人。米洛什·奥布雷诺维奇之前对这些人的宽容也为他自己引来了祸事。苏莱曼以此为由把米洛什·奥布雷诺维奇囚禁于贝尔格莱德。米洛什·奥布雷诺维奇只好花钱买通关系，这才得到自由返回了领地。这件事也让他彻底醒悟——绝对不能再相信土耳其人，要想自保就只能再次起义。在这一次的恐怖统治中，塞尔维亚人都相信他们会再经历一次达希时期的大屠杀。有的人还握紧了武器，打算在敌人举起屠刀时拼死反抗。米洛什·奥布雷诺维奇犹豫再三，最终还是带领塞尔维亚人起义了。

米洛什·奥布雷诺维奇在1815年的棕枝主日[1]宣布了自己的决定。众人齐聚塔科沃教堂，待节日仪式完成后，便围在米洛什·奥布雷诺维奇身旁，这也是塞尔维亚王国议会的一大特点——冲动。米洛什·奥布雷诺维奇几经思索，还是站在石头上发表了演讲。刚开始的时候他也没有什么信心。

---

[1] 棕枝主日，基督教的一个节日，定在每年复活节前的星期天。——编者注

但是大家都热情高涨："我们已经准备好了！我们愿意和塞尔维亚王国站在一起，无论生死！"这些话激励了米洛什·奥布雷诺维奇，点燃了他的希望："有你们在，我就什么都不怕！让我们一起打败土耳其人吧！我相信上帝会保护我们的！"其实，这一次的聚会并非是和起义有关的唯一聚会。在此之前，塞尔维亚王国的许多地区都有人揭竿而起。不过，身为塞尔维亚王国最重要的基督教官员之一的米洛什·奥布雷诺维奇决定起义，这件事还是有着更大的影响，各地也都纷纷响应。米洛什·奥布雷诺维奇此时得到了所有人的追随，而这也意味着他要担负起的责任更多了。

　　塞尔维亚王国起义运动爆发后，奥斯曼帝国便立刻派兵去往塞尔维亚王国。不过从刚开始的局面来看，塞尔维亚王国占不到任何优势。奥斯曼帝国派出一支1万人的军队从西摩拉瓦河进入了鲁德尼克，然后驻扎在河边的特查切克。现在，这里已经是3条铁路的枢纽了。米洛什·奥布雷诺维奇赶到这里后立刻找到了一个地理位置极佳的地方，然后在此监视对手。之后他又命人去往奥斯曼军营的对岸——吕比奇挖建战壕，并且把大部分人派去了战壕，他自己则独自往北而去。米洛什·奥布雷诺维奇来到了帕莱什，这是一个小村落，位于萨瓦河与克鲁巴拉河之间。这里的战壕内一直都藏着几个西帕希，正好可以在此威慑周围地区。不过，当他们知道米洛什·奥布雷诺维奇来了之后，便立刻脚底抹油。可惜最后还是被米洛什·奥布雷诺维奇追上，全军覆没。米洛什·奥布雷诺维奇这一次成功对于军事而言并无太大意义，但对于政治而言就具有决定性作用。任何一场革命在刚爆发的时候，都有那么一个瞬间会让人心生退意或者陷入绝望。这时候，革命者就需要打一场胜仗，以此坚定信念。米洛什·奥布雷诺维奇剿灭了西帕希，缴获了一把枪，同时也得到了所有塞尔维亚人的信任，让大家有信心继续追随他。

　　帕莱什距离多瑙河很近，这让米洛什·奥布雷诺维奇占据了地理优势。

多瑙河对岸匈牙利的塞尔维亚人知道米洛什·奥布雷诺维奇成功了；流浪在外的塞尔维亚人带上枪支火药和所有家产返回了故土；年长的克尼兹与海杜克，还有想要报复的塞尔维亚人都跨过多瑙河投奔米洛什·奥布雷诺维奇。塞尔维亚王国境内全线与克鲁巴拉西部地区都爆发了起义运动。由此可见，米洛什·奥布雷诺维奇的胜利具有极大的影响力。帕莱什为了纪念这一次胜利便改名为奥布雷诺瓦茨。米洛什·奥布雷诺维奇回到前线后，身边共有两把枪，一把是匈牙利进口货，一把是他缴获的战利品。而和他一起回来的还有之前效命于卡拉乔尔杰·彼得罗维奇的老兵。

米洛什·奥布雷诺维奇打算在吕比奇攻打奥斯曼军队，却被奥斯曼军队抢了先机。奥斯曼军队虽然只用了几天便毁掉了塞尔维亚王国的许多战壕，但他们自己也伤亡惨重。之后，奥斯曼军队首领突然带着士兵撤回尼什。米洛什·奥布雷诺维奇紧追而上，终于反败为胜，截获了奥斯曼军方的炮车和弹药输送车。奥斯曼军队元气大伤。克拉古耶瓦茨收到塞尔维亚王国大获全胜的消息后，立刻放弃了抵抗，直接投降。这样一来塞尔维亚王国就占据了舒马迪亚和瓦列沃大半区域。米洛什·奥布雷诺维奇乘胜追击，直接攻向了奥斯曼军队在波沙维拉茨修建的堡垒、战壕，不让对方有任何喘息的机会，虽然塞尔维亚王国这一次付出了极大的代价，但他们打破了奥斯曼帝国的防线，征服了整个城镇。米洛什·奥布雷诺维奇又带兵往西行，剿灭了波斯尼亚的先锋部队。但是米洛什·奥布雷诺维奇也许下承诺，放奥斯曼战俘回家。这样一来，许多土耳其人都放弃了抵抗，自行离去。只剩下寥寥无几的奥斯曼士兵还在守护堡垒。而塞尔维亚王国马上就要回到第一次起义运动的巅峰状态了。

米洛什·奥布雷诺维奇有勇有谋，行事果决，绝不拖泥带水。从他在马奇瓦、波沙维拉茨、吕比奇和帕莱什的表现来看，完全不输卡拉乔尔杰·彼得罗维奇。不管是进行哪种战斗，他都游刃有余。但与卡拉乔尔杰·彼得罗维奇多次转危为安不同的是，米洛什·奥布雷诺维奇从来没有让自己陷入险境之中。奥斯曼帝国增派了兵力，从维丁和尼什攻打塞尔维亚王国。米洛什·奥布雷诺维奇将面对更大的挑战。他借助外交压力，让塞尔维亚王国军队摆脱了危机，赢得了马奇瓦之战。塞尔维亚王国终于完全自由了。

英国政府在 1807 年以为拿破仑会攻打奥斯曼帝国，甚至还派了探子查看马其顿、阿尔巴尼亚、希腊等奥斯曼欧洲领地的起义运动的情况。上尉威廉姆·马丁·利克[1]便怀着这样的目的去了这些地区，然后将他的所见所闻写成了一份十分有趣的报告。这份报告也对马其顿有着重要意义。报告中曾提到拉雅们正身处炼狱之中，而在斯科普里与索非亚南部的马其顿人中，信奉基督教和信奉伊斯兰教的人数大致相同。关于塞尔维亚王国的起义运动，威廉姆·马丁·利克在报告中如是写道："塞尔维亚人民一直都在保家卫国。塞俄两国早在停战之前便于多瑙河边会合了。即使奥斯曼帝国一直仇视塞俄两国，塞尔维亚王国也还是在进军保加利亚。"

威廉姆·马丁·利克曾经收到过一封从达达尼尔海峡邮政局寄来的信，写信者正是亨利·威廉·佩吉特[2]。他在信中表示："法兰西第一帝国现在可能是要与俄罗斯帝国结盟。所以奥斯曼帝国很快就要被赶出欧洲了。"威廉姆·马丁·利克看完这封信后便写下了一篇报道，称这些人反抗奥斯曼帝国是想"摆脱法兰西第一帝国和俄罗斯帝国的干涉，守护国家

---

[1] 威廉姆·马丁·利克（1777—1860 年），英国外交官、军事家，同时也是一位著名作家。——编者注

[2] 亨利·威廉·佩吉特（1768—1854 年），英国首位安格尔西侯爵，著名政治家、军事家。——编者注

的独立"。[1]

　　大家经常会提到奥斯曼帝国的分崩离析。不过根据这些事件也能发现，它们在 1807 年对英国政治产生了重大影响。

---

[1] 这是亨利·威廉·佩吉特在 1807 年 10 月 19 日告诉威廉姆·马丁·利克的话。——作者注

第十一章

父权制君主政体的时代

第一节　米洛什·奥布雷诺维奇的第一帝国

一、外交政策

米洛什·奥布雷诺维奇只花了半年时间便把塞尔维亚王国境内的土耳其人全部驱逐出境。在之后的几年间，塞尔维亚王国完成了独立运动，进入了一个稳定阶段。不过，米洛什·奥布雷诺维奇在外交上经常被歧视和冷落。好在他有着极强的忍耐力和顽强不屈的精神，再加上他天生聪慧，所以最终还是战胜了马哈茂德二世。英国驻君士坦丁堡使臣斯特拉特福德子爵曾经这样评价奥斯曼的外交政策——咖啡、烟斗、初次会谈，或者是将顺序反过来。英国首相乔治·坎宁也没有这样的好兴致了，他直接让人告诉君士坦丁堡："不要再糊弄英国政府！希望贵国苏丹可以尊重我们。"可是，奥斯曼帝国依旧磨磨蹭蹭。他们的这种做法确实会让外国的外交官火冒三丈，也十分荒谬，但绝对是有用的。近百年来，奥斯曼帝国一直都是从自己的利益出发，没有改变他们的外交方针。他们也知道自己的不足，所以并不敢直接和这一大强国叫板。奥斯曼帝国的外交就两种情况：一是尽力拖延，推卸责任，等大国吵起来；二是表面上妥协，暗地里不执行。但不管奥斯曼帝国用哪种方法对付塞尔维亚王国，米洛什·奥布雷诺维奇都能应对自如。他手握军政资源，完全有资本和奥斯曼帝国耗着。

奥斯曼帝国在 1815 年秋季又派出两支军队，一支由马拉什利·阿里帕夏领队自维丁出兵；另一支由库尔希德帕夏领队横渡德里纳河，其目标都是塞尔维亚王国。库尔希德帕夏也很有实力，而且意志力顽强，绝不服输。他知道应该怎样对付塞尔维亚王国军队，并且曾在 1813 年取得过胜利。米洛什·奥布雷诺维奇在确保安全的情况下，勇敢地潜入了库尔希德的军营，跟他进行了谈判。可无论他开出怎样的条件，库尔希德都不答应，而且还要让他立刻投降。米洛什·奥布雷诺维奇只好放弃了库尔希德，把目标转移到了马拉什利·阿里身上。马拉什利·阿里十分擅长谈判，可从之后发生的事情能够发现他心志不坚。他不在乎塞尔维亚人愿不愿意放下手中的武器，只要塞尔维亚王国愿意归顺奥斯曼帝国就行。他当时是这样说的："如果你愿意归顺于我们陛下，那么随便你拿着什么样的武器，哪怕是大炮也无所谓。"不过他也知道对方不会轻易投降，因此他要求米洛什·奥布雷诺维奇把边疆要塞的防守工作交给他。后来他又带兵去往贝尔格莱德支援当地驻军。马拉什利·阿里帕夏在接见米洛什·奥布雷诺维奇和其他塞尔维亚王国首领时，特地找来了 50 位乞讨者站在旁边看着。他在众人落座之后站起来说道："塞尔维亚王国要不要对奥斯曼帝国俯首称臣？"米洛什·奥布雷诺维奇答曰："我们曾经这样做过。"而马拉什利·阿里帕夏又问了两次，等咖啡和烟斗都上了之后，才和塞尔维亚人进入初谈阶段。但是这一谈就是 18 年。

从表面上来看，米洛什·奥布雷诺维奇好像处于上风。毕竟在当时，即使土耳其人霸占了军事要塞，可塞尔维亚人还是掌控着森林和武器，他们能在丛林中作战。而眼下，两国旗鼓相当。站在法律层面上看，之前卡拉乔尔杰·彼得罗维奇率领的起义运动为米洛什·奥布雷诺维奇打下了基础，使其获益匪浅，而米洛什·奥布雷诺维奇还打算在以《布加勒斯特和约》的第八项条例为基础的情况下进行谈判。这一条例中明确写道："由于塞尔维亚人在这次大战中身兼重任，因此我们必须要确保他们的安全，守护他们的和平。奥斯曼帝国应该答应塞尔维亚人的要求，让他们和所有土耳其人享受一样的待遇。"奥斯曼政府为了彰显其气度，还答应不干预塞尔维亚王国内政，让塞尔维亚王国参与到立法中来，调整对塞尔维亚王国的税收金额。当然，奥斯曼帝国还是要求增派塞尔维亚王国驻军数量。双方代表面对面商讨了许多细节，这也让奥斯曼帝国松了一口气。最终商定的各个条款也得到了塞尔维亚王国的认可。米洛什·奥布雷诺维奇需要解决的问题是如何确定奥斯曼帝国会执行这些条款。

米洛什·奥布雷诺维奇费心筹谋，打算让奥斯曼帝国先让步——奥斯曼地区法官在没有得到当地族长的允许下，不可以对基督教教徒做出判决。奥斯曼帝国没有在各国境内建立有判决权的上诉法院[1]，但设立了伊斯兰教教徒和基督教教徒共同任职的联合法院。贝尔格莱德的政权归马拉什利·阿里所有，但是身为基督教代表的米洛什·奥布雷诺维奇也居住在此处，所以法院将由他们二人一起管理。[2] 法院的首位院长是彼得·尼古拉耶维奇·莫勒，他是一个塞尔维亚人，素有声望，能力出众。贝尔格莱德本来打算举行国民大会，可突发事故阻止了大会的召开。在商定大会的初次会议中，彼得·尼古拉耶维奇·莫勒与米洛什·奥布雷诺维奇起了冲突，

---

[1] 这里说的上诉法院是指判决权归伊斯兰教或基督教单独所有的法院。——编者注

[2] 纳西地区内的司法职务都是由地方官员和伊斯兰教教徒共同担任的。奥斯曼政府在1813年重新掌权，于是地方官员被罢免，法院之中的法官由穆斯里姆担任。——编者注

后者还动了手。会上的人都被这一幕惊呆了。米洛什·奥布雷诺维奇还在
处置彼得·尼古拉耶维奇·莫勒的请愿书上签了字。于是帕夏不得不处决
了彼得·尼古拉耶维奇·莫勒。米洛什·奥布雷诺维奇也对塞尔维亚人做
出了承诺——拉拢土耳其人，让他们站在自己这边。之后他又罢免了一个
目无王法的地区首领；不久，一名反对他的主教遇刺身亡。卡拉乔尔杰·彼
得罗维奇也在 1817 年离奇死亡。[1] 米洛什·奥布雷诺维奇为了报仇的所作
所为，以及他在事情发生之后的面不改色实在是让人不寒而栗。一时间，
首领们人人自危，不敢有一步差错。这也巩固了米洛什·奥布雷诺维奇的
权势。另一方面，他接过了酋长最高统领一职，并且在 1817 年 11 月成为
塞尔维亚王国的基督教领袖，其地位在万人之上。

冷血的米洛什·奥布雷诺维奇用强硬的手段迫使塞尔维亚人接受了他
的思维模式。不过，就外交事务而言，米洛什·奥布雷诺维奇推行专制统
治之举的确是有利于塞尔维亚王国。毕竟，一个优秀外交计划的实施，是
要依靠于绝对政权的。米洛什·奥布雷诺维奇知道奥斯曼政府一直害怕俄
罗斯帝国，也清楚俄罗斯帝国不会轻易就答应出兵帮助塞尔维亚王国，所
以他打算避免塞尔维亚王国和奥斯曼帝国与在罗马尼亚或者是希腊境内的
一些基督教教徒产生冲突。在他看来，如果塞尔维亚王国可以证明从未在
私下里与奥斯曼的基督教往来，那么不但可以打消奥斯曼苏丹对塞尔维亚
王国的猜忌，而且还能帮助塞尔维亚王国扭转局势。然后随着时间的推移，
苏丹对塞尔维亚王国会越来越放心，而大维齐尔则会越来越害怕俄罗斯帝
国，帕夏也会开始贪污腐败。如此一来，奥斯曼帝国一定会对塞尔维亚王

---

[1] 平心而论，米洛什·奥布雷诺维奇一定和卡拉乔尔杰·彼得罗维奇的死亡脱不开关系。
虽然我们不知道他是否犹豫过，但他肯定没因此而醒悟。兰科完美复述了他听到的小道消息。
不过，卡拉乔尔杰·彼得罗维奇的回归确实会威胁到米洛什·奥布雷诺维奇。——作者注

国做出妥协。从米洛什·奥布雷诺维奇的计划中，我们可以发现他很排斥卡拉乔尔杰·彼得罗维奇。卡拉乔尔杰·彼得罗维奇返回塞尔维亚王国就是为了与希腊人结盟，和他们一起攻打奥斯曼帝国。而米洛什·奥布雷诺维奇觉得这样做会让塞尔维亚王国陷入险境。所以当知道卡拉乔尔杰·彼得罗维奇的死讯后，他也是真的开心不已。历史也证明米洛什·奥布雷诺维奇的感觉是没错的。奥斯曼政府在 1820 年因为害怕俄罗斯帝国、希腊，所以打算答应塞尔维亚王国提出的要求。政府将大克尼兹的职位交给了米洛什·奥布雷诺维奇，限制了伊斯兰教教徒的权限，并且将塞尔维亚王国的贡品交给了地方官。不过他们还是没有说明会怎样对待西帕希，也没有认可塞尔维亚人和奥斯曼人享有同等地位。其实，西帕希当时还是居住在奥斯曼帝国的要塞一带，享有土地所有权，能够对经济实行管控，并且可以进行适量征税。

只要塞尔维亚王国归奥斯曼帝国统治，那么土耳其人还是会把塞尔维亚人当作是异教徒，无视《布加勒斯特和约》中俄罗斯帝国对塞尔维亚王国的支持。当时，来贝尔格莱德宣布和约内容的是奥斯曼的一位大臣。身在克拉古耶瓦茨的米洛什·奥布雷诺维奇立即来到了贝尔格莱德。米洛什·奥布雷诺维奇担心自己的安危，所以表示如果对方不允许他带塞尔维亚人一起进来的话，那么他就拒绝入城。双方各有各的盘算，因此僵持了许久。最后还是将见面地点定在了城外的托普奇德，而且两边的人皆是带了兵器。大家都知道这一次会面是为了什么，所以米洛什·奥布雷诺维奇开门见山，逼奥斯曼使臣让步。使臣表示道："怎么可能？我们的所有权利都是根据和约来的啊。"然后他忽然高喊备马，并且立刻带着自己的手下骑马离开了。这是因为对方提到了俄罗斯帝国之前答应会保护塞尔维亚王国。毕竟，奥斯曼帝国屡次与世界强国之一的俄罗斯帝国开战，不死不休。使臣为了表示自己在塞尔维亚王国被胁迫，特地从多瑙河经匈牙利王国、罗马尼亚等地回到了君士坦丁堡。但无论如何，经过这一次的商谈，奥斯曼政府还是妥协了。他们答应了塞尔维亚人所提的条件，并且让塞尔维亚王国派出代表来君士坦丁堡与外交官见面商谈。塞尔维亚王国收到消息之后便以《布加勒斯特和约》为基础，起草了新的协议，然后让 6 个代表将其带去了君士坦丁堡。这也标志着双方开始进入"初谈"的步骤。之后的 5 年间，塞尔维亚王国都是风平浪静。

奥斯曼帝国这时被罗马尼亚和希腊的起义运动缠住，早就将塞尔维亚人忘到九霄云外去了。而塞尔维亚王国的国力在此期间不断提升，和式微的奥斯曼帝国形成了鲜明对比。在和希腊人的交战中，奥斯曼军队付出了巨大代价。马哈茂德二世在无奈之下只能求助于埃及君主穆罕默德·阿里[1]。俄罗斯帝国也一直在关注奥斯曼帝国的动向，不过沙皇碍于奥地利的克莱门斯·冯·梅特涅[2]的面子，没有参与其中。尼古拉一世是在 1825 年接替兄长亚历山大一世成为俄罗斯帝国的新沙皇。此人行动力极强，上位后不久便强行让土耳其人在《阿克曼公约》[3]上签了字。其中条款也提到了奥俄两国之前没能解决的分歧。不过，奥斯曼帝国除了这份公约外，还签署了一份与塞尔维亚王国有关的条款。马哈茂德二世愿意按照《布加勒斯特和约》的第八项条款来解决塞尔维亚王国的问题，答应在之后的一年半对塞尔维亚王国现在提出的全部申诉作出判定。这也是米洛什·奥布雷诺维奇一直想要的让步，不过奥斯曼政府一如既往地阳奉阴违，根本不按

---

[1]　穆罕默德·阿里(1769—1849 年)，他为现代埃及打下了基础，开创了埃及阿里王朝。——编者注

[2]　克莱门斯·冯·梅特涅（1773—1859 年），奥地利的知名政治家，同时也是 19 世纪最伟大的外交官之一。——编者注

[3]　奥俄两国在 1826 年 10 月 7 日签署了这一公约。公约规定塞尔维亚王国与罗马尼亚由俄罗斯帝国所保护。——编者注

照和约行事。于是俄罗斯帝国发兵阿德里安堡，军队直指君士坦丁堡，这才让马哈茂德二世又签订了一份《阿德里安堡和平协议》[1]，并且答应会在 30 日内推行《塞尔维亚王国特别条款》。经过这件事后，马哈茂德二世终于在一年内完成了他之前答应的所有事。

　　《布加勒斯特和约》是一个塞尔维亚王国问题解决方案的模板。不过，和约规定奥斯曼帝国可以在塞尔维亚王国要塞安排守兵，所以其中的内容并非都是有利于塞尔维亚王国的。如果塞尔维亚王国独立为一个国家，那么这些条款将成为一堆废纸，而奥斯曼帝国也将面对诸多麻烦。所以奥斯曼帝国现在要解决的问题是怎样在塞尔维亚王国推行新的制度，并且让基督教教徒拥有实权。不管是塞尔维亚王国的独立还是希腊的独立，奥斯曼帝国都不会否认，毕竟这对于奥斯曼帝国来说并非什么难事。他们面对的挑战是让基督教教徒听命，然后赐予其相应的权利。而这一问题，以及所有内政最终都被奥斯曼政府转交给了米洛什·奥布雷诺维奇和他的长老会[2]。米洛什·奥布雷诺维奇将自己的名字改成了尼亚兹，即亲王之意。然后终止了塞尔维亚王国的伊斯兰教制度，将贡品直接交给奥斯曼帝国，不让其税务官插手；把塞尔维亚王国要塞周围的土耳其人都赶了出去。与此同时，他减少了西帕希要求的赔偿数额，然后以进贡的方式全部还完。如此一来，塞尔维亚王国教会将由塞尔维亚人自行管理，主教也是由他们选举。换而言之，塞尔维亚王国终于解决了奥斯曼帝国给他们带来的大部分麻烦。马哈茂德二世也只能封米洛什·奥布雷诺维奇为塞尔维亚世袭亲王。米洛什·奥布雷诺维奇在 1820 年到 1826 年多次提到卡拉乔尔杰·彼得罗维奇收服的 6 个纳西地区应该拥有和塞尔维亚王国一样的待遇。但是马哈茂德

[1]　奥俄两国在 1829 年签署了这一协议。——编者注

[2]　也就是委员会，其中每位成员皆是德才兼备之人。——编者注

二世并没有答应，所以这些地区还是归土耳其人控制。米洛什·奥布雷诺维奇在韬光养晦的同时，也一直在策反被奥斯曼帝国压迫的人民，想方设法得到了颇具争议的地区。土耳其人在1833年完全丧失了信心。米洛什·奥布雷诺维奇便在这一年的5月25日借俄罗斯帝国之势逼迫马哈茂德二世将这些地区的统治权交给了他。至此，从德里纳河到蒂莫克之间的地区包括艾希纳斯山脉在内，皆属于塞尔维亚王国。塞尔维亚人花了整整18年来完成"初谈"。米洛什·奥布雷诺维奇在这一过程中一直坚守信念，做事小心谨慎、精心筹谋，而且能对土耳其人的弱点加以利用，这才终于得偿所愿，让塞尔维亚王国变成了一个边疆分界线明确的自治国。

二、政治重构

每当提到塞尔维亚人为自由而奋斗的过程时，人们都会将其当作一场悲剧，充满了黑暗色彩。诚然，从总体上来看，这一过程的确是触目惊心。在中世纪，9位尼曼雅君主中，6人被废黜，1人被害；10位塞尔维亚王国国王中，4人被废黜，3人被害。这些数据很难不让人感到悲观，可这并不代表塞尔维亚王国在无政府时期就是悲惨的。我们必须要记住，虽然拜占庭人和罗马人经常犯上作乱、弑杀君主，但这些国家都有着明确的法律规定和自己的文明，这是国家延续的根本。而近代塞尔维亚人犹如井底之蛙，孤陋寡闻，再加上一直奉行保守主义，所以才会寝食难安，整日提心吊胆。塞尔维亚人的保守主义让他们无法稳定政权、向前发展，但同时也催生出了他们的爱国之情，让他们拥有了强大的力量。塞尔维亚王国的农民们性情奔放，热爱自由，他们不会理解中央的行政体制，也不会对其充满敬畏。而当时的小地主们没有现代化的商业发展，无法快速积累财富，只能以农民的租金为财富来源。农民们的日子也不好过，就算税款再低，他们也承担不起。所以在和平年代，与国家利益相比，农民们都更看重自己的利益。这自然会增加政府的负担，引起国家的动荡。可是塞尔维亚人想要的自由是针对他们的生活而言，而非国家。

　　塞尔维亚王国是依赖于人民的团结、部落酋长的勇猛、各地政府的强悍而赢得独立的。可当国家稳定下来时，后两个因素对于中央政府而言便是一颗不定时炸弹。塞尔维亚王国的所有民主群体和民选区都有自治权，而高一级的政府则都被奥斯曼帝国摧毁了。而塞尔维亚王国以农业为主，经济发展落后，穷人们只能牢牢抓紧自己拥有的、为数不多的土地资源；再加上这些人一直都奉行民主主义和保守主义，所以他们很排斥中央政府，也不会乖乖纳税。他们之前愿意和土耳其人战斗，就是因为土耳其人想干涉他们的生活。而现在，硝烟已经散去，他们只想闲坐于树下，喝一杯酒，聊一聊往事罢了。可新政府推行的各项政策、制定的农税打破了他们的憧憬。首领们还有一帮手下，却没了可以打劫的土耳其人，这也让他们很不习惯。于是他们便想要推翻中央政府，各自为政。塞尔维亚王国一直推行民主制度，新建立起的军事制度完全违背了民主的理念。这对处于和平年代的国家而言，也是潜在的祸患。

　　其实大家在起义之初便有分歧。卡拉乔尔杰·彼得罗维奇在战时几乎屡战屡胜，仅有的一次失败是因为他听信了自己的追随者。在起义初期大家都是在各自首领的指挥下战斗的。首领自称为将军，称其属下为"莫克斯"，各地的民主组织也都听命于当地的首领。所以这些首领们在战后也会想得到相应的权力。而在战争时期，首领可以随意任用或罢免辖区内的官员。米连科、基乌尔帕夏、雅各布·内那多维奇之前在自己的辖区也是掌握着绝对权力。后来，因为和基乌尔帕夏意见不合，雅各布·内那多维奇就取了他的性命，而且还明确地告诉了卡拉乔尔杰·彼得罗维奇，克鲁巴拉河一边归他统治。卡拉乔尔杰·彼得罗维奇控制着舒马迪亚，自然不会就这样和雅各布·内那多维奇划分楚河汉界，他充分发挥了自己的影响力，平息了所有反对之声，成为军队的最高领导者。

卡拉乔尔杰·彼得罗维奇肚子里没有多少墨水，也爱用武力解决问题，但他善于发掘事物的本质。他从奥地利人的统治中发现了很多文明管理的方法，并且取其精华，用来巩固自己的统治。我们曾多次提到过，塞尔维亚人是很注重民主的。所以当国家独立后，他们提出的第一个要求就是建立国民议会，而各首领及其心腹也都成为议会代表。可是这些人都是勇猛有余，聪慧不足，由他们所组成的议会根本无法为国家出谋划策。卡拉乔尔杰·彼得罗维奇在意识到这点后，便立刻下令建立决策机构。这也是他的政绩之一。可最让人费解的是，建议卡拉乔尔杰·彼得罗维奇直接在国民议会建立参议院的人居然是野心勃勃的雅各布·内那多维奇。

卡拉乔尔杰·彼得罗维奇还是采用了这一提议，在菲利波维奇的帮助下，于1805年成立了参议院。我们根据之后的历史可以发现，来自匈牙利南部的塞尔维亚人菲利波维奇不仅是一位法学博士，而且还是一位优秀的秘书。参议院在成立之初招纳的都是12个地区的议员代表，其职责主要是掌管奥斯曼帝国遗留下来的财产的所有权、估算各地应缴税额。而它接到的第一个任务便是决定各地卡迪人选。参议院将司法权下放到了各村庄的公爵手上，让各地区推选主席与审查员，建立起地方司法机构。由参议院选定的秘书和法务官员，将与参议院成员共同工作。所以，参议院也就是国家最高法院，管理各地方法院的职员。地方法院可以向参议院提起上诉，这样一来，便能维护司法的统一。

这个办法虽然可行，但参议院并不能负担所有司法职务，毕竟参议院还有行政职能。由于国家经历了多次战争，遭到了严重的破坏，因此参议院为了国家和自身的未来开始着手构建教育体系。当时，在塞尔维亚王国境内，负责教育的是僧侣学校。但是僧侣学校的数量不多，又缺乏教育资源，根本不能为当地提供优质教育。于是，参议院在匈牙利塞尔维亚人尤戈维奇的筹划和南斯拉夫人奥博拉多维奇的帮助下，在各地都修建了小学，又在贝尔格莱德修建了中学。奥博拉多维奇在卡拉乔尔杰·彼得罗维奇的邀请下成为塞尔维亚王国第一位国民教育组织者。在塞尔维亚王国，高中负责教学生们法理学、数学和历史，这三种知识对于国家的发展而言至关重要。当时的大国经常嘲讽塞尔维亚王国的做法，觉得这根本没有多大用处。可其实塞尔维亚人建立国家教育体系比英国早了几十年。

　　参议院的主力军是米洛里与姆拉登，他们都支持卡拉乔尔杰·彼得罗维奇，不过也有人支持各地首领。这些文职机构一般都会忽视军政，重文轻武。参议院内部也会出现一些贪污事件，甚至还会和最高权力机关叫板。不过，卡拉乔尔杰·彼得罗维奇并不会向他们妥协，他不仅开除过两个和议员私通、藐视君威的俄罗斯帝国特工，而且还以大炮震慑参议院。

　　卡拉乔尔杰·彼得罗维奇和雅各布·内那多维奇在 1809 年发生了激烈争执。前者认为应当推行独立政策，后者觉得听命于俄罗斯帝国的政策才是正确的做法。这时，有一个首领自封为塞尔维亚王国驻俄罗斯帝国大使，然后对卡拉乔尔杰·彼得罗维奇大加指责。雅各布·内那多维奇说过自己与米洛里和姆拉登不同，别人都是想做俄罗斯帝国的领导者，而他则是期待俄罗斯帝国出现一个宽容大度的沙皇。这样一来，雅各布·内那多维奇得到了许多支持。而卡拉乔尔杰·彼得罗维奇棋差一着，其追随者也被赶出了参议院。直到 1810 年，人们都还是更偏向于雅各布·内那多维奇。可卡拉乔尔杰·彼得罗维奇并没有因此气馁。他见到了俄罗斯帝国首席军事代表卡缅斯基将军，并且在谈话中引导卡缅斯基在 1810 年 7 月 30 日公开表示塞尔维亚王国与俄罗斯帝国同出一脉，信仰相同，两国关系也坚不可摧。此外，他还得到了俄罗斯帝国的支持，成为军事最高领导者，使国内反对党的计划落空了。卡拉乔尔杰·彼得罗维奇才是最后的赢家。他又在第二年提拔自己的心腹，将他们安排进了国民议会和参议院中，并且公布了两个重大决定：一是指挥官受总司令和参议院管理，在军事上拥有任免权，此举为卡拉乔尔杰·彼得罗维奇自己争取到了各地的军权和政权；二是重建参议院，将其司法职能移交给新建的最高法院。经此调整后，参议院成为行政部门，专门建立了常务委员会管理经济、政治、外交、战争、宗教等事务。卡拉乔尔杰·彼得罗维奇让姆拉登进了陆军部后，居然说他会补偿米连科、雅各布·内那多维奇和其他参议院成员，这真是让人觉得匪夷所思。而雅各布·内那多维奇等人经过几番思索后，接受了卡拉乔尔杰·彼得罗维奇提出的条件，去了俄罗斯帝国，这其实也是一种流放。至此，卡拉乔尔杰·彼得罗维奇大获全胜，新军事封建主义正式萌芽，但他也差点儿让塞尔维亚王国分崩离析。各地的军事首领手握军权，宛如中世纪的强盗贵族[1]。而卡拉乔尔杰·彼得罗维奇的所作所为太过激进又不合法，最终支持他的只有俄罗斯帝国。毋庸置疑，卡拉乔尔杰·彼得罗维奇是统一权威的代表，各地首领是分裂权威的代表。卡拉乔尔杰·彼得罗维奇对法律和秩序的理解或许不同于常人，但他有着真正开明的思想。迪比奇曾经在 1811 年这样说道："在完善司法体系后，卡拉乔尔杰·彼得罗维奇把所有案件都交由法庭处理，并且及时完善民事判决标准。"也许人们都已经忘记卡拉乔尔杰·彼得罗维奇设立的机构了，可土耳其人在 1813 年重新收服塞尔维亚王国后并没有毁掉这些机构。只不过当时的这些机构都是米洛什·奥布雷诺维奇重建的。

如果米洛什·奥布雷诺维奇在文臣管理方面像他在军政、外交方面那样优秀的话，那么他将是一位完美的君王。可惜他也是一个情绪变化莫测的人，而且多年从事外交活动的经历，也让他更加强势。他在 1830 年登基成为塞尔维亚王国国王，而当时他也是一个土耳其帕夏。除此之外，三大地区的大公爵和基督教代表都听命于他。他利用这双重身份更好地统治着

---

[1] 本是指 19 世纪末那些用尽心机敛财的美国商人，后演变为了一个贬义词。——编者注

塞尔维亚王国，而且还借助基督教的名义使奥斯曼帝国不能干预塞尔维亚王国的内部管理。

我们之前已经提到过米洛什·奥布雷诺维奇引导奥斯曼帝国帕夏处死了和他作对的基督教官员一事。同样地，米洛什·奥布雷诺维奇在必要的时候也会反抗奥斯曼帝国，以维护自己的利益。克尼兹仗着自己有帕夏撑腰，便在1821年公然违抗塞尔维亚王国国王的命令。于是，米洛什·奥布雷诺维奇设计捉弄了这个帕夏一番，收服了叛军。可是在之后的几年间，塞尔维亚王国又爆发了一场大动乱，参与者皆是塞尔维亚王国的农民。米洛什·奥布雷诺维奇如果不能及时处理的话，那么后果不堪设想。他也的确有权力去处理这些事情，不过他还是尽量避免挑起战争或者公开和土耳其人作对。我们可以肯定的是，当国家稳定，社会文明进入新阶段后，人民会越来越排斥米洛什·奥布雷诺维奇的这种专制统治。

米洛什·奥布雷诺维奇在1815年将"最高法院"更名为"国家法院"，并且让奥博克尼兹负责这次改革。此后，地方法院开始正常运作，各克尼兹的村庄也没有任何变化。可是，米洛什·奥布雷诺维奇就是不愿意重建参议院，也没有给法官行政权和管理权。他是打算推行中央集权制度，一人独揽大权，然后提拔心腹负责税收和行政事务。除此之外，他还对外宣布克尼兹的任免权为他所有，各村庄街区也在他的掌控之中。奥博克尼兹意识到一旦自己不听命于米洛什·奥布雷诺维奇，就有可能招来杀身之祸。无论是村庄克尼兹还是奥博克尼兹，都是军事首领及其候选人，所以在面对这些人的时候，统治者必须要有强势的震慑，才能稳定秩序。可是米洛什·奥布雷诺维奇又不愿意负责参议院常务委员会。此举也引来了军事首领的不满，但是起义运动并非他们挑起的。因为米洛什·奥布雷诺维奇采用的统治方法不对，而且他也不擅长税收评定等事务，所以在管理的过程中多有瑕疵。更何况他还会随心所欲地没收人们的财产、垄断商业。农民们在 1824 年揭竿而起也是因为心中都有不满，他们才是这次起义的主力军。不过这也给米洛什·奥布雷诺维奇敲响了警钟。可惜他并没有因此修改政府机制，只是勉强答应开除了两名克尼兹而已。

米洛什·奥布雷诺维奇在 1827 年又成为大克尼兹，而且还得到了国民议会的认可。他能够连任，可能是因为在选举之前似是而非地答应了自由改革。可他当选之后只是让武克·卡拉季奇参考《拿破仑法典》撰写了《塞尔维亚王国法典》，然后在 1830 年推行了这一法典而已。而他本人并不会根据法典行事，比如他依旧会随意霸占别人的土地，奴役农民。在奥斯曼帝国遵守了《阿德里安堡和平协议》后，塞尔维亚人逐渐不再怨恨土耳其人了，可是现在他们是发自内心地惧怕且厌恶米洛什·奥布雷诺维奇。好在当时米洛什·奥布雷诺维奇没有打算霸占奥斯曼帝国赐给塞尔维亚王国的皇家田园。米洛什·奥布雷诺维奇把许多土地都赐给了自己的心腹，培养起了一批大地主，恰如当年苏丹建立西帕希禁卫军。可在封建主义制度下，这些人也不是之前掌控经济权和司法权的地主。皇家收入便这样进了国库。此举自然是有利于百姓的，不但可以让大家少交些税款，而且还守护了塞尔维亚王国这个农业国的尊严。

米洛什·奥布雷诺维奇没有延续奥斯曼帝国的旧土地方针，这对于塞尔维亚王国而言确实是一大益事。可是米洛什·奥布雷诺维奇作恶多端，因此人们也就忘记了他的这一政绩。塞尔维亚人是不会接受专制主义的，他们也不可能一直忍气吞声。马哈茂德二世曾经让米洛什·奥布雷诺维奇接管长老会，可他并没有执行这一命令。不常参加议会的议员也很反感米洛什·奥布雷诺维奇的独裁专制。据说，米洛什·奥布雷诺维奇打算抛弃长老会，这也是他做的最后一件坏事。在 1835 年年初，反对米洛什·奥布雷诺维奇的人带着武器出席议会，打算逼迫他放弃专制独裁。而他们的计划也成功了，米洛什·奥布雷诺维奇答应放权，并于 1835 年 2 月根据宪法规定进行了国民议会的开幕演讲，一力揽下了所有责任，然后挑选出了6个人让他们组建行政部门，掌管参议院。这样一来，大公手上就只有立法否决权了。而塞尔维亚王国又推出了新法典，其中详细规定了法官的职责。

米洛什·奥布雷诺维奇在这时候发表了一场以自由主义为主题的演讲，解决了所有难题。他曾经想按照各种规定行事，可是当他在1835年秋季和马哈茂德二世进行了会面交流后，便放弃了原先的想法。米洛什·奥布雷诺维奇回到了塞尔维亚王国后先是对所有与宪法改革有关的问题避而不答，然后表达了自己的一些观点，话里话外都在暗示大家他还是会采用以往的强势做法。之前，塞尔维亚王国的盐几乎都是从瓦拉几亚买回来的，所以当米洛什·奥布雷诺维奇垄断了盐业后，瞬间激起了民怨。但他还是一意孤行，并且用赚得的利润去投资瓦拉几亚，添置田产，为自己以后留好了退路。与此同时，他还逼迫农民劳作。塞尔维亚王国的经济产业以生猪贸易为主，米洛什·奥布雷诺维奇便打算封闭山林，用来给自己养猪。他的这一做法也遭到了妻子和兄弟的反对。在1825年起义运动中和他并肩作战、愿意为他牺牲所有的武切奇也站到了他的对立面，成为反对党的领袖。米洛什·奥布雷诺维奇的这些做法不但引起国内民怨沸腾，而且还让外国有了理由干涉塞尔维亚王国内政，他也因此和欧洲其他国家爆发了冲突。之前他一直想避开这些矛盾，可现在却引火烧身，塞尔维亚王国的自由主义岌岌可危。

塞尔维亚王国在这一时期所面临的问题本来都是内部矛盾，结果米洛什·奥布雷诺维奇一意孤行，给了其他国家可乘之机。英国和法国都赞成米洛什·奥布雷诺维奇推行的专制主义；奥匈帝国及俄罗斯帝国则是想推他做立宪君主。这和20世纪早期的情况如出一辙，实在是太荒谬了。英国驻波斯代表一直在说服国王推行自由宪法，以此统治波斯，而且还告诉他议会政府有哪些用处。波斯国王曾经问他：“到了埃及也会指引我们前进吗?"而在英国境内,各地都十分自由。对于这种奇怪的反差,也只能说是外交手段造成的了。

俄罗斯帝国是在 1830 年正式与塞尔维亚王国建交的,在此前发生的俄土之战中[1],俄罗斯帝国也是让塞尔维亚王国保持中立,并且遵守《阿德里安堡和平协议》保证塞尔维亚王国的利益。俄罗斯帝国基本都会在军事方面支持塞尔维亚王国,也会监督马哈茂德二世,让他按照协约行事。可是马哈茂德二世在 1833 年被埃及叛军威胁,只好求助于俄罗斯帝国,和俄罗斯帝国签署了《皇家码头条约》[2],答应封闭达达尼尔海峡,不让别国军舰通行,一切以俄罗斯帝国利益为先。尼古拉一世这才派兵支援马哈茂德二世,而马哈茂德二世从此之后也成为俄罗斯帝国的牵线木偶。之后君士坦丁堡不再受英国和法国的影响,一切都听命于俄罗斯帝国。于是,英法两国只能打起了塞尔维亚王国的主意,毕竟塞尔维亚王国虽然归顺于奥斯曼帝国,但还是保持着自己的独立统治。

米洛什·奥布雷诺维奇在 1835 年答应编写宪法。这对于英法两国而言是一个好机会。路易·菲利普一世[3]与帕默斯顿子爵亨利·约翰·坦普尔[4]觉得塞尔维亚人民会很反感奥俄两国对其的干涉,便打算把米洛什·奥布雷诺维奇培养成一个没有责任心的暴君,让其不再听命于俄罗斯帝国与奥斯曼帝国。

---

[1] 这里说的是第八次俄土之战,发生于 1828 年,结束于 1829 年。——编者注

[2] 俄奥两国在 1833 年 7 月 8 日签署这一条约,正式结盟。奥斯曼帝国在条约中做出了诸多让步。——编者注

[3] 路易·菲利普一世(1773—1850 年),于 1830 年登基成为法兰西王国国王,1848 年退位。——编者注

[4] 亨利·约翰·坦普尔(1784—1865 年),英国著名政治家,在 19 世纪中叶先后两次成为英国首相。——编者注

当时有一个观点，认为追求自由的斯拉夫各国应该是一道阻挡俄罗斯帝国侵略步伐的保护墙。英国驻奥斯曼帝国使臣威廉·亨利·怀特对此也表示认可。亨利·约翰·坦普尔认为塞尔维亚王国的自由也是另一种意义上的绝对专制，他们拒绝奥俄两国的干预，但又十分愤怒。英国领事霍奇斯上校曾在 1837 年接到一个命令——以其自身的影响力帮助米洛什·奥布雷诺维奇推行专制。而英国的专制主义传教士也会在这个时候出现，一边解决宪政问题，一边发展自己的影响力。

塞尔维亚王国在 1835 年推行了新宪法，这对于奥地利帝国和俄罗斯帝国而言都是一个巨大的威胁。奥地利在克莱门斯·冯·梅特涅的带领下反对这一宪法，狡猾的俄罗斯帝国却反其道而行。斯拉夫国家在外交上的态度就如他们民族的性格那样——神秘莫测。他们对待沙皇和对待各国大使馆的态度是截然不同的。尼古拉一世曾经推行了一项政策——对外，让使臣宣传国家民主；对内，实施专制统治，这实在是让人百思不得其解。有人曾说，无论在哪一时期，这种极端手段是根据君王、法院和使臣的特点而有所不同的。而且和其他统治者相比，尼古拉一世的做法也更直截了当。他本人的性格就是固执己见，做事也是一意孤行。他在 1828 年要求米洛什·奥布雷诺维奇不要参与到俄土之战中，因为他知道最后的条约一定会让塞尔维亚王国得利，从这一点我们可以看出他也不是一个自私的人。他应该是想让马哈茂德二世推动塞尔维亚王国宪法的编订，这样俄罗斯帝国就能确保塞尔维亚王国实行宪法统治。可最让人意外的是，马哈茂德二世居然直接答应了。这其实是因为马哈茂德二世认为允许塞尔维亚王国编订宪法有助于重铸奥斯曼帝国在塞尔维亚王国的声望。于是这两位专制君主都统一战线，支持塞尔维亚王国立宪；而推崇自由主义和议会制度的路易·菲利普一世与亨利·约翰·坦普尔则极力反对立宪。

这场制度之争在 1837 年拉开了帷幕。霍奇斯上校为此亲临塞尔维亚王国，想劝米洛什·奥布雷诺维奇实行专制统治；而俄罗斯帝国也特意派遣使者来帮助米洛什·奥布雷诺维奇实行立宪统治。在俄罗斯帝国的影响下，马哈茂德二世也让人告诉米洛什·奥布雷诺维奇，他没有遵守《阿德里安堡和平协议》建立长老会的行为让奥斯曼帝国很是失望。米洛什·奥布雷诺维奇只能命亚伯拉罕·彼得罗尼耶维奇带着代表团前去君士坦丁堡解决这件事情。在反对派最后一次提出政体改革后，米洛什·奥布雷诺维奇很清楚局面之后会变成什么样。在俄罗斯帝国的插手下，塞尔维亚王国终于开始拟定《塞尔维亚王国宪章》，并于 1838 年 12 月正式颁布。

在政治方面，宪法规定参议院和常务委员会有权对国王进行管束。参议院有 17 位议员，皆由国王任命；每位议员都代表着塞尔维亚王国的 17 个纳西。而进入参议院的前提是议员的年龄必须在 35 周岁以上，有一定的不动产。参议院的权限极大，所有新制定的法律和税收制度，都必须要得到参议院的许可才能实行；同时参议院也负责监督宪法实行、维护宪法权威，享有宪法解释权。除非奥斯曼君主直接说明议员违法，否则谁都不能随便罢免议员。宪法规定行政机构由司法部、财政部和内政部组成，每部门各有一位领导者，部门中的所有成员都必须是塞尔维亚人。

在民生方面，农民的劳动将受到保护，不会再被压榨；在经济方面，塞尔维亚王国实行贸易自由，拒绝垄断；在司法方面，宪法也将其与行政剥离开了；在法院开庭前，嫌疑人不得被关押在狱中 24 小时以上。法官享有法律保护，不得随意罢免。总的来说，宪法规定参议院的地位是在君主之上的。在很长一段时间里，贝尔格莱德帕夏都是一个名为掌权者，实际是被囚禁于城堡中的傀儡。宪法颁布后他们便可以参与到塞尔维亚王国的内政之中了。可这对于塞尔维亚王国而言，也是一颗隐形的不定时炸弹。

苏丹拥有宪法的解释权、议员的罢免权，可以对塞尔维亚王国进行严格管理。根据奥斯曼帝国拥有的权限范围来看，俄罗斯帝国沙皇应该是确立了自己的掌控权。尼古拉一世在 1835 年把民主宪政变成了寡头统治，获利颇多。

　　奥斯曼帝国在 1838 年 12 月 24 日公布了新的宪法，这引起了米洛什·奥布雷诺维奇的反感。假如当时的反对派没有意识到这个问题的严重性，也没有任何行动的话，那么米洛什·奥布雷诺维奇将会亲自阻止这一宪法的实施。国家法院知道自己对行政的诉求，于是私自修改了君王的提名权，得到了议院、内阁的任免权。他们推选出的第一位参议员就是武切奇，拟写宪法的普罗蒂奇和罗涅维奇也被推选成了两大部门的领导者。而这三个人一直都很反对米洛什·奥布雷诺维奇。君王被宪法机构管治，却无权将其解散，更没有对机构成员的任免权。可是米洛什·奥布雷诺维奇并没有因此而改变自己对于宪法的想法，有传言称他和弗朗茨·约瑟夫的见解相同。宪政政府的存在可以保护官员的安全，但不利于君王。米洛什·奥布雷诺维奇暂时无法与其抗衡。在宪法刚开始实行的时候，他甚至为了保证自身安全，隐居在多瑙河岸边的塞姆林[1]，并且表示除非把和他作对的主要成员都赶出参议院，否则他绝对不会回来。

　　事实证明，米洛什·奥布雷诺维奇这样做大错特错。他离开后，参议院便能畅通无阻地行使手中的权力了。米洛什·奥布雷诺维奇的手下也在山中秘密筹备，打算发起叛乱，可是当时讨厌米洛什·奥布雷诺维奇的人实在是太多了。武切奇在 1825 年打着米洛什·奥布雷诺维奇的名头解决了各地的动乱。现在他又借助参议院的名头去解决由米洛什·奥布雷诺维奇发起的动乱。武切奇自己对此也是深感惊讶。他带兵包围了米洛什·奥布雷诺维奇的人马，想劝他们投降。可在双方对战了数个小时后，武切奇本来打算逼近贝尔格莱德，谁知道中途居然出现了一个充满戏剧色彩的意外。

---

　　[1]　贝尔格莱德的自治地区。——编者注

他经过一家旅店打算在这里休息一下，结果一个神志不清的女子跑到他面前泪如雨下，只说要找米洛什·奥布雷诺维奇报仇。武切奇询问之后才知道是因为女人的儿子被米洛什·奥布雷诺维奇处以死刑。

而与此同时，身处贝尔格莱德的米洛什·奥布雷诺维奇正独自坐在家里，身形落寞。曾几何时，他也是坐在这里指点江山，统治着塞尔维亚王国。可是现在，他在这里孤立无援，败局已定。清晨，他听到窗外马蹄声响，人声鼎沸。他放眼望去，只见敌军一脸得意地站在外面，牵着从他手下那里夺来的马匹。几天以后，米洛什·奥布雷诺维奇安慰哭得伤心的妻子，说那些人已经撤军，不再包围他们了。这时候，一身戎装的武切奇带着一个莫克斯，出现在米洛什·奥布雷诺维奇面前。武切奇恶狠狠地说道，米洛什·奥布雷诺维奇已经不再是塞尔维亚王国的国王了。米洛什·奥布雷诺维奇只说如果如此，他也不必再为国家鞠躬尽瘁了。于是他在1839年6月13日签字退位，将国王之位传给了大儿子米兰·奥布雷诺维奇。然后他在6月15日昂首挺胸地离开了贝尔格莱德，守护了自己的尊严。那天，他的对手也在萨瓦河边为他送行，大家都湿了眼眶。他们认为武切奇的所作所为就是把石头丢进河里，因此他们对米洛什·奥布雷诺维奇说道："当石头浮到河面上，你就会回来。"

米洛什·奥布雷诺维奇听了这话，回头告诉他们："我会以君王的身份离开这个世界。"这也是他最后一次回首。

塞尔维亚王国的吟游诗人把这些政治事件编写成了诗歌，其中也包括了米洛什·奥布雷诺维奇与武切奇的结局。

第二节 王位之争（1834—1860 年）

米兰·奥布雷诺维奇被父亲任命为了新国王，但他素来体弱多病，哪怕是在驾崩时也没有意识到他是塞尔维亚的国王。在他死后，弟弟米哈伊洛·奥布雷诺维奇[1]在参议院的提名下登基为王。这时候，奥斯曼帝国也开始布局设计了。奥斯曼政府明知米哈伊洛·奥布雷诺维奇已经是个成年人了，但还是任命彼得罗涅维奇和武切奇做了辅政大臣。塞尔维亚人对此自然有诸多不满，动乱也随之发生。米哈伊洛·奥布雷诺维奇与其兄长不同，他是个杀伐果决的人，直接让中央政府拒绝了奥斯曼政府对辅政大臣的任命，而且还警告委员会不要再插手这件事。米哈伊洛·奥布雷诺维奇早就制订好了发展计划，可是因为民众极为反感米洛什·奥布雷诺维奇，于是殃及池鱼，也很排斥米哈伊洛·奥布雷诺维奇提高税款的行为，根本不配合政府工作，使得计划无法实施。最终，奥斯曼帝国代表团借俄罗斯帝国之力重返塞尔维亚；被发配边疆的米洛什·奥布雷诺维奇、武切奇也重回政局。民间的反对之声日益壮大。武切奇的手下只能整装出发去了克拉古耶瓦茨旁边的小山上，在这里修起了驻守、防御工程。武切奇也明确表示自己这么做并非是想要推翻米哈伊洛·奥布雷诺维奇，而是想让政府大换血，他还支持让奥斯曼帝国代表团来解决目前的所有分歧。武切奇之所以这么说，只是因为他想隐瞒起兵反叛的计划罢了，政府自然不会相信他。于是，米哈伊洛·奥布雷诺维奇在 1842 年 8 月带兵征讨武切奇，可他制定作战方针时有些大意了，而且他也没想到民众大多都站在了武切奇那边。因此，

---

[1] 米哈伊洛·奥布雷诺维奇（1823—1868 年），他曾两度坐上塞尔维亚国王之位，于 1868 年被人暗杀。他是近代塞尔维亚的开明之君，一直都想在巴尔干地区成立反奥斯曼帝国联盟。——编者注

米哈伊洛·奥布雷诺维奇最终还是没能成功。他不想做武切奇的牵线木偶，便在 1842 年 9 月宣布退位。这也是他性格上的缺点之一。武切奇当年赶走了米洛什·奥布雷诺维奇，如今又驱逐了米哈伊洛·奥布雷诺维奇，终于能够以赢家的姿态入主贝尔格莱德，统治塞尔维亚。

武切奇在时间紧促的情况下匆忙建立起了临时政府。参议院受奥斯曼帝国代表团之命，在 1842 年 9 月 14 日罢免了米哈伊洛·奥布雷诺维奇，推选卡拉乔尔杰·彼得罗维奇之子亚历山大·卡拉乔尔杰维奇[1] 为新君。他是在 1806 年出生的，那时候的卡拉乔尔杰·彼得罗维奇正春风得意，十分风光。可惜，这位新君虽然仁慈有教养，但没有统治之能，不能带领塞尔维亚于风雨之中勇往直前。奥布雷诺维奇王朝的结束引起了奥俄两国之间的矛盾。尼古拉一世觉得不管奥斯曼帝国想做什么都应该先和他商量。而奥斯曼帝国的新君阿卜杜勒-迈吉德一世[2] 则认为塞尔维亚归奥斯曼帝国管辖，所以这是他们自己国家的事，不需要和别的国家商量。于是奥斯曼政府在认可了亚历山大·卡拉乔尔杰维奇后公开表示会提高奥斯曼帝国在塞尔维亚的声望和权势。根据 1838 年的宪法规定，之后塞尔维亚采用世袭制，国王都应出自奥布雷诺维奇家族。所以奥斯曼帝国只是同意让亚历山大·卡拉乔尔杰维奇上位，但没有答应让其后人继承王位。他们是想将亚历山大·卡拉乔尔杰维奇变成一个权力更大的帕夏，可是没有成功。尼古拉一世为了阻止奥斯曼帝国代表团和武切奇对塞尔维亚参议院施压，便转而支持塞尔维亚的自由权，表示塞尔维亚应该采用选举制决定君主。可见尼古拉一世比较偏向于米洛什·奥布雷诺维奇的政治理念。奥斯曼帝国自然不愿意这

---

[1] 亚历山大·卡拉乔尔杰维奇（1806—1885 年），于 1842 年登基成为塞尔维亚新君，1858 年被废。——编者注

[2] 阿卜杜勒-迈吉德一世（1823—1861 年），其父为马哈茂德二世，于 1839 年登基成为奥斯曼帝国苏丹。——编者注

样，于是便极力反对。年轻的米哈伊洛·奥布雷诺维奇缺乏相关经验，所以无论奥斯曼帝国或者是武切奇愿不愿意，王位的继承人只能在米洛什·奥布雷诺维奇和亚历山大·卡拉乔尔杰维奇中二选其一。塞尔维亚在1843年6月5日进行了自由选举，奥斯曼帝国帕夏和俄罗斯帝国代表为见证人。纳西投票选举议会，所以各地选票基本都是他们决定的。17个纳西都选了亚历山大·卡拉乔尔杰维奇，俄罗斯帝国坚持要将彼得罗涅维奇、武切奇流放，而且毫不妥协。

亚历山大·卡拉乔尔杰维奇并没有因为此事而声名大噪。他后来又将王位交了出去，新继承者一直在谄媚讨好俄罗斯帝国和奥斯曼帝国。亚历山大·卡拉乔尔杰维奇后来则是臣服于奥地利帝国。他当时需要面对的事情十分棘手，所以米洛什·奥布雷诺维奇自然会想趁机推翻他。亚历山大·卡拉乔尔杰维奇在1845年派兵顺利镇压了一场叛乱，不过这场叛乱本来也不成气候。他面对的真正难题发生在1848年——塞尔维亚境内的人怎样对待匈牙利南部的塞尔维亚人。人们都慢慢发现，从匈牙利南部而来的塞尔维亚人对塞尔维亚境内的教育和文化多有助益。因为无论是武切奇、米洛什·奥布雷诺维奇，还是亚历山大·卡拉乔尔杰维奇，都目不识丁。真正帮塞尔维亚重建语言体系、兴建教育机构的都是匈牙利的塞尔维亚人。当塞尔维亚人开始起义运动后，生活在匈牙利南部的同胞们就一直在捐钱捐物，帮助他们对抗土耳其人。现在，塞尔维亚人要对抗马扎尔人，也离不开这些同胞的帮助。

塞尔维亚人由于宗教和民族问题在18世纪一直被匈牙利压迫、欺侮。塞尔维亚人努力守护住了宗教的自由，却没有保住政权。在1848年后，他们又被马扎尔人的民族主义压迫。18世纪的马扎尔政府推行同化政策，对非天主教教徒进行了一系列的迫害。而现在，马扎尔政府在民族主义和沙文主义的影响下变本加厉，将压迫目标锁定在了不想做马扎尔人的塞尔维亚人身上。马扎尔政府不断施压让塞尔维亚放弃原有的语言体系，而且打算整治匈牙利国内的塞尔维亚人。简单说来就是，塞尔维亚人只要愿意成为马扎尔人就能安稳度日，反之则是生不如死。

欧洲在 1848 年发生了大起义运动^[1]，人们高呼自由与革命。欧洲各国的君主都慌了。在拉约什·科苏特^[2]的带领下，马扎尔人要求奥地利君主给予他们完全自治的权利。当时各地百姓都在要求得到自由和权利，匈牙利的塞尔维亚人自然也不例外。他们想借此机会让马扎尔人退让，不再对他们施行恐怖统治。除此之外，他们还在 1848 年 4 月派代表团去与拉约什·科苏特会面。

塞尔维亚人在这一次会面中提出了两大要求：一是让马扎尔人尊重塞尔维亚王国的权利；二是认可塞尔维亚语，并且在书写公文中加上塞尔维亚语。

拉约什·科苏特问塞尔维亚代表团团长："你是如何理解'国家'这一概念的？"

团长回答说："国家是由民族组成的，而这个民族必须要有而且能保护自己的语言、文化、习俗。"

拉约什·科苏特补充道："国家还要有政府。"

团长继续说道："目前我们国家还没有达到这一阶段。政府并非唯一，每个民族都可以建立起许多个政府，而这些民族组成了一个国家。"

其实双方所表达的观念都很简单——塞尔维亚觉得国家应使用统一语言；马扎尔人觉得有统一的政府才会有国家。大家各执一词，谁都不能说

---

[1] 欧洲的大部分国家在 1848 年进行了反君主政体的起义运动，这是对欧洲封建专制的一记重击。——编者注

[2] 拉约什·科苏特（1802—1894 年），出身于匈牙利贵族之家，在 1848 年领导匈牙利进行革命。——编者注

服对方。拉约什·科苏特只能以一句"那就各凭实力说话吧"拒绝了塞尔维亚代表团的要求。最后确实是依靠战争解决了这些问题，但这并非是塞尔维亚人或者是马扎尔人预测的那样。

　　双方不欢而散后，各国之间的局势也是越发紧张。匈牙利的马扎尔政府在 1848 年秋季直接表示要抵制奥地利，但境内的塞尔维亚人则表示支持奥地利政府。而现在马扎尔人的头号劲敌应该是克罗地亚总督耶拉奇恰。此人名声不错，又受百姓敬重，于是他便设计挑拨克罗地亚人，并且拉拢奥地利政府。他带兵攻打匈牙利南部地区，呼吁塞尔维亚人集体起义抵抗马扎尔人。其实当地的塞尔维亚人早就揭竿而起了，所以在耶拉奇恰发出号召后，不但有很多人都投到了他的麾下，而且大家还奔走相告，拉拢其他同胞。

　　与此同时，亚历山大·卡拉乔尔杰维奇的日子也不好过。由南斯拉夫民族组成的塞尔维亚－克罗地亚联盟要求把斯洛文尼亚和匈牙利南部架空，然后推行自治。塞尔维亚境内的百姓都听命于土耳其人和俄罗斯人。如果塞尔维亚也参与其中的话，那么也许会统一塞尔维亚－克罗地亚的三个民族分支。在此过程中，奥地利发挥的作用不大，可不管怎么样，都是它让三族统一有了希望。在这个多事之秋，如果塞尔维亚国内有天纵奇才的话，或许就能改变奥地利历史，以及巴尔干地区的版图。

　　如果现在的国王依旧是米洛什·奥布雷诺维奇的话，那么他绝对不会抛弃匈牙利南部的塞尔维亚人。可生性软弱的亚历山大·卡拉乔尔杰维奇没有这种破釜沉舟的勇气。所以他只能听命于尼古拉一世和阿卜杜勒－迈吉德一世。奥俄两国当时打算从北部攻打匈牙利，然后解决马扎尔人的叛乱。所以俄罗斯帝国现在并不想让塞尔维亚参与其中，毕竟稍有不慎就会使其落入奥地利之手。于是，俄罗斯帝国召见了塞尔维亚的议员们，并对其施压，让他们抵制马扎尔人的叛乱。但是塞尔维亚境内依旧有人自愿为匈牙利同胞提供枪械弹药，对此，亚历山大·卡拉乔尔杰维奇无计可施，更何况他也不想阻止。

米洛什·奥布雷诺维奇父子被发配去了瓦拉几亚，他们对于起义运动是大力支持的，而且还趁机四处散播不利于亚历山大·卡拉乔尔杰维奇声誉的话。奥俄两国君主很欣赏亚历山大·卡拉乔尔杰维奇的明哲保身，还特地为他颁发了勋章以示嘉奖，但塞尔维亚人并没有因此而敬重他。人们都觉得亚历山大·卡拉乔尔杰维奇应该放手一搏，去把曾经帮助过他们并且现在正处于水深火热中的同胞们救出来，不管付出怎样的代价。不管是塞尔维亚人还是克罗地亚人，最后都没能在奥地利压迫马扎尔人的事件中占到任何好处。奥地利君主虽然被封为了大塞尔维亚总督，但实际统治克罗地亚人和塞尔维亚人的还是马扎尔人。

南斯拉夫人的语言和权利得到了承认；克罗地亚人在 1868 年完成了自治。可法律的认可与实际情况的认可是截然不同的。克罗地亚人一直不屈不挠，守护住了他们的半独立自由。匈牙利的塞尔维亚人却屡战屡败，要么被马扎尔人同化，要么魂归西天。他们不再像以前一样神采飞扬，充满生机，也无法再自给自足。生活在匈牙利南部的塞尔维亚人约有 60 万，可这里再也不能像 19 世纪初期那样人才辈出，帮助塞尔维亚人起义，为他们提供各种资助。后来，即使他们因为 1848 年的事件再次被重视，但这也是靠着牺牲北部同族利益才得到的。

亚历山大·卡拉乔尔杰维奇在 1848 年背叛了塞尔维亚人，又在 1854 年背叛了俄罗斯帝国。克里米亚之战开始后，外交官伊利亚·卡拉沙宁成为塞尔维亚王国的首辅大臣。他打算借助路易·拿破仑的力量让塞尔维亚摆脱俄罗斯帝国和奥地利的统治，实现真正的独立。当时的人们都知道路易·拿破仑对弱小国家有怜悯之心，尤其是在罗马尼亚和意大利的问题上。俄罗斯帝国在克里米亚战争开始时，便想扶持武切奇上位，于是命令塞尔维亚开除伊利亚·卡拉沙宁。可是俄罗斯帝国并没有成功，因为塞尔维亚愿意向他们提供军事帮助，但绝不会让他们干涉其内政。

英国驻贝尔格莱德使臣方布兰克在这时候多次与亚历山大·卡拉乔尔杰维奇及其下属见面。他不但预测了塞尔维亚之后的发展，而且还提出了很多现代化的政策。他觉得人们现在都希望塞尔维亚可以和黑山公国建交，并且希望俄罗斯帝国保护他们。他还和军队负责人聊了许久。在谈话中他告诉对方，俄罗斯帝国现在的兵力是 600 万，如果塞尔维亚不按照俄罗斯帝国的指挥行事的话，很有可能会引来灭顶之灾。军队负责人希望可以和方布兰克就此问题进行详谈，但他只是表示俄罗斯帝国军队要想进入塞尔维亚中心地带是很困难的，俄军只能在多瑙河边集结。

奥地利人对于开战一事态度坚决，只是在犹豫应该使用哪一种方式。毕竟奥地利政府还没想好，是先攻打波斯尼亚还是先攻打塞尔维亚，"只要南斯拉夫人发动起义，那么俄罗斯帝国军队便会动身前来"。奥地利政府一直都在思考这个问题，而且用各种方式自问自答。

塞尔维亚人不免对俄罗斯帝国心生怜悯，但亚历山大·卡拉乔尔杰维奇表示他一直被俄罗斯帝国欺压，如今已是忍无可忍。方布兰克冠冕堂皇地对他说道："您这只是尽职尽责罢了，不需要有任何担忧，您将会得到这世界上最强大国家的保护。"接着，他说出了许多塞尔维亚在和英国互通贸易之后能得到的利益，然后根据奥斯曼帝国此前在外交上的妥协，建议塞尔维亚趁此机会开疆拓土。而这种种行为都是为了阻拦俄罗斯帝国，以防其乘虚而入。亚历山大·卡拉乔尔杰维奇现在所面对的巨大压力就像政府和议会所说的那样，皆是源于塞尔维亚百姓的情绪。方布兰克一直都觉得要想让奥斯曼帝国维持原样，就必须要让塞尔维亚推行专制主义政策。对此，他解释道："亚历山大·卡拉乔尔杰维奇只能根据自己的权限来解决奥斯曼帝国的问题，一旦越权或者不听从官员的建议的话，他就会违背自己的责任。"不过，亚历山大·卡拉乔尔杰维奇当时并没答应接受方布兰克的建议，只是用几句话搪塞了过去。出于对国家稳定的考虑，他也没有把这件事情告诉议会。几经思索后，亚历山大·卡拉乔尔杰维奇向方布兰克表示他想要维持中立。但如果躲不过去，他还是会支持俄罗斯帝国。不过之后的历史告诉我们军队的选择和亚历山大·卡拉乔尔杰维奇是不一样的。

当时，奥地利军队的目标就是贝尔格莱德，并且将所有火力都集中到了这里。而奥斯曼军队是从南边攻打塞尔维亚的。阿卜杜勒－迈吉德一世之前签订了保持武装中立的协议，条件是让塞尔维亚继续自治。将战争与和平都放在了谈判桌上后，人们自然会选择和平。而另一边，奥地利军队攻进了罗马尼亚，切断了塞尔维亚和俄罗斯帝国的联系，使其无法结盟。这样一来，塞尔维亚能做的也只有继续中立了。后来，随着双方签署了《巴黎条约》[1]，战争也落下了帷幕。一直保持中立的塞尔维亚也得到了回报。

签署《巴黎条约》的各国除了奥斯曼帝国与俄罗斯帝国之外，都是塞尔维亚的担保国，能够维护塞尔维亚的独立，不过奥斯曼帝国依旧是其宗主国。在此之后，俄罗斯帝国和奥地利也一刀两断，基本不再来往。不过这对于塞尔维亚而言倒是一件好事。此外，如果之后奥斯曼帝国又攻打塞尔维亚的话，那么塞尔维亚就能求助于法兰西第二帝国或者英国。可惜塞尔维亚的农民们并没有意识到这一点，他们只觉得是亚历山大·卡拉乔尔杰维奇的无能让塞尔维亚被欧洲列强所羞辱，而他还抛弃了在匈牙利挣扎的同胞，向奥地利卖乖讨好。

---

[1] 俄罗斯帝国和由英国、法兰西第二帝国、奥斯曼帝国、撒丁王国组成的联盟，在1856年3月30日于巴黎会议上签订了《巴黎条约》，这也标志着克里米亚之战的结束。——编者注

在这种情况下，民众越来越不满意亚历山大·卡拉乔尔杰维奇了，议会也在考虑要恢复奥布雷诺维奇夫妇的身份。塞尔维亚的许多人都极为排斥奥地利帝国，为此他们都愿意与武切奇和伊利亚·卡拉沙宁合作。联合政府参议院的多数议员也很不满意亚历山大·卡拉乔尔杰维奇，并打算设计让其下台。亚历山大·卡拉乔尔杰维奇知道议员的密谋后迅速将这些人抓了起来，他本来是想判这些人死刑的，之后还是改变了主意，只给他们判了无期徒刑。但是亚历山大·卡拉乔尔杰维奇的做法不符合 1838 年的宪法中国王不可干涉参议院决定，以及国王应让苏丹处置参议员的规定。维护宪法尊严的人员在知道这一消息后派了奥斯曼代表来了解事情的缘由。亚历山大·卡拉乔尔杰维奇最终只能选择妥协，不但把这些人放了出来，而且让他们官复原职。此外他还答应让伊利亚·卡拉沙宁和武切奇入内阁任职。不过，参议院是不会善罢甘休的，议员们纷纷表示任何决议只要三次通过参议院都应生效。要知道在当时的政策中，塞尔维亚国王在面对参议院时唯一拥有的权利就是否决权。要是连这项权利都被剥夺的话，那么参议院就彻底凌驾于国王之上了。无论是辉格党还是威尼斯式的宪法，都很排斥本杰明·迪斯雷利[1]的思想。可不管塞尔维亚参议院有何提议，都会有一个因素对其进行约束，那就是塞尔维亚的百姓。

英国驻君士坦丁堡使臣亨利·布尔沃爵士[2]在 1858 年秋季来到了贝尔格莱德。有传言称是他提议让塞尔维亚的领导人定期举办会议，将内部矛盾放在会议上讨论、解决。亨利·布尔沃爵士是依据帕默斯顿外交官的行

---

[1] 本杰明·迪斯雷利（1804—1881 年），英国保守党成员，做过两次英国首相，也是英国历史上唯一一个有着犹太血统的首相。现代保守党的成立、声望，以及所实行的政策都离不开他的努力。——编者注

[2] 亨利·布尔沃（1801—1872 年），达林勋爵，英国的外交官，同时也是知名作家。——编者注

事作风提出这一建议的。帕默斯顿子爵很支持米洛什·奥布雷诺维奇推崇的专制主义；方布兰克也在极力劝服亚历山大·卡拉乔尔杰维奇实行这一主义。虽然我们不知道其他人是否也有此想法，也不知道这一提议是不是会影响到预料中的结果，但这都让局面变得十分尴尬。当时人们都认为亚历山大·卡拉乔尔杰维奇归顺了奥地利帝国和奥斯曼帝国，心甘情愿做其走狗。各参议员也是明争暗斗，只图私利。所以必须要废掉亚历山大·卡拉乔尔杰维奇，同时让议会掌管参议院。即使当时议会已经被架空了十余年，但不代表它已经失去了活力。只要塞尔维亚还有民主，议会就会永远存在。塞尔维亚议会应该是卡拉乔尔杰·彼得罗维奇统治时期创建的。米洛什·奥布雷诺维奇有时候也会让议会做出重大决议或者解决塞尔维亚的困境。议会的作用就和之前的武装勇士集会一样。如果国王只是为了自己的政绩而想要开战的话，那么将由武装勇士集会来决定是否参战。不过，因为米洛什·奥布雷诺维奇会不定时召开会议，所以武装勇士集会也不再像以前一样具有决定性。在理论上，所有塞尔维亚人都能参加会议；可实际上，参加会议的基本都是追随国王的人。以前的议会内部秩序混乱，议员们不会进行辩论或是参考其他人的提议。如今的议会与以往最大的不同在于议员是由纳税人选举的，议会内部也井然有序。议员们都很赞成把现有的难题交给议会解决。

　　议会是有代表性的，而且它不管是对参议院还是对塞尔维亚国国王，都有些许排斥。重启议会后通过的第一项决议就是议会此后每年召开一次。除此之外，议会还严厉指责了亚历山大·卡拉乔尔杰维奇的外交政策，并且打算将他罢免。亚历山大·卡拉乔尔杰维奇自然不会答应，于是他就跑到了贝尔格莱德的奥斯曼要塞寻求庇护。如此一来，参议员们倒是欢呼雀跃，可他们有些得意忘形，不慎落入了圈套。议会在亚历山大·卡拉乔尔杰维奇离开的第二天便提议让米洛什·奥布雷诺维奇重回王位。参议院本来是

可以和亚历山大·卡拉乔尔杰维奇联手求助于军队的，可有些参议员早就
已经反水投靠了议会，因此参议院错过了这最后的机会。在当时的情况下
所有塞尔维亚人都可能重返战场，甚至是成为革命领袖。外国代表们不想
战争再度爆发，因此极力阻止这一切。亚历山大·卡拉乔尔杰维奇没有接
受军队的帮助，最终被议会罢免。而议会在召回米洛什·奥布雷诺维奇前
建立了临时政府。

　　亚历山大二世[1]一直不满亚历山大·卡拉乔尔杰维奇在克里米亚之战
中的表现，所以当他知道亚历山大·卡拉乔尔杰维奇被罢免的消息后，也
是十分开心。之前俄罗斯帝国推崇宪政，英国支持塞尔维亚专制，双方剑
拔弩张，如今两国终于在民主运动的问题上达成了一致，实在是可喜可贺。
法兰西第二帝国也赞同让米洛什·奥布雷诺维奇重新统治塞尔维亚，奥地
利只好跟风表示赞成。奥斯曼帝国则是因为米洛什·奥布雷诺维奇在苏丹
允许前拒绝了国王之位而更偏向米洛什·奥布雷诺维奇。不过，奥斯曼帝
国还是想掌控塞尔维亚内政。之前奥斯曼政府一直强调奥布雷诺维奇家族
不可世袭王位，但苏丹没有照做。可他在之后强迫亚历山大·卡拉乔尔杰
维奇推行另外一个法案时，又认可了奥斯曼政府的决定。由此可见，奥斯
曼政府还是把塞尔维亚国王当作是奥斯曼的一个职位，并且拥有相应的罢
免权。不过，1856 年的条约限制了奥斯曼政府在这方面的权力。直到现在
也没有哪个国家打算用暴力或战争来干涉塞尔维亚的内政，这让塞尔维亚
人很欣慰。亚历山大·卡拉乔尔杰维奇在 1858 年 1 月 3 日退位，但他并不
难过，只觉得如释重负。他为人极为和蔼，可在政绩上确实太过平庸。塞
尔维亚的农民都奉行民主主义，而他们觉得亚历山大·卡拉乔尔杰维奇已
经忘记了何为民主。如果想统治巴尔干地区，那么人格魅力是必须且最重

---

[1]　亚历山大二世（1818—1881 年），于 1855 年登基成为俄罗斯帝国沙皇。——编者注

要的一个条件。可惜，亚历山大·卡拉乔尔杰维奇并不具备这些品质。

米洛什·奥布雷诺维奇在1859年年初重回塞尔维亚国王之位，此时距他当年离开已经过了20年。百姓们对于他的回归也是鼓掌叫好，夹道欢迎。塞尔维亚人至今仍记得那一幕——奥地利派了一艘汽船渡过多瑙河接回了米洛什·奥布雷诺维奇。这无疑是提高了他的声望。米洛什·奥布雷诺维奇这样说道："我现在心里想的只有一件事，那就是让我的子民们安居乐业。我会像爱我的孩子们那样爱你们。我就是你们的新国王！"从这话不难发现米洛什·奥布雷诺维奇根本不在乎土耳其人是否会让他世袭王位。他毫不避讳地展现出了对奥斯曼帝国和奥地利的排斥之心，而这也不会影响到他在百姓心中的形象。不过理智之人也许会想米洛什·奥布雷诺维奇日后会不会也无视宪法？重返塞尔维亚后，米洛什·奥布雷诺维奇也从自己的经历中领悟到了很多，这是他和其他再登王位的君主最大的不同。他没有忘记当年是武切奇带着一群人逼他退位，也记得武切奇说除非石头浮到河面上，否则他永远不可能重返塞尔维亚。于是，米洛什·奥布雷诺维奇取消了议会，将一些反对者发配边疆，并且把武切奇下狱。而他昔日的政敌也莫名其妙地死在了监狱中，事后土耳其人本想对尸体进行检查，但他都拒绝了。由此我们也能得到一些答案。米洛什·奥布雷诺维奇所推行的政策依旧是专制主义，只不过他给这些政策加了些修饰用于瞒天过海。无论是哪个国家，只要他想干涉塞尔维亚内政，米洛什·奥布雷诺维奇都会无情地拒绝。而他在外交事务上的表现，一如既往，极为精明。奥地利帝国在1859年和法兰西第二帝国、撒丁王国交战，心思缜密的米洛什·奥布雷诺维奇在这件事上做得滴水不漏，使得塞尔维亚人根本无法借此报复奥地利帝国。他把握住和奥斯曼帝国谈判的机会保护了塞尔维亚的波斯尼亚反叛者，然后以他们为交换条件，让对方妥协。参议院根据米洛什·奥布雷诺维奇的指示把王位的继承制度变成了世袭制。这也是他对敌人的挑衅。奥斯曼政府自然是怒不可遏，不答应此事。可米洛什·奥布雷诺维奇对他们了如指掌，所以毫不妥协。他又在 1860 年 5 月 7 日派代表去君士坦丁堡和奥斯曼政府谈判。这一次他提出了两个要求：其一是让奥斯曼政府遵守 1830 年的条约规定，让现在生活在塞尔维亚境内的土耳其人迁居到边境；其二是承认米洛什·奥布雷诺维奇的世袭头衔。奥斯曼政府一如既往，先带着对方进入"初谈"的步骤。但米洛什·奥布雷诺维奇对此加以阻止。他之所以这么做，是因为想实现第二个要求必须要有一个假设做前提，那就是他已经得到了参议院的支持，那么他倒不如对此加以利用。他在 1860 年 8 月 22 日告诉参议院奥斯曼政府拒绝了他们的两个要求。塞尔维亚因此不再信任奥斯曼帝国了。参议院对于这一现象，倒是乐见其成，立刻表示这些政策都有法律效力。这个结果让已过耄耋之年的米洛什·奥布雷诺维奇深受打击，并且一病不起，最后撒手人寰。

米洛什·奥布雷诺维奇在位的最后时期，是一个时代的结束。他所带领的那个古老的父系社会，随着他的离去而被历史封存。米洛什·奥布雷诺维奇的确是一个有才能的人，即使踏入古稀之年，他还能保持着充沛的精力和自信，单就这一点也是常人所不能及的。由此可见，他也是一个独断专行的人。在他眼里，他就是法律。米洛什·奥布雷诺维奇是中世纪部落的首领，他一直和新时代斗争，也一直在为自己的目标而努力。有时候，屠杀是打开暴政之门的钥匙。如果要为其进行辩护的话，那么只能以革命为由了。米洛什·奥布雷诺维奇曾作为革命领袖，使革命取得了胜利，让人赞叹不已。而他在外交事务上和土耳其人旗鼓相当，但他像罗伯·罗伊·麦克格雷格 [1] 或者罗宾汉一样，无法管理文明之国。

---

[1] 罗伯·罗伊·麦克格雷格（1671—1734 年），他本是苏格兰的亡命之徒，在因缘巧合下成为百姓心中的英雄。——编者注

第十二章

米哈伊洛·奥布雷诺维奇时代（1860—1888 年）

在米洛什·奥布雷诺维奇去世后，其子米哈伊洛·奥布雷诺维奇继位，他不但有父亲的才华，而且还有亚历山大·卡拉乔尔杰维奇的优秀品质。米哈伊洛·奥布雷诺维奇在很多方面都与父亲极为相似，但他青出于蓝而胜于蓝。例如，米洛什·奥布雷诺维奇目不识丁，没有离开过巴尔干半岛，但是米哈伊洛·奥布雷诺维奇去过欧洲各国首都，学识渊博；米洛什·奥布雷诺维奇坚持推行专制主义制度，而米哈伊洛·奥布雷诺维奇知道治国必须要对个人集权加以约束；米洛什·奥布雷诺维奇不但没有成立新机构，而且还减弱了原有机构的职能和权限，但米哈伊洛·奥布雷诺维奇会建立文明政府，为塞尔维亚王国的发展夯实基础；地方治安官出身的米洛什·奥布雷诺维奇只会靠自己守护国家安稳，而米哈伊洛·奥布雷诺维奇会依法治国……米哈伊洛·奥布雷诺维奇虽然只在位 8 年，但他无疑是塞尔维亚人重获自由之后最伟大的一位国王。

米哈伊洛·奥布雷诺维奇的治国理念是"抓紧当下"。他将工作重心放在了建立高效率政府、发展塞尔维亚王国的外交、调解与奥斯曼政府的关系这三方面。在处理政务的日常中，他总是慧眼独具。他在政界上的第一个建树是解决了塞尔维亚王国的内部问题。他找到了一个准族长制群体，而这个群体是不利于国家安稳的。议会与参议院一直水火不容。米哈伊洛·奥布雷诺维奇之所以想先解决国内的问题，是因为他很了解塞尔维亚王国的政治弊端，也知道应该怎样处理。在他继位后发的第一个公告中便强调了"在塞尔维亚王国公国境内，法律的地位是神圣不可侵犯的"。而那些反对他的人不但没有被严刑拷打，而且还被放了出来，担任了更合适的职务，比如有才却冲动的伊利亚·卡拉沙宁成为总理。由此可见，米哈伊洛·奥布雷诺维奇很早便展示了他宽以待人和不拘一格用人才的性格。而且他在解决政治问题之前先重审了之前有失公允的案件。他曾在1861年发动议会，打算限制参议院和议会的权力，明确它们的职责。比如，议员之后只负责普通法院事务，不必听命于奥斯曼苏丹；将议会定为最高立法机构；参加议会选举的人必须是纳税人；每三年至少举行一次会议等。百姓们很反感独裁专制，可是对于米哈伊洛·奥布雷诺维奇为扩权而做的事却很赞赏。现在塞尔维亚王国终于有了政治实体，并且依靠法律形成了军事实体。在巴尔干半岛要想维护法律只能依赖于武力，所以它也极其重要。

塞尔维亚王国还在1861年成立了非正规军队，它现在的军事实力是黑山直到20世纪早期才拥有的。现在，战争已不可避免。以前，战争开始时，各部落应召而来，族长都带着自己的人马。如果有人不愿上战场，便留在军营中。不过，一旦国家真的遇到了危险，人们还是会为国而战。只是，如果自己的领地被攻击或者族长想私吞战利品的话，那么他们就不会和大部队一同作战。无论从哪一方面看，这种不正规的军队都是不可靠的。米哈伊洛·奥布雷诺维奇只好在国内招兵，然后把储备军和民兵聚集在一起，培养成正规军。随后他聘请了法兰西第二帝国的军官为参谋长，参照西方模式进行训练、管理和武装军队。于是塞尔维亚王国拥有了军校，培养出了10万正规军。另外，米哈伊洛·奥布雷诺维奇还规定百姓必须依法缴纳所得税。所得税数额不大，但纳税人较多，所以国家可以用这笔税收来扶持军队和其他发展计划。虽然很多国家都反对米哈伊洛·奥布雷诺维奇推行这一系列的改革政策，但他还是成功了。英国害怕塞尔维亚王国在拥有正规军后会和奥斯曼帝国开战，所以建议米哈伊洛·奥布雷诺维奇把军队人数降低到 1.2 万人，不过米哈伊洛·奥布雷诺维奇并没有接受这一建议。但这点倒是给奥地利帝国提了个醒，于是奥地利也不再反对塞尔维亚王国进行改革。一直敏感的苏丹自然不愿意让塞尔维亚王国完成改革。可无奈塞尔维亚王国有俄罗斯帝国和法兰西第二帝国的帮助，奥斯曼帝国根本无法阻止。塞尔维亚王国军队之前都是由农民组成的，根本没有正规化管理。但经过这一次改革，塞尔维亚王国不仅是军队，而且各个方面都有所改进，更接近现代化国家了。

米哈伊洛·奥布雷诺维奇从登基后就一直在想办法，小心翼翼地调和塞尔维亚王国与奥斯曼政府之间的关系。他本是根据 1859 年的法律成为王位继承人的，可是苏丹拒不承认。最终在议会的坚持下，苏丹虽然选择妥协，认可了米哈伊洛·奥布雷诺维奇，但依旧表示他的王位不可世袭。

米哈伊洛·奥布雷诺维奇再一次提到了 1861 年的堡垒事件，可当时英国政府在这件事上支持奥斯曼帝国，所以米哈伊洛·奥布雷诺维奇也没能得到一个结果。而后，贝尔格莱德爆发动乱。这给了米哈伊洛·奥布雷诺维奇一个借口，堡垒问题再一次被提上议程。可奥斯曼政府一直以一条似是而非的条款为由，霸占着贝尔格莱德的堡垒，以及其部分城镇。由于奥斯曼帝国所霸占的地区分界线模糊，而且伊斯兰教教徒还出现在了这些地区，因此塞尔维亚王国面临的挑战也越发严峻。两名土耳其人在 1862 年 6 月 15 日杀死了两名塞尔维亚人，而在押解他们去奥斯曼监狱的路上，土耳其警察又杀死了一名塞尔维亚王国警察。这一事件彻底激怒了塞尔维亚人。他们疯狂地抢劫土耳其市场。可当时米哈伊洛·奥布雷诺维奇并不在国内，于是总理伊利亚·卡拉沙宁只能和外国领事联手镇压了这场动乱。有一位帕夏在 1862 年 6 月 17 日在堡垒上架起了大炮，毫无预兆地向贝尔格莱德开火，炮声持续了整整 5 个小时。经过这一场闹剧后，塞尔维亚王国领导者们开始商讨应该怎样维持塞尔维亚王国的长期稳定。

现在回顾这一段历史，可以发现奥斯曼的大臣就像苦行僧一样疯狂，其影响力远大于其他外交官。米哈伊洛·奥布雷诺维奇在外交上最擅长左右逢源，却在 1861 年遭遇滑铁卢。如今他也只能出面指责现有的问题。君士坦丁堡就解决奥塞两国矛盾的问题召开了一次大会，欧洲各国都派人参加此次会议。会上，大家都认为应该按照《巴黎条约》第二十九条的规定，堡垒的问题由塞尔维亚王国决定。如此一来，奥斯曼帝国也无权再要求维持原样了。随后，米哈伊洛·奥布雷诺维奇又提议让奥斯曼帝国从塞尔维亚王国撤军。米哈伊洛·奥布雷诺维奇没指望奥斯曼帝国真的照他说的做，只是希望各国可以就此问题给出一个合适的解决方案。好在事情的发展也如他所愿。奥斯曼帝国终于让步，将霸占贝尔格莱德区域内的土耳其人关进了堡垒。不过还是派兵驻守在多瑙河的阿达卡勒岛、沙巴茨、费蒂斯拉姆、斯梅代雷沃和德里纳河的兹沃尔尼等地，而除了这些地区外的土耳其人将离开塞尔维亚王国，其所拥有的家产也会被变卖充公。除了这些要求外，奥斯曼帝国还答应拆掉阻止黑山与塞尔维亚王国往来的新帕扎尔桑贾克[1]的乌西茨堡垒和波斯尼亚边境的索科尔堡垒。米哈伊洛·奥布雷诺维奇自然是愉快地答应了这件事，而奥斯曼帝国这一次的让步不过是一个开始而已。米哈伊洛·奥布雷诺维奇还授意自己的妻子茱莉亚带着一个宣传官去伦敦引导舆论。理查德·科布登[2]也因此投身到塞尔维亚王国的事业中。

---

[1]　位于塞尔维亚王国西南部，它是奥斯曼帝国在 1865 年建立的二级行政单位。直到第一次巴尔干之战爆发前，这里都一直归奥斯曼帝国管辖。——编者注

[2]　理查德·科布登（1804—1865 年），英国政治家，奉行自由主义，曾两次参与英国的自由贸易运动。——编者注

大家都在小心谨慎地准备战斗，不敢有丝毫马虎。当时的外交调查报告表示，如果奥斯曼政府答应从塞尔维亚王国撤兵的话，那么英国外交部将大力支持。1862 年，奥地利担心奥斯曼撤军后，本国境内的塞尔维亚人会趁势造反，所以一直不同意奥斯曼撤军。不过，奥地利在 1866 年的普奥之战[1] 中成为普鲁士军队的手下败将。奥地利因此而明白要想避免国内的塞尔维亚人产生叛乱之心，就应该先安抚塞尔维亚王国。更何况当时的俄罗斯帝国和法兰西第二帝国都是站在塞尔维亚王国阵营中的，而奥斯曼帝国孤立无援。米哈伊洛·奥布雷诺维奇继续和奥斯曼政府斡旋，他充分利用了自己在外交方面的天赋，没有让奥斯曼政府难堪。而他最终还是完成了自己的目标。奥斯曼政府终于在 1867 年 3 月 3 日答应撤兵，不过要求在贝尔格莱德的城墙上必须挂着奥斯曼帝国和塞尔维亚王国的国旗。这个要求对于奥斯曼帝国至关重要，但对于塞尔维亚王国而言则无伤大雅，所以米哈伊洛·奥布雷诺维奇没有任何意见。

　　土耳其人终于在 1867 年 6 月离开了塞尔维亚王国。英国首相威廉·尤尔特·格莱斯顿对于此事的评价是："土耳其人离开塞尔维亚王国是唯一能消除他们罪行的方法。"堡垒外面的塞尔维亚人赢得了自由，但奥斯曼帝国在 50 年后才从塞尔维亚王国堡垒撤军。许多人都不明白奥斯曼帝国为什么要这样做。它总觉得只要发兵攻打塞尔维亚王国就能占得其部分领土。而想要塞尔维亚王国分崩离析的国家，除了奥斯曼帝国还有奥地利。至于英国，在奥斯曼撤军之事上则是敷衍地反对了几次，并不强势。由此可见，虽然奥斯曼帝国一直在找机会攻打塞尔维亚王国，但是英国也不打算将塞尔维亚王国扶植成一个强国。米哈伊洛·奥布雷诺维奇很会抓住英国人的

---

[1] 普奥之战于 1866 年爆发。普鲁士王国和奥地利帝国为争夺统一德意志领导权而战，以普鲁士王国的胜利而告终。——编者注

心思，并且引导其舆论走向。他拥有这方面能力的重要性不亚于他在君士坦丁堡会议上的谈判。而他就此事所做的设计，只怕是他父亲米洛什·奥布雷诺维奇也望尘莫及。因此，他在外交方面的建树也让人叹为观止。塞尔维亚王国在他的带领下走向了独立。至于那挂在贝尔格莱德城墙上的奥斯曼国旗，其实跟普通布条没什么区别。

与堡垒有关的各种协议看似毫无关系，但它们实际上都与塞尔维亚王国的外交政策息息相关。米洛什·奥布雷诺维奇算是塞尔维亚王国史上第一位真正推行外交策略的君主。因为在他之前的几任国王都一直致力于塞尔维亚王国国内事务，最多就是和奥斯曼政府斗智斗勇，完全没有想过和别的国家建交来往。米洛什·奥布雷诺维奇在处理政务方面秉承的都是"先思考再游说"的原则。他先后威胁过英国、俄罗斯帝国、法兰西第二帝国、奥地利帝国，说服过奥斯曼帝国。在此之前，这些国家一直对塞尔维亚王国的内政虎视眈眈，想以此增大其影响力。可在米洛什·奥布雷诺维奇上位后，塞尔维亚王国从沉睡中醒来，再也不是之前任人拿捏的弱小国家了。

爱德华·史密斯·斯坦利 [1] 在 1867 年研究过奥地利帝国之前为什么会那么担心奥斯曼帝国撤军，他给出的结论是随着塞尔维亚王国国力日益增长，匈牙利的塞尔维亚人会更加躁动。此外他还表示塞尔维亚王国所做的一切都是为了脱离奥斯曼帝国的掌控，重新成为独立的国家，它并不在乎流落在外的塞尔维亚人会怎么样。在当时的局势下，斯坦利说的这些话看似是合理的，但历史学家经常说外交官只图眼前利益也不是空穴来风，因为之后历史的走向告诉我们，斯坦利的想法并不正确。斯坦利如果能在了解近东地区的政局时顺便调查一下当地百姓的处境，那么他一定会改变自

---

[1] 爱德华·史密斯·斯坦利（1799—1869 年），英国政治家，曾经三次担任英国首相一职。——编者注

己的想法。塞尔维亚王国一直没有对其他国家虎视眈眈，所以欧洲各国也不太在意塞尔维亚王国的发展，直到塞尔维亚王国打算肃清国内的奥斯曼驻军时，各国才对其另眼相待。在 19 世纪中叶，出现了一股新势力，他们用现代化的方式揭开了南斯拉夫的问题。这股新势力正是进行独立研究或是在偏远学校学习的学生。南斯拉夫人本就同出一脉，有着相同的语言和历史，只是他们散居于各地，力量也就被分散了。而这些学生则是致力于让这些南斯拉夫人聚在一起，形成一个统一的民族。可是南斯拉夫的问题实在是太多了，如政治上的阻碍、地区局势的瞬息万变等。不过幸运的是，南斯拉夫现在已经没有文化阻碍了，这为之后的统一奠定了基础。

19 世纪初期，无论是对于南斯拉夫而言，还是对于塞尔维亚王国来说，发展文学和教育都是至关重要的。居住在奥地利南部的塞尔维亚人发起了第一次文化运动，这里本来就拥有适合文化生长的土壤。可令人不解的是，自从斯拉夫运动[1]爆发后，布达佩斯与维也纳就很排斥各类运动，但后来就是在这片土地上，出现了很多塞尔维亚人建造的印刷厂，而且布达佩斯还在 1826 年成为塞尔维亚王国第一个文学协会的中心；维也纳也成为领导塞尔维亚王国文学大革命的武克·卡拉季奇后半生的居所。这一场文学大革命不但间接引发了政治革命，而且也唤醒了塞尔维亚人的文学之魂。其实在中世纪，塞尔维亚王国、克罗地亚和达尔马提亚都出现过极具影响力的文学流派。可是因为南斯拉夫各民族之间一直是独立存在的，各地都有自己的语言和文字，比如克罗地亚人使用的就是拉丁文，所以南斯拉夫的文学发展一直没能处于领先水平。匈牙利南部的塞尔维亚人多西茨·奥勃拉多维奇为这场文学革命拉开了帷幕。他 1739 年出生于特梅斯瓦尔的巴纳特，

---

[1] 斯拉夫人在泛斯拉夫主义的影响下而开展的民族统一运动，唤醒了斯拉夫人的民族意识。——编者注

后来四处游学，他的足迹踏遍南斯拉夫的各个国家，也访问过许多欧洲国家。他以最浅显易懂的文字创作了很多作品，帮助南斯拉夫人去了解其他地区，因此极受南斯拉夫人的喜爱，而其中影响力最大的是他写的个人游记。他也曾受到卡拉乔尔杰·彼得罗维奇的邀请，任职于教育部，成为这个部门的第一位领导人。此举深深地影响了塞尔维亚王国，就连多西茨·奥勃拉多维奇本人也因此停下了流浪的脚步，留在了贝尔格莱德，在这里度过了余生。他在贝尔格莱德的工作重点就是着手推动文化教育的发展。在他的努力下，贝尔格莱德出现了 70 所小学和 1 所如今已升为大学的高中，影响了下一辈人。深受米哈伊洛·奥布雷诺维奇重用的瑞斯蒂奇就曾在这里求学。

多西茨·奥勃拉多维奇是自学成才的，武克·卡拉季奇也是如此。不过，武克·卡拉季奇出生于塞尔维亚王国家族，血统纯正，而且善于指挥。他接过并完成了多西茨·奥勃拉多维奇的教育事业，将方言推广开来。他当时主要是做两件事：一是创立新的文学语言，这也为之后统一南斯拉夫奠定了基础；二是收集整理民歌，并将其出版成册。武克·卡拉季奇在卡拉乔尔杰·彼得罗维奇退位之后也离开塞尔维亚王国去了维也纳，然后便一直定居于此。不过他还是没有放弃创立新语言的事业。当时的南斯拉夫作家基本都被俄语和别的语言所影响，这让武克·卡拉季奇下定决心要根据各地的通俗用语创建一门属于自己民族的语言，使本族人不必再受外族语影响。

为此，他尝试了很多方式。他和詹姆斯·麦克弗森[1]一样，走访了许多偏远地区，从当地的农民、路边的吟唱诗人口中收集民谣，不过他的想法更加现实。最终他根据研究自己收集来的民歌，以此为基础创立出了新

---

[1] 詹姆斯·麦克弗森（1736—1796 年），苏格兰人，知名政治家、作家，也是首位在国际上声名大噪的苏格兰诗人。——编者注

的语言体系，它包括了完整的语法、相应的辞典，直到现在塞尔维亚王国
也在使用这一语言。为了方便新语言的传播推广，武克·卡拉季奇还创建
了简化拼音。这套语言体系刚被推出来的时候也受到了许多阻碍，不过武
克·卡拉季奇并没有因此放弃。他以民歌为载体将新语言传播了出去。雅
各布·格林[1]与约翰·沃尔夫冈·冯·歌德在接触了塞尔维亚王国的民谣后，
对其也是赞不绝口，觉得它们与《荷马史诗》《圣经》一样，都是经典的作品。
当年的但丁以一部《神曲》让托斯卡纳语方言脱颖而出，而现在的武克·卡
拉季奇借助塞尔维亚王国民谣，让通俗语言在文学世界中占有一席之地，
并且依靠结合科学性和大众文学性完成了他的伟大事业。直到他去世前，
新语言的推广都一帆风顺，并且效果颇佳。在武克·卡拉季奇去世后，乔治·丹
尼希奇接过了他的事业。乔治·丹尼希奇是从斯洛文尼亚来的南斯拉夫人，
也是武克·卡拉季奇的学生，在语言学和词汇学方面颇有造诣。他的学生
斯托扬·诺瓦科维奇是塞尔维亚王国现代最伟大的学者和历史学家，斯托
扬·诺瓦科维奇也觉得自己能有如此成就，是武克·卡拉季奇的功劳。这
真是一件奇妙的事情。

　　武克·卡拉季奇对于南斯拉夫文学产生了极大的影响。他不但创造语
法、编纂词典，而且一直在发表相关文章，就连匈牙利的塞尔维亚人也参
与到了这次文学运动中。在文学运动的推动下，塞尔维亚王国于 1862 年在
佩斯特创立了首个文学协会。之后更是举办了各种大型活动，比如成立塞
尔维亚王国出版社、创立组织协会等。在这种情况下，塞尔维亚王国的教
育和文明发展迅速。匈牙利的塞尔维亚人也开始关注贝尔格莱德，那里也

---

[1]　雅各布·格林（1785—1863 年），德意志帝国著名神话学家、法学家、语言学家，
他和弟弟一起收集各种童话故事，并将这些故事写成了《格林童话》。此外，他还发现了格林
定律，创作了《德意志神话》一书。——编者注

就慢慢成为南斯拉夫的文化中心地区。而武克·卡拉季奇的能力远不止于此。就连克罗地亚也实行他的政策。

武克·卡拉季奇所创作的书籍在 19 世纪初期也一直影响着斯洛文尼亚和克罗地亚。人们都觉得克罗地亚是被非斯拉夫语所影响才会形成粗犷文风的。而现在随着国家的崛起，克罗地亚的文学天分也终于显露了出来。克罗地亚人从武克·卡拉季奇创造的语言中找到了最单纯的表达方式，并且将阿格拉姆[1]发展成了南斯拉夫文化的活动中心，直到现在也是如此。这也标志着南斯拉夫的文化在精神上实现了统一。不过要想让同出一脉又分散在各地的各民族完全融合，还是需要更多的时间和努力。但不管武克·卡拉季奇是在何处创造出了新的语言体系，他都是南斯拉夫文化统一事业的奠基人，同时他也为米哈伊洛·奥布雷诺维奇之后成立南斯拉夫联盟打下了基础。[2]

到了 19 世纪中叶，南斯拉夫各族形成了较强的道德观念和文学观念，也知道他们将来必定会统一，成为一个强大的整体。克罗地亚的研究人员和艺术家都在使用贝尔格莱德语言；匈牙利的塞尔维亚人在经过 1848 年的灾难后，也把目光放到了塞尔维亚王国身上。黑山和波斯尼亚的塞尔维亚人也开始关注自己的国籍问题。波斯尼亚和黑塞哥维那一直是被奥斯曼帝国和三大宗教分化最严重的地区，这里的百姓也是生活在水深火热之中。塞尔维亚王国境内享有封地的贵族皈依了伊斯兰教，借助奥斯曼帕夏和使臣的帮助不停压榨同族。躲在偏远山区的海杜克和盗匪伺机而动，想要引起动乱。当地的伊斯兰教教徒在 1831 年发动起义，抵制土耳其人；波斯尼

---

[1]　即如今的萨格勒布，位于克罗地亚共和国西北部，是其首都。——编者注

[2]　其实塞尔维亚王国和克罗地亚的文学有很多共同之处，只是因为克罗地亚一直使用的是拉丁文字，所以才成为南斯拉夫统一事业上的一大阻碍。——作者注

亚和黑塞哥维那的东正教教徒也先后在1853年、1857年和1861年发动起义。在这些起义运动的影响下，黑山和黑塞哥维那连成一线。黑山人因此可以及时帮助那些被土耳其人欺压的塞尔维亚人和基督教教徒了。

塞尔维亚人到目前都十分欣赏黑山人为自由而愿意牺牲一切的精神，但他们并不认为这种精神对于政治而言十分重要。卡拉乔尔杰·彼得罗维奇在1809年和黑山建交，只是之后双方没有在政治上取得相应的成就。黑山地处偏远，国内又缺乏有序的管理，根本无法帮助塞尔维亚王国发展。直到后来彼得二世掌权，黑山才成为现代化国家，得到了其他国家的关注。在奥地利人对抗马扎尔人的时候，彼得二世还派了1万士兵前去相助。虽然当时杰拉卡奇没有接受黑山的帮助，但这一事件还是告诉世人彼得二世对南斯拉夫人是有怜悯之情的，而且也确实能帮助到南斯拉夫人。除此之外，彼得二世还修建了第一个面向所有黑山人的印刷厂，印刷厂里会出版很多塞尔维亚王国的书籍。而这些书籍中最为重要的还是彼得二世的作品，毕竟他也是现代塞尔维亚王国最有名的一位诗人。由彼得二世所创作的《山上的花环》中就描述了黑山人的英勇无畏，记录了黑山人支援塞尔维亚人的事情。其实这些主题也经常能在彼得二世的其他作品中见到。之后所发生的各种事情都在无形间促进了黑山的发展。

接任彼得二世的达尼洛一世在1852年将王位的继承改为世袭制，并且进行了许多重大改革。他在改革中所针对的对象和使用的政策都和10年后的米哈伊洛·奥布雷诺维奇的改革不谋而合。他在1855年公布了《民法典》，让黑山人有法可依；消除了百姓心中的不满，并且剿灭了山匪；还训练身边的随从，让他们变成正规军。奥斯曼帝国向来不支持改革，面对达尼洛一世的改革也不例外。为了阻止这次改革，奥斯曼帝国在达尼洛一世上位之前对黑山发动了攻击。不过达尼洛一世借力打力，设计让奥地利帝国也参与战争之中，使得奥斯曼帝国只能休战。为了达到这个目的，达尼洛一世可谓费尽心血，他想方设法地阻止黑山人，让他们不要在克里米亚之战中攻打奥斯曼军队。但奥斯曼帝国并没有接受达尼洛一世的好意。后来黑塞哥维那的南斯拉夫人也发动了起义，黑山志愿军经常会给他们提供帮助。疯狂的黑山人便这样加入到了这场战斗之中，并且将其当作是一种消遣，事已至此，达尼洛一世也无回天之力。

因为达尼洛一世曾经尽力阻挡黑山人攻打土耳其人，所以奥斯曼帝国苏丹对于南斯拉夫人还是比较宽容的。可是，苏丹这一次又得到了之前克里米亚之战中的盟友的帮助，这让他在信心倍增之余也不免有些得意忘形，再加上达尼洛一世在 1856 年的巴黎会议上表示黑山将成为一个独立国家，于是苏丹就直接以平乱为由对黑山公国开战，想要挫挫它的锐气。他还表示黑山永远属于奥斯曼帝国。之后发生的事情告诉我们，这次奥斯曼帝国想错了。

奥斯曼帝国最终惨败而归，这让无数追求自由的人欢呼雀跃。也许很多历史学家也会被他们的这份喜悦感染。达尼洛一世求助于各个大国，可法兰西第二帝国与俄罗斯帝国调过来的护卫舰，根本无法在山林中作战。尼古拉一世从父亲米尔科·彼得罗维奇·涅戈什那里得到了启发，让黑山人采用前人为了对付奥斯曼军队和拜占庭军队而发明的、延续了 800 年的游戏来对抗现在的奥斯曼军队。奥斯曼军队在 1858 年 5 月 12 日于格拉沃霍的树林中被袭击，几乎全军覆没。后世称这场战争为"黑山马拉松"。但从某些方面来看，这只不过是黑山人向土耳其人发起的挑战之一罢了。"谁都无法战胜高山……残忍的异教徒在山中受挫，最终溃不成军。"奥斯曼军队这一次的落败，于黑山而言还有一个好处，那就是黑山得到了新的领地，也让世人知晓，黑山虽然只是个小国，但其实力不容小觑。可是在此之后，黑山再也没能以格拉沃霍的地形打败奥斯曼帝国。

达尼洛一世在 1860 年遇袭，不幸身亡。接替其王位的是他的兄弟尼古拉一世。尼古拉一世登基之后，无论是在政绩还是在其他方面都有不错的表现。尼古拉一世在 19 岁时便和黑山共同经历了一场危机。当时，格拉沃霍之战的胜利让"古塞尔维亚"和黑塞哥维那的南斯拉夫人得到了鼓舞，他们揭竿而起，以刀剑反抗土耳其人。奥斯曼的军队在 1862 年攻打黑山。当时黑山在米尔科·彼得罗维奇·涅戈什的带领下进行艰难的抵抗，无奈还是成为奥斯曼军队的手下败将，只能被迫签署了丧权辱国的条约。当时的英国在帕默斯顿子爵的领导下打算站在奥斯曼帝国这边，帮他继续欺压可怜的黑山公国，好在条约中的很多不平等规定并没有被实行。也是在这一年，米哈伊洛·奥布雷诺维奇进行了各种外交活动，黑山也是受益者之一。再加上阻碍黑山和塞尔维亚王国来往的乌西茨堡垒也被摧毁了，天平开始向黑山这边倾斜。

尼古拉一世在 1866 年得到了苏丹的允许，可以去攻打斯匹萨附近的尼瓦塞拉海岸地区。可是英国与法兰西第二帝国考虑到尼瓦塞拉海岸是归属于俄罗斯帝国的，所以并不同意这个计划。米哈伊洛·奥布雷诺维奇对于巴尔干事务有着极强的洞察力，他也很欣赏尼古拉一世的魄力和野心。所以他打算和尼古拉一世结盟，共同对付奥斯曼帝国，这也标志着塞尔维亚王国和黑山公国正式建交。

米哈伊洛·奥布雷诺维奇看待尼古拉一世就像巴尔干其他国家看待塞尔维亚王国一样。他和尼古拉一世结盟后，便着手扩大其改革涉及的范围。这时候，"古塞尔维亚"与黑塞哥维那也得到了尼古拉一世和米哈伊洛·奥布雷诺维奇的支持，那么这两个地区的起义运动对于奥斯曼帝国而言将不再是之前的小打小闹，而是一个巨大的危机。1866 年到 1867 年是欧洲最为关键的时期。奥斯曼帝国与奥地利帝国国力式微，前者被克里特岛的起义运动纠缠，后者只能在 1867 年求助于匈牙利。与此同时，俄罗斯帝国受到与英国、奥地利和法兰西第二帝国在 1856 年签订的《巴黎条约》的制衡。

这些大国都已经失去了往日的威严，对付它们也容易了许多。

　　米哈伊洛·奥布雷诺维奇在这个时候产生了一个大胆的想法——成立巴尔干联盟，消灭奥斯曼帝国。于是，他在 1867 年把奥斯曼驻军赶出了塞尔维亚王国，并因此得到了各个大国的支持。除此之外，他还和罗马尼亚的掌权者正式结盟，签订了协议。之前罗马尼亚一直和希腊走得比较近，而且两国也没有被任何条约所束缚。在此期间，塞尔维亚王国还特地派出使者去往巴尔干半岛各地、匈牙利南部，甚至是保加利亚，进行一些秘密活动。他们会帮助当地被欺压的百姓，并且为其提供资金和教育。米哈伊洛·奥布雷诺维奇之所以这么做，就是因为想让塞尔维亚王国和保加利亚融合，成为一个统一的国家。他早就猜到保加利亚会爆发起义运动，而且其首领将还会和波斯尼亚、"古塞尔维亚"的起义者联合作战，黑山、塞尔维亚王国、罗马尼亚和希腊四国也会鼎力相助。在米哈伊洛·奥布雷诺维奇的计划中，巴尔干联盟应该会在 1911 年形成。而这件事引起的轰动将不逊于奥斯曼帝国的覆灭或者是其他强国发生的大事。

　　我们无法估算米哈伊洛·奥布雷诺维奇的计划实行的程度，也不知道他将要面对怎样的挑战，但有一种说法是米哈伊洛·奥布雷诺维奇真正想成立的是南斯拉夫联盟，但这种说法的主观性太强了。尼古拉一世和米哈伊洛·奥布雷诺维奇确实是想让斯拉夫人摆脱土耳其人的魔爪。可我们不能就此断定说米哈伊洛·奥布雷诺维奇是想建立起现代化的南斯拉夫联盟。不过，去科苏特的塞尔维亚王国代表团倒是有过这种想法。在他们看来，南斯拉夫就是被多个政府所掌控的国家，虽然大家的政体和语言有所不同，但其本质还是一个统一体。只是米哈伊洛·奥布雷诺维奇目前最为关心的还是塞尔维亚王国能从这些起义中得到什么样的好处，至于建立现代化的南斯拉夫联盟这种事情暂时不在他的考虑范围内。我们现在唯一能确定的就是米哈伊洛·奥布雷诺维奇想让被奥斯曼帝国所压迫的巴尔干国家联合在一起成为联盟，共同抗衡奥斯曼帝国。

可惜，米哈伊洛·奥布雷诺维奇没能完成自己的宏图大业。对此，很多人都说是因为米哈伊洛·奥布雷诺维奇死于非命，实属意外，但也有人说是因为他没能把握住行动的最佳时机。奥地利帝国在1866年已是穷途末路，随后1867年奥地利和匈牙利达成了《奥匈协定》。而那个时候的匈牙利本就想和南部地区及克罗地亚的塞尔维亚人和解。于是，奥匈帝国日益壮大。此时，俄罗斯帝国也渐渐调整好了状态，实力也恢复如初。但是，米哈伊洛·奥布雷诺维奇还没有真正统治希腊。因此，对于他来说，要攻打奥斯曼帝国只能是在1866年或者是1867年，选择1866年是因为当时其他国家都自顾不暇；选择1867年则是因为奥斯曼帝国内部可能爆发起义运动，塞尔维亚王国可以趁机联合巴尔干地区的所有国家。

然而当时的各种迹象显示米哈伊洛·奥布雷诺维奇并不打算在这个时候冒险出击，而且他在1867年赶走了奥斯曼帝国所有驻军也让他满足于现状。不过，他一定要撤了伊利亚·卡拉沙宁的总理之职，即使伊利亚·卡拉沙宁满腹才华，表现极佳。他之所以这么坚持，是因为他觉得伊利亚·卡拉沙宁想要推行的"大塞尔维亚王国"计划会使塞尔维亚王国面临巨大的危机。为了防止这一现象的发生，米哈伊洛·奥布雷诺维奇只好设计让各地都爆发动乱。1867年秋，大英帝国、法兰西第二帝国以及奥匈帝国统治者告诫米哈伊洛·奥布雷诺维奇其行为可能引发严重后果，并规劝他停止正在进行的军事行动。

俄罗斯帝国在1868年初提醒米哈伊洛·奥布雷诺维奇要加强塞尔维亚王国的武装设备，让国家进入备战状态，静候实现其宏图伟业的良机。其他国家不可能提出这种建议。而这让米哈伊洛·奥布雷诺维奇将目光从外交事务转移回了国内事务上。他之前也在想要不要增大公民的自由权限，以此来维持政权稳固。可这样一位天才统治者还是被一次不可思议的意外夺去了生命。米哈伊洛·奥布雷诺维奇在 1868 年 6 月 10 日在与贝尔格莱德的托普奇德闲逛时遇到了 3 名刺客，不幸被刺杀。直到现在人们也不知道刺杀活动是谁策划主持的。民间有传闻称这是米哈伊洛·奥布雷诺维奇的政敌安排的，也有说是亚历山大·卡拉乔尔杰维奇在操纵这一切。赞同后一个说法的人更多。也就是在这一时期，13 名从犯被执行了枪决。那时候流传着一个说法——这场刺杀行动幕后黑手是奥地利的间谍，亚历山大·卡拉乔尔杰维奇不过是他们的牵线木偶罢了。而奥地利法院之前确实做出过几次遗臭万年的审判；奥地利的外交官也一直想设计抹黑塞尔维亚王国。而且，米哈伊洛·奥布雷诺维奇的死亡对于奥地利而言，的确是一个天大的好消息。阴谋家打算在奥地利实行自己的计划，并且还为自己找好退路。可是，塞尔维亚王国没有确凿的证据可以证明是谁安排刺客杀死了米哈伊洛·奥布雷诺维奇，因此案件也无法推进。米哈伊洛·奥布雷诺维奇的死亡向世人揭露了巴尔干地区与生俱来的残暴，也让塞尔维亚王国损失惨重。米哈伊洛·奥布雷诺维奇自继位之后发展教育事业、推动文化产业、提高塞尔维亚人的地位、成立正规军队、让塞尔维亚人脱离了奥斯曼帝国的魔爪、帮助流浪在外的同胞、为塞尔维亚王国带来了自由的曙光……他的种种表现都远胜于塞尔维亚王国之前的每一任统治者。塞尔维亚王国也是在他的带领下进入了一个全盛时期。

第十三章

《柏林条约》及奥匈帝国的阴霾

　　如果说设计刺杀行动的人是想扶持卡拉乔尔杰·彼得罗维奇重新上位的话，那么塞尔维亚临时政府在米哈伊洛·奥布雷诺维奇驾崩后的一系列表现则是彻底粉碎了那些人的计划。临时政府举行了议会，让奥布雷诺维奇家族的最后一名男性，米哈伊洛·奥布雷诺维奇的侄子——只有13岁的米兰·奥布雷诺维奇继位。然后临时政府挑选了3名辅政大臣，让他们在瑞斯蒂奇的带领下组成摄政团。辅政大臣每三年一换，如果有特殊情况则酌情处理。

　　摄政团成立之后便立刻继续执行米哈伊洛·奥布雷诺维奇的政策，改革了宪法。这时候，塞尔维亚王国的处境与希腊王国差不多。塞尔维亚本就奉行民主，所以国家无法设立上议院，因此公民们也都是平等的。而且塞尔维亚还规定，能够参选之人必须年满30周岁，而且拥有一定的财产。在议会的120名议员中，只有30人能得到提名，而之前的规定依旧能约束剩下的90人。对于议会而言，参政权和立法权的范围是成反比的。从理论上来说，行政部门是负责议会的，但在实际情况中，议会已经没有立法权了。不过塞尔维亚的宪法并没有其条文之中的那种开明。这在巴尔干地区屡见不鲜。宪法强调了政府的审判自由，可出版社和公民依旧被行政机构监督。

如果法律真的有万人之上的地位，那么它就不会成为律师手中的刀。议会规定国家公务人员和律师都不能出席议会。塞尔维亚95%的人都是从事农业和工业的，如果再让律师和受过教育的精英都出席议会的话，那么议会厅将会人满为患。不过，知识分子们早就在30个被提名的候选人中选出了他们的代表。[1]

1869年的宪法看似民主，可实际上并非如此。议会的议员的确是通过选举产生的，但是议会并没有太大的权力。在行政权和司法权分开后，内阁便不能插手议会，再加上行政部门一家独大，十分不利于发展责任内阁制。在内阁、行政、立法相分离的状态下，想要解决一些问题就只能依靠宪法。瑞斯蒂奇觉得自己是"自由主义者"，而且表示很排斥"激进分子"与"进步人士"。每个"自由主义者"都主张让塞尔维亚学习普鲁士王国与法兰西第三共和国，推行中央集权制。所以我们应该称呼他们为"高效"派。而"激进分子"主张的则是学习瑞士实行联邦制，扶持地方政府，实现"大塞尔维亚"的计划。这些党派各有各的理想，而且互相水火不容，这才让"自由主义"宪法有了立足之地。

米兰·奥布雷诺维奇在1872年度过了他18周岁的生日，可以开始处理政务了，不过瑞斯蒂奇依旧是他的辅政大臣首领。巴尔干地区有一个特点，那就是统治者的性格决定了政府的失败和成功。有些党派支持尼古拉一世，便想要米兰·奥布雷诺维奇下台。如果他们真的得偿所愿的话，那么黑山和塞尔维亚的历史都将会发生改变。野心勃勃的尼古拉一世也三番五次和欧洲外交官表示过，他有鸿鹄之志，绝不满足于黑山这样一个小国。如果他真的控制塞尔维亚的话，那么他也许能大展拳脚，带领塞尔维亚进入一

---

[1] 塞尔维亚成立了大议会，其议员人数为480人，将负责决议国家的重大事件。——作者注

个新阶段。而且两位塞尔维亚统治者的矛盾也曾多次伤害黑山和塞尔维亚的利益。米兰·奥布雷诺维奇的实力远不及尼古拉一世。他没有先人庇护，其父母多被世人指责，而他本人也没有在一个良好环境中得到应有的教育。无论是在巴黎还是在贝尔格莱德，他都是孤身一人，没有人可以依靠。因此，他纵情声色，于纸醉金迷间虚度年华。米兰·奥布雷诺维奇在政治上颇有才华，这本来是可以掩盖他的性格缺点的，可他永远将自己的利益放在国家利益之前，这很难得到百姓们的青睐和信任。他儿子之后的经历也和他如出一辙。对于塞尔维亚人而言，一个人如果有爱国之心，那么人们可以原谅他的很多过失；相反地，一个人如果只在乎自身利益的话，那就与犯罪无异，无论这个人是高高在上的领导者还是平平凡凡的普通人。而且，如果国王是后者的话，那么等待他的结局不是被废黜就是被刺杀。米兰·奥布雷诺维奇与亚历山大·奥布雷诺维奇便是如此。他们虽然可怜，但就是因为他们的自私，塞尔维亚王国才会经历更多的磨难。

命运曾经是优待米兰·奥布雷诺维奇的。那时候，每个塞尔维亚人都觉得他们即将进入近东地区的盛世之巅。年长者也常常说道："现在的孩子真的是太幸运了，等待他们的将是一个繁荣昌盛的时代。"说话语气间还有着几分羡慕之意。伏尔泰在1789年前也是这样羡慕着年轻人。米兰·奥布雷诺维奇当时风华正茂，人们都相信他一定会为塞尔维亚王国铸就一个盛世。俄罗斯帝国之前让米哈伊洛·奥布雷诺维奇静候最佳时机，可最终等到这个机会的却是米兰·奥布雷诺维奇。1875年，黑塞哥维那又一次发生了起义运动；"古塞尔维亚"打起了贝尔格莱德的主意，黑山人也跨过边界。可就在这时候，情况又发生了变化。俄罗斯帝国在加紧军队训练，打算收复保加利亚，帮助它东山再起，重新吸引世人的目光。保加利亚人又在塞尔维亚王国的影响下大力发展教育事业，与此同时他们也逐渐产生了民族意识。在这种情况下，保加利亚在1872年已经极具实力，并且得到了奥斯曼政府的同意，建立起了可以和君士坦丁堡的希腊宗主教区相抗衡的东正教主教区。不管保加利亚的政府还是人民，都会受到主教区的管理并且在此接受教育。由此可见，保加利亚主教区和塞尔维亚王国主教区的不同在于，它并非是在特定区域内的政治共同体，而是政治区域的语言共同体。自保加利亚主教区建成后，这里就成了宣传和秘密筹划的中心基地，对整个近东地区产生了重大影响。土耳其人也借此分化了基督教教徒。虽然希腊人和保加利亚人因为这一主教区而划分出楚河汉界，但南斯拉夫各民族却因此得到了短暂的统一，加快了 1877 年到 1878 年的俄土之战的落幕。

而以上提到的这些情况不过是大战[1]开始之前的小插曲而已。历史系的学生对于保加利亚和黑塞哥维那的历史应当很是熟悉了，所以我在此也不作赘述了。斯拉夫民族为了摆脱土耳其人的统治发起了许多运动，很多人也因此惨死在土耳其人刀下。奥斯曼帝国虚情假意地表示会在国内进行改革，推行仁政。一直反对奥斯曼帝国的几个国家，紧接着便进行了会谈，决定代表那些正处于水深火热中的人民向奥斯曼帝国宣战。

奥斯曼帝国在 1876 年连续换了两届苏丹[2]，最终坐稳了皇位的是精明蛮横的暴君阿卜杜勒 - 哈米德二世[3]。此人虽然颇有才能，但生性冲动，做事野蛮。黑山和塞尔维亚王国在 1876 年 7 月同奥斯曼帝国宣战，它们各有各的目的，也各有各的结局。尼古拉一世以破竹之势攻向莫斯塔尔，把奥斯曼军队驱逐出了泽塔河谷。节节败退的奥斯曼帝国只能答应尼古拉一世签订对黑山有利的停战条约。至于塞尔维亚王国这边，虽然米兰·奥布雷

---

[1] 即 1878 年的俄土之战。——编者注

[2] 即阿卜杜勒 - 阿齐兹一世和穆拉德五世，前者在 1876 年 5 月 30 日退位，后者在 1876 年 8 月 31 日退位。——编者注

[3] 阿卜杜勒 - 哈米德二世（1842—1918 年），于 1876 年登基成为奥斯曼帝国苏丹，1909 年退位。——编者注

诺维奇有俄罗斯帝国将军相助，但他还是优柔寡断，畏首畏尾，最终导致塞尔维亚王国连连战败，只好向俄罗斯帝国求助。米兰·奥布雷诺维奇把仅剩的兵力都派去了南部和西部，好像没有任何要与黑山结盟的想法。军队想和保加利亚起义军合作，可是后者根本无法帮助到他们。奥斯曼军队也正在往摩拉瓦前行，领军者正是名垂青史的"常胜将军奥斯曼·努里"。俄罗斯帝国这回派出的人马只有奥斯曼军队的一半，所以他们只能防守。塞尔维亚王国军队被打得溃不成军，亚历克斯奈茨被攻占，国王米兰·奥布雷诺维奇却在接受着敬礼，但塞尔维亚人对此早就习以为常了。塞尔维亚王国军队在 1876 年 10 月 29 日的克鲁舍瓦茨之战中差点儿全军覆没；奥斯曼帝国也因此占据了通往贝尔格莱德的军事要道。凭借奥斯曼军队的实力，塞尔维亚人根本守不住贝尔格莱德。好在最后俄罗斯帝国出手相助，塞尔维亚王国才躲过一劫。这也是俄罗斯帝国第二次拯救了塞尔维亚王国。俄罗斯帝国使臣在 1876 年 10 月 31 日告诉奥斯曼苏丹让他们在两天之内和塞尔维亚王国签订停战条约。阿卜杜勒－哈米德二世这一次终于学会了以退为进，答应向塞尔维亚王国做出让步。而双方签订的休战两个月的协议也被无限延长，最后成为和平条约[1]。因为条约中规定了两国都需要保持原状，所以米兰·奥布雷诺维奇这一次只损失了一些兵将。

各国在 1876 年冬季齐聚君士坦丁堡召开了一次会议。阿卜杜勒－哈米德二世故意制定了各种匪夷所思的策略来博得其他国家的关注。然而他的这一做法给奥斯曼帝国引来了灭顶之灾，因为他的对手后来都在模仿这些策略。我们回到这次会议，阿卜杜勒－哈米德二世毫无预兆地宣布奥斯曼帝国今后将成为君主立宪制国家，这引发了欧洲各国的讨论。有人认为阿卜杜勒－哈米德二世这位自由主义革新者眼光独到，料事如神。阿卜杜勒－

---

[1] 也就是奥俄两国在克里米亚之战后签署的《圣斯特法诺和约》。——编者注

哈米德二世在立法体系内建立了两大议院，可惜希腊和塞尔维亚王国[1]并没有将这些放在心上。而其他国家的外交官也很快就做出了反应，无论是之前出席了君士坦丁堡会议的国家，还是了解奥斯曼帝国如果进行改革将面临哪些问题的罗伯特·盖斯科因·塞西尔[2]，都没有理会阿卜杜勒-哈米德二世。俄罗斯帝国在1877年与罗马尼亚联手，于4月对奥斯曼帝国发起了攻击。而另一边，一向极为关注俄罗斯帝国动态的黑山公国也决定向奥斯曼帝国开战。尼古拉一世延续着自己在战场上的荣耀，不但把奥斯曼军队驱逐出境，而且还攻下了黑塞哥维那的一些地区，一路打到了斯匹萨海。见到这一望无际的汪洋后，心满意足的尼古拉一世写下了一首诗，然后步入了人生的新阶段[3]。塞尔维亚人本来是想和奥斯曼帝国抗争到底，但是接二连三的失败让他们开始怀疑自我。这就导致了他们在全军覆没前一直谨小慎微，没有任何行动。

1877年12月10日，曾经满身军功的奥斯曼帕夏在普列文[4]放弃抵抗。米兰·奥布雷诺维奇觉得这时已万事俱备，是和奥斯曼帝国开战的最佳时机。虽然当时塞尔维亚军队人数不足5万，但是俄罗斯帝国的大获全胜和保加利亚的起义运动让奥斯曼帝国措手不及，国内也陷入了一片混乱，局面还是有利于塞尔维亚王国的。塞尔维亚王国的将军们反思了之前的战败原因并做出了总结，并以此战胜了奥斯曼帝国在巴尔干地区的左翼部队，还和黑山在新帕扎尔桑贾克结盟了。除此之外，塞尔维亚王国军队还在保加利

---

[1] 这里说的是两国境内抵制奥斯曼帝国霸权的民主人士。——编者注

[2] 罗伯特·盖斯科因·塞西尔（1830—1903年），英国第三代索尔兹伯里侯爵，曾三次担任首相一职。——编者注

[3] 此战之后，尼古拉一世便卸下铠甲，专心享受生活，不再上战场。——编者注

[4] 普列文是奥斯曼帝国的军事要点。奥俄两国开战后曾在这里进行了著名的普列文之战，最后是俄罗斯帝国大获全胜。——编者注

亚边界皮罗特战胜了奥斯曼军队；而米兰·奥布雷诺维奇亲率另一支军队攻入了极具战略意义的古城尼什。塞尔维亚王国军队又在弗拉尼亚连胜三场，成功挺进了科索沃平原。曾经在这里发生过的事情、在这里流传的歌谣都是塞尔维亚人心中最美好、最珍贵的回忆。在经过了 500 年的沉默后，塞尔维亚人终于崛起并且为自己夺回了自由。他们高声赞颂着克尼兹拉扎尔，似乎就要重现塞尔维亚王国往昔的辉煌。

俄罗斯帝国取得了胜利，奥斯曼帝国失去了阿德里安堡，他们只能求救于马莫拉海域的英国舰队。如果不是英国舰队插手的话，那么俄罗斯帝国和它的盟友们能收获的战果远不止于此。最终，奥俄两国在 1878 年 3 月 3 日签署了《圣斯特法诺和约》。这个条约的签署代表巴尔干半岛的斯拉夫民族完成了他们的理想。塞尔维亚王国将收回尼什和其他地区，黑山则是在计划将与塞尔维亚王国接壤的安蒂瓦利和斯匹萨海岸收入囊中。不过，俄罗斯帝国之所以做这些事情，是因为它打算成立"大保加利亚公国"，让巴尔干地区为其所用。也就是说，他想要的是奥斯曼帝国在 1913 年送给巴尔干联盟的重要地区。保加利亚大公国在当时的版图已经快和近代版图相重叠，包括马其顿王国和塞尔维亚王国，希腊的部分地区 [1] 也归它所有。

保加利亚人的全部需求在"大保加利亚公国"计划中得到了满足。保加利亚每所学校的教室里都挂着一张地图，其边界是由《圣斯特法诺和约》规定的。由此可见，这个计划对于保加利亚有多重要。民间有一种说法——保加利亚人想成立的是一个单纯的南斯拉夫国家，这也是有依据的。《圣斯特法诺和约》本来没有答应希腊提出的将马其顿一部分地区和爱琴海周

---

[1]　弗拉尼亚的保加利亚语区（最终归塞尔维亚所有）、皮洛特、卡斯托里亚、奥赫里德湖、卡瓦拉、处于克桑西和古穆吉纳间的博鲁湖、从萨洛尼卡到西狄克半岛、从科瑞查到叶尼杰瓦尔达和巴尔达河口、从卡拉山和沙尔山到奥赫里德湖北边的黑德林河，都是"大保加利亚公国"的领土。——作者注

边一带划给希腊的要求，因为奥斯曼帝国一直想霸占英国和奥匈帝国的一些地区，不让俄罗斯帝国称心如意。可是在 1913 年的分配[1] 中，希腊还是得到了一个让其满意的结果。而对于奥斯曼帝国提出的要求，是《柏林条约》[2] 解决的。此条约不但让奥斯曼帝国得到了之前失去的一些地区，而且还把波斯尼亚和黑塞哥维那划分给了奥匈帝国。奥托·冯·俾斯麦是《柏林条约》的公证人，可他看起来像是站在奥匈帝国那边的。

直到现在大家都会关注《柏林条约》对塞尔维亚王国产生重大影响的细节条款。自这一条约生效后，保加利亚大公国的国土面积锐减，最后变成了一个拥有自治权的附属国。但俄罗斯帝国并没有放弃已经奄奄一息的塞尔维亚王国和保加利亚。在俄罗斯帝国当差的塞尔维亚王国代表被要求去奥匈帝国服务。而我们能在《柏林条约》中看到这件事产生的影响。奥匈帝国得到了波斯尼亚和黑塞哥维那，不过它并没有否认奥斯曼苏丹在这些地区所拥有的权利。塞尔维亚人居然因此认为这些地区不过是暂时被奥匈帝国所接管，甚至觉得欣慰，这实在是让人费解。或许塞尔维亚人觉得，波斯尼亚的塞尔维亚人会在奥斯曼帝国穷途末路之时与东部和南部的同族统一起来。黑山的独立也得到了《柏林条约》的认可，还因此拥有了更多的领土。黑山虽然失去了斯匹萨，但是安蒂瓦利和杜尔奇尼奥都给予了黑山人特权，让他们可以随意进出海岸。大家都知道尼古拉一世对于失去领地一事耿耿于怀，可如果他不按照条约行事的话，驻扎在亚得里亚海的士兵就会切断科托尔湾港口，那么这里的形势将发生翻天覆地的变化。除了黑山外，塞尔维亚王国也在这份条约中得到了很多好处。例如，条约也认

---

[1]　即 1913 年第一次巴尔干之战结束，欧洲各国家重新瓜分了奥斯曼帝国在巴尔干地区的领土。——编者注

[2]　在 1878 年的柏林会议上，奥斯曼帝国和俄罗斯帝国、英国、法兰西第三共和国、德意志帝国、意大利、奥匈帝国修改了《圣斯特法诺和约》后形成了《柏林条约》。——编者注

可了塞尔维亚王国的独立地位，给予其诸多东南部的领地。塞尔维亚王国以前的领土是自亚历克斯奈茨往东西两边延伸的。在拥有了新的领地后，塞尔维亚王国包括尼什在内的领土形状就变成了一个不规则的三角形——东到皮罗特，南至弗拉尼亚，然后从此处到位于乌西茨西南部二十英里的波斯尼亚。尼什这一重要城市也在该区域内。

不过，塞尔维亚王国并没有因为得到了这些领地而沾沾自喜，停滞不前，其目标始终都是维丁、马其顿、新帕扎尔桑贾克、科索沃地区和全部的"古塞尔维亚"领土。塞尔维亚王国也曾向俄罗斯帝国说明其意图，不过自然没有得到同意。除此之外，塞尔维亚王国还要求在新帕扎尔和"古塞尔维亚"的塞尔维亚语区得到更多的权力，这倒是在情理之中。在被划分给塞尔维亚王国的皮罗特境内，很多人说的都是保加利亚语；但是在保加利亚境内很多村子说的则是塞尔维亚语。由此可见，各国之所以不答应将"古塞尔维亚"划分给塞尔维亚王国，肯定是与奥匈帝国有关。随着塞尔维亚王国的实力日益增强，匈牙利南部的斯拉夫人和波斯尼亚的南斯拉夫人都深受其影响，哈布斯堡王朝对此甚为惊讶。可惜当时参加会议的外交官对于这些饱受争议地区的历史和环境都比较陌生，于是他们便成为奥匈帝国谋求私利的一颗颗棋子。奥匈帝国在久洛·安德拉希伯爵[1]的谋划下决定调整策略，将拉拢目标换成了反南斯拉夫或者是反塞尔维亚王国的国家。久洛·安德拉希伯爵这么做自然是想分化南斯拉夫民族。

《圣斯特法诺和约》之前把塞尔维亚王国和黑山的分界线定在了与新帕扎尔桑贾克相邻的地区；《柏林条约》调整了分界线，将新帕扎尔桑贾克划分给了奥匈帝国。这里本就在黑山的塔拉河上游，横跨利姆河。这样

---

[1] 久洛·安德拉希伯爵（1823—1890 年），于 1867 年担任匈牙利总理一职。他在 1871 年卸任后又成为奥匈帝国的外交大臣，直到 1879 年。——编者注

一来，塞尔维亚王国去往黑山和海洋的道路都被奥斯曼帝国和奥匈帝国占领了，塞尔维亚王国也不能再继续海上出口贸易，这对于其经济而言是一个重大的打击。此外，奥匈帝国还加强了新帕扎尔的防御体系，让黑山和塞尔维亚王国不能进行任何战略合作，这对于塞尔维亚王国的军事又是一大打击。奥匈帝国将桑贾克变成了它的桥头堡，并且借此与奥斯曼帝国建立了往来。这里有一个大型港口，不但可以让奥匈帝国与萨洛尼卡进行商业往来，而且之后也给"德意志东进活动"打开了大门。

久洛·安德拉希的谋划成功了，他不过是动动笔，就让俄罗斯帝国消耗了诸多人力、物力。俄罗斯帝国先是背叛了盟国罗马尼亚，侵占其土地；然后把国土面积锐减的保加利亚变成了自治公国；最后还牺牲了塞尔维亚王国的利益。奥匈帝国则是不费吹灰之力就得到了两个大省，占据了塞尔维亚王国的"古塞尔维亚"地区和黑山的斯匹萨。同时还干涉了塞尔维亚王国的两个地区的分割。对于俄罗斯帝国来说，《柏林条约》让塞尔维亚王国和罗马尼亚站在了一起；对于奥斯曼帝国来说，《柏林条约》虽然没有让它得到奥匈帝国那么多的利益，但也是收获颇丰。在俄土之战中胜利的是俄罗斯帝国；而在《柏林条约》中胜利的则是奥匈帝国。

英国目前站在奥斯曼帝国一边，自然也就和俄罗斯帝国站在了对立面。英国首相威廉·尤尔特·格莱斯顿在政治上虽然不能料事如神，但他已经预测到了巴尔干地区在得到自由之后会发生什么。他表示道："大家会反对所有不利于俄罗斯帝国开疆拓土的行动。因为自由主义者是大公无私的。谁也不能阻止俄罗斯帝国发展！"不管是英国最出色的使臣威廉·怀特爵士下的结论，还是奥托·冯·俾斯麦发表的看法，抑或是下一代人的经历都证明了威廉·尤尔特·格莱斯顿所言非虚。当自由降临巴尔干地区后，人们开始有了民族自觉意识。被俄罗斯帝国抛弃的塞尔维亚王国和巴尔干各国联盟了；当年被俄罗斯帝国扶持起来的保加利亚大公国则和它们划清了界限。俄罗斯帝国为得到奥斯曼帝国所做的一切努力都与英国答应支持改革的诺言一起化为泡影。所以，现在的奥斯曼帝国对于英国，就如当初的保加利亚大公国对于俄罗斯帝国那样感恩戴德。

奥匈帝国在 1878 年打算攻占波斯尼亚和黑塞哥维那，不过它以帮助这两地加强管理为由掩饰自己的野心。欧洲所有国家都觉得奥斯曼帝国应该主动放弃这两个地区。毕竟攻占这两地需要付出极大的代价，而且就目前各国的实力而言，任谁占据了这两地都很难维持之后的统治。所以控制波斯尼亚和黑塞哥维那的最佳选择还是奥匈帝国。英国和奥匈帝国本来想阻止俄罗斯帝国保护波斯尼亚。或许国际行政组织能为波斯尼亚提供保护，可按照之前的种种经验来看，除奥匈帝国外，没有哪个政府可以承担这两个地区的开支和管理。不过，就算奥匈帝国的各方面都领先于奥斯曼帝国，但信奉东正教的南斯拉夫人与信奉伊斯兰教的教徒从来都没有认可过奥匈帝国。

而奥匈帝国在为对付塞尔维亚王国与黑山而制定策略时，似乎并没有考虑过防守这一方面。俄罗斯帝国的亚历山大·戈尔恰科夫[1] 也曾经给过瑞斯蒂奇一个提议，让他去奥匈帝国谋一个好职位。而塞尔维亚王国在各方面的压力下只能选择放弃黑山公国，归顺奥匈帝国。如此一来，塞尔维亚王国三面都是奥匈帝国的领土了。奥匈帝国还以关税会影响塞尔维亚王国的生猪贸易为由，关闭了塞尔维亚王国的很多港口。爱国的瑞斯蒂奇在 1880 年和奥匈帝国谈判时，一直表示奥匈帝国不应该干涉塞尔维亚王国的经济发展。他的这种行为自然惹怒了奥匈帝国。此时，米兰·奥布雷诺维奇充分发挥了他的才能，直接开除了一个反对奥匈帝国的大臣。新官上任后，

---

[1] 亚历山大·戈尔恰科夫（1796—1883 年），他是俄罗斯帝国 19 世纪最受欢迎的外交官之一，影响力极大。——编者注

立刻把大笔资金投入了铁路建设中，然后发行国债。这使得本就以农业为主的塞尔维亚王国要面临更大的财政危机。

　　另一边，桑贾克和波斯尼亚的南斯拉夫人很反感奥斯曼帝国的统治，内部也产生了各种分歧和争执；匈牙利和克罗地亚的塞尔维亚人也是如此。可最让他们生气的还是米兰·奥布雷诺维奇不但对此没有任何表示，居然还派兵镇压了国内的各种游行、示威运动。有传言称米兰·奥布雷诺维奇会有这样的表现，是因为他在 1881 年与奥匈帝国私下达成了协议。这件事被爆料出来后，塞尔维亚王国的人民对米兰·奥布雷诺维奇就像当初英国人民在知道《多佛尔条约》[1]后对查理二世[2]那样失望透顶。他们二人之所以会被千夫所指，是因为他们本来是一国之君，却凡事只想着自己的得失，根本不在乎国家的荣辱。负责私下签约的是后来成为外交部大臣的切多·米亚托维奇[3]，其能力不俗，同时也是塞尔维亚王国最公正无私的一位大臣。这份公约中规定奥匈帝国将帮助塞尔维亚王国得到瓦尔达河谷[4]，但前提条件是米兰·奥布雷诺维奇必须要放弃波斯尼亚境内塞尔维亚人的利益。这个条约的好处对于奥匈帝国来说显而易见，但对于塞尔维亚王国而言则是一张空头支票。双方也为此发生了争执。但不管他们之前为什么要秘密签约，最终的结局都是塞尔维亚王国成为奥匈帝国的附属国。亚历山大·奥

---

　　[1] 英国和法国在 1670 年 6 月 1 日于多佛尔签订了《多佛尔条约》。根据条约规定，查理二世必须皈依罗马天主教，并且帮助法国攻打荷兰。而法国则需每年向查理二世支付 22.5 万英镑，并且多赠予其一笔津贴。——编者注

　　[2] 查理二世（1630—1685 年），于 1649 年成为英国国王，又在 1651 年被废。自英国在 1600 年恢复君主制后，他一直都是爱尔兰、苏格兰、英格兰王国国王。——编者注

　　[3] 切多·米亚托维奇（1842—1932 年），他是塞尔维亚王国史上最重要的自由主义者之一，进步党的领导者之一，也是塞尔维亚王国的外交官、历史学家、经济学家。他曾三度担任塞尔维亚王国外交部大臣一职，六度担任塞尔维亚王国的财政部大臣一职。——编者注

　　[4] 即马其顿地区。——作者注

布雷诺维奇对于父亲私下签约的评价是"此为叛国之举";彼得一世则认为:"奥匈帝国周边的国家本来就是封建国家,根本不可能一直维持自由。奥地利帝国在奥布雷诺维奇时期就已经布好了局。塞尔维亚王国依附了奥匈帝国,那么它在 1881 年条约中的所有权利也将不复存在,塞尔维亚王国永远都不可能拥有自由了。"民间很多人都更认同彼得一世的说法。

米兰·奥布雷诺维奇如今是颜面扫地。尼古拉一世为了表示对米兰·奥布雷诺维奇的排斥,甚至将自己的女儿嫁给了在黑塞哥维那起义[1]中有着出色表现的彼得一世。彼得一世之后也成为塞尔维亚王国的领袖,只是在暮年被流放,一直颠沛流离。尼古拉一世说过自己是塞尔维亚王国民族的领导者,每个塞尔维亚人都是他的子民,他绝对不会放弃大家。与只会纵情声色、挥金如土的米兰·奥布雷诺维奇相比,尼古拉一世不仅骁勇善战、治国有方,而且颇有文采,能写诗作词,所以大家自然也会更偏向于尼古拉一世。米兰·奥布雷诺维奇在 1882 年成为国王,可全国上下无一人为他欢呼喝彩。塞尔维亚王国紧接着便发生了起义运动。一直以经济发展为先、拥护地方政府的激进党打算借彼得一世之名扶持卡拉乔尔杰·彼得罗维奇家族的人上位。不过这次起义运动还是没有成功,无数人被枪杀,其主导者也被严惩。激进党的领袖尼古拉·帕希奇侥幸逃生,而他之后坐上了塞尔维亚王国总理之位。米兰·奥布雷诺维奇对内敲骨吸髓,倒行逆施;对外唯唯诺诺,低三下四,百姓们对他早就不抱有任何期待了。当某个国家打过来的时候,米兰·奥布雷诺维奇终于万劫不复。

本杰明·迪斯雷利在 1878 年一意孤行,他将巴尔干南部的保加利亚改

---

[1] 黑塞哥维那起义,南斯拉夫人为了抵抗奥斯曼帝国,在 1875 年的夏天揭竿而起。这场运动从黑塞哥维那开始,席卷了整个拉什卡和波斯尼亚地区。——编者注

名为"东鲁米利亚"[1]，然后将其划分给了奥斯曼帝国。东鲁米利亚人在
1885年进行起义，他们不但罢免了这里的帕夏，而且还统一了保加利亚北
部地区。索尔兹伯里侯爵命令威廉·怀特爵士全力支持东鲁米利亚人的起
义运动。这一次，英国在威廉·尤尔特·格莱斯顿的提醒下知道了自由的
重要性，而且也采取了相关行动。这一系列事件彻底粉碎了俄罗斯帝国的"大
保加利亚公国"计划，俄罗斯帝国只能转换战略，开始从言语上攻击保加
利亚。而奥匈帝国则趁机挑拨塞尔维亚王国，让其站出来对抗保加利亚。

　　谁也不知道米兰·奥布雷诺维奇为什么会选在这个时候攻打保加利亚，
而他似乎也不在乎人民对他的质疑，更不会因此而感到巨大的压力。也许
他想的是得到更多的领地，让塞尔维亚王国拥有更高的地位后，塞尔维亚
人就不再会排斥战争了。这根本就是一次冒险，而且米兰·奥布雷诺维奇
还没想过怎样才能获胜。他在1885年11月的第二个周末正式向保加利亚
开战，理由就是保加利亚不答应赔偿塞尔维亚王国领土。米兰·奥布雷诺
维奇带领的军队不仅人数较少，而且武器也很落后，将士们也萎靡不振。
反观亚历山大的军队，虽然军人都是粗鄙的农民，但军队规模大，士气足。
两国军队在1885年11月17日于斯利夫尼察开战。两天后塞尔维亚王国军
队便败下阵来，只能撤回到皮罗特。保加利亚军队乘胜攻击拿下了这个地区。
奥匈帝国在11月28日警告亚历山大，让他马上停战。于是双方在1886年
3月签订了停战协议。塞尔维亚人民对于狼狈而归的米兰·奥布雷诺维奇自
然满腹怨言。人们都说米兰·奥布雷诺维奇是个上马不能作战，下马不能
治国的无能之君。他们宁愿和米兰·奥布雷诺维奇同归于尽也绝不接受奥
匈帝国的帮助。

---

[1] 根据《柏林条约》的规定，东鲁米利亚成为奥斯曼帝国的自治省，又在1855年与保
加利亚合并。——编者注

　　米兰·奥布雷诺维奇在自己的政途上没有丝毫建树，而他接下来要做的事情也将是他人生中最后一件事。他和妻子娜塔丽·奥布雷诺维奇产生了矛盾，然后他便一直对妻子冷嘲热讽，大肆羞辱，甚至还散播侮辱妻子的谣言。他是亲奥派，妻子是亲俄派，而他们的家庭矛盾也因此具备了重要的政治意义。娜塔丽·奥布雷诺维奇有着极强的意志力，人们会因为她那如花般的容貌而对她心生怜悯，更会因为她坚定的政治立场而站在她这边。米兰·奥布雷诺维奇宁愿违背东正教教义也要和娜塔丽·奥布雷诺维奇离婚，这也让他的名声更差了。为了让大家不再关注他的生活，他只能落荒而逃，然后模仿阿卜杜勒-哈米德二世的做法——答应推行自由宪法。他所展现出的对民主主义的热情让大家对他重新抱有期待。如果米兰·奥布雷诺维奇能好好利用这个机会的话，那么这也将会成为塞尔维亚王国的一个优势。根据米兰·奥布雷诺维奇的提议，委员会在1889年代表塞尔维亚王国国内全部党派开始拟定新宪法，新宪法也将会弥补1869年宪法的不足。

　　如今，民主已经成为时代的潮流，人民也开始有了公民权利的概念。照这种趋势发展下去，塞尔维亚王国将实现出版自由，也能在国王依旧拥有议会人员任免权的情况下允许律师加入议会。在巴尔干地区，宪法所展现的并不是条条框框的法规，而是领导者的诚意。所以，米兰·奥布雷诺维奇才会在没有经过议会商讨的情况下于1889年1月2日颁布了新宪法。他这么做也并非一时兴起。在塞尔维亚人民已经习惯了米兰·奥布雷诺维奇的各种匪夷所思的行为后，他又为大家制造了惊喜。他在自己35岁那年，也就是1889年3月6日宣布让其子亚历山大·奥布雷诺维奇继位，至此他掌控塞尔维亚王国已经20多年了。大家都说他是被维也纳所征服了，只不过他看上的不是维也纳的竞技场，而是那里的音乐和咖啡。多年纸醉金迷的生活消磨掉了他的天赋和才华，也让塞尔维亚王国受到了极大的伤害。

亚历山大·奥布雷诺维奇当时只有 13 岁，米兰·奥布雷诺维奇便选择了包括瑞斯蒂奇在内的三位辅政大臣，然后将行政大权交给了他们，又封了瑞斯蒂奇为摄政王，代替新君处理政务，直至其成年。米兰·奥布雷诺维奇在退位之后并没有立刻离开塞尔维亚王国，而是继续在皇宫里享受生活。他已经和娜塔丽离婚了，但还是会经常和她爆发激烈的冲突，甚至影响了国家秩序。如此反反复复后，米兰·奥布雷诺维奇终于醒悟了，知道自己给塞尔维亚王国带来了太多的伤害。于是他向娜塔丽表示了歉意，在得到了对方的谅解后，他们都选择离开塞尔维亚王国。而另一边，瑞斯蒂奇将激进派聚在一起，并且建立了一个权力机构。虽然他们所推行的政策是根据塞尔维亚王国国情制定的，但还是没有解决国家的奢靡之风，也没有提高政府的办事效率。所以这个机构最后还是被解散了。后来执政的就是自由党了。亚历山大·奥布雷诺维奇出生、成长，以及接受教育的环境都很糟糕，可他确实做到了出淤泥而不染，没有埋没自己的才华。他先是效仿理查二世^[1]公开了自己得到的支持票数，还学习理查三世^[2]巩固了自己的政权。

年仅 17 岁的亚历山大·奥布雷诺维奇在 1893 年 4 月为他的辅政大臣摆下了鸿门宴。在囚禁了这些人后，他以自己已经成年为由遣散了议会。一年后，他不但解决了激进党，而且还终止了较为民主的 1889 年宪法，在国内重新推行 1869 年宪法。塞尔维亚王国的出版社不再享有出版自由权，而且还被亚历山大·奥布雷诺维奇警告了。1897 年，米兰·奥布雷诺维奇重返塞尔维亚王国，担任了总司令一职。众人对于米兰·奥布雷诺

---

[1] 理查二世（1367—1400 年），于 1377 年登基成为英格兰国王。——编者注

[2] 理查三世（1452—1485 年），1483 年登基成为英格兰国王，死于玫瑰战争的博斯沃思之战。——编者注

维奇的再次出现震惊不已。但换一个角度来看，米兰·奥布雷诺维奇在回归之后一直费心费力地重建军队，这也是有利于塞尔维亚王国的。他最后一次出现在公众的视野中是严惩亲俄分子和激进党人。此举揭开了重建军队的帷幕，但是在私下恐吓一名法官的行为违背了公共道德，也让人民开始排斥米兰·奥布雷诺维奇。无论是用什么手段，只要可以找出亲俄分子，米兰·奥布雷诺维奇都会支持。他认为这些人应该用自己的鲜血来为他们的偏见赎罪。

亚历山大·奥布雷诺维奇天生反骨，充满活力。1900 年 8 月，他要结婚的消息震惊了整个塞尔维亚王国。因为他要娶的德拉加·马申是一位寡妇。而且德拉加·马申无论是情感经历还是自身性格，都不适合做妻子，更不适合做母亲。亚历山大·奥布雷诺维奇的婚礼成为他最大的丑闻，其严重程度远胜于他父亲的所有负面消息，甚至还影响到了他的政治前途。米兰·奥布雷诺维奇也不支持儿子的婚姻，甚至辞去了总司令一职，离开塞尔维亚王国，回到了维也纳。第二年，他便在这里结束了自己的一生。塞尔维亚王国的人民更是将亚历山大·奥布雷诺维奇的婚礼当作是整个国家的耻辱。但这对于沙皇尼古拉二世[1]来说是个修复两国关系的良机。他是第一个向新婚夫妇送去了祝贺的人，为表重视还派了代表团去做亚历山大·奥布雷诺维奇的伴郎团。但这在塞尔维亚人眼中则是赤裸裸的羞辱，他们只觉得更丢人了。这也成为亚历山大·奥布雷诺维奇一生的污点。

之后，亚历山大·奥布雷诺维奇为了缓和矛盾，只能放过激进党人、推行新宪法，还让上议院守护宪法的威严。对此我们就不进行详细讲述了。总之，无论亚历山大·奥布雷诺维奇怎么做都无法平息塞尔维亚王国百姓

---

[1]　尼古拉二世（1868—1918 年），于 1894 年登基，是俄罗斯帝国最后一位沙皇。这一时期的俄罗斯帝国，无论是在经济方面还是在军事方面都已经落后于世界了。——编者注

们的怒气。卡拉乔尔杰·彼得罗维奇又成为大家心目中的最佳国王人选。克鲁巴拉在1902年发生了起义运动，并且迅速地席卷各地。亚历山大·奥布雷诺维奇只好在第二年4月再一次抓捕激进党人。为了让大家感受到现行宪法的民主，他特地推出了更加可怕的戒严法，同时中止宪法。他以雷霆之势、铁血手腕解决了所有反对他的人，废除了不利于他的法律法规后，才继续使用之前的宪法，而且向百姓们承诺会推行仁政。可惜为时已晚，大家已经不再相信他了。

在讲解之后的政治悲剧前，我们先来讲述一下塞尔维亚王国当时的处境。亚历山大·奥布雷诺维奇在成婚之后一直被妻子所利用，让她的哥哥位极人臣。德拉加·马申如果只是为自己家人谋前途也就罢了，更可怕的是她自己虽然无法生儿育女，但她依旧表示会寻觅一个继承者。据说，詹姆士二世[1]之子在刚出生不久就不幸夭折了，可就在这一天，有人拿着一个长柄暖床炉把孩子送进了王宫。所以，当塞尔维亚王国百姓听到德拉加·马申想要重现"长柄暖床炉"事件后，瞬间群情激愤。在此之前，德拉加·马申还曾企图用假孕骗过众人，可是被大家识破了。除此之外，她还做过散播亚历山大·奥布雷诺维奇有私生子的谣言、把王位继承人的身份改成她的弟弟这些事。她的种种行为比亚历山大·奥布雷诺维奇的暴政还要可恶。百姓们因此有了强烈的耻辱感和愤恨。国王和王后的政敌都知道自己命悬一线，也知道国家正在受辱，更明白亚历山大·奥布雷诺维奇只会站在自己妻子那边，所以他们打算以最快的速度清理掉王后一家的势力。因此，"清君侧"的行为虽不合法，但是合理，就算罢免亚历山大·奥布雷诺维奇和德拉加·马申并且将他们驱逐出境，也不会有人反对。可是，米洛什·奥

---

[1] 詹姆士二世（1633—1701年），于1685年登基成为英格兰国王，在1688年的光荣革命中被推翻。——编者注

布雷诺维奇、米兰·奥布雷诺维奇的经历又告诉大家，只追求和平是无法从根本上解决问题的。更何况，塞尔维亚人本就不会用宪法规定的方式去解决问题。在当时的局势下，塞尔维亚人只能起义，捍卫国家尊严，守护国家安稳。可惜他们并没有成功。

军队中的一些将领在得到了政治家们的支持和一些士兵的跟随后，于1903年6月10日发兵攻打贝尔格莱德王宫，杀死了亚历山大·奥布雷诺维奇与德拉加·马申，甚至还拿他们的尸体泄愤。王后的两位兄弟及跟随她的大臣也命丧当场。不管怎样大家都不提倡这种暴行，欧洲人在知道这一暴行后也是大为震惊，但塞尔维亚人相对比较平静。他们被这些丑闻折腾得奄奄一息，对于国王的所作所为，底层早已是民怨沸腾。所以无论是谁策划了这场叛乱，他们都不会对其加以指责，更不会继续追查。对于塞尔维亚人而言，亚历山大·奥布雷诺维奇夫妇的死亡是大家噩梦的终结。这件事发生后，各国为了表示自己对亚历山大·奥布雷诺维奇的反感，都召回了自己的代表团，只有俄罗斯帝国和奥匈帝国首先关心的是塞尔维亚王国政府的重组。阿卜杜勒－哈米德二世在知道塞尔维亚王国国王惨死的消息后立刻放下了手中与亚美尼亚相关的计划，表示了自己对此事的不满，这倒有些讽刺的意味。[1] 随后他便立刻开始挑拨马其顿的希腊人、阿尔巴尼亚人和保加利亚人，让他们互相争斗。

发动叛乱的主谋们在亚历山大·奥布雷诺维奇死后立刻要求议会举行会议，最终让彼得一世成为继任者。彼得一世上位之后立刻修改并再推行了1903年宪法，将选举权交给了最贫穷的阶级；推行比例代表制，让议会中接受过教育的议员组成新代表团，并作出了进一步规定。

---

[1] 阿卜杜勒－哈米德二世之后也抵制过比利时国王利奥波德二世建立的刚果政府。——作者注

　　已经 60 多岁的彼得一世上位之后面临的局势应该是历任塞尔维亚王国国王面临的局势中最糟糕的了。其他国家都瞧不上这里,对彼得一世也是敬而远之。好在虽然彼得一世无过人之处,也没有什么建树,但是他的品德极佳,一直受人敬重。比如他这一生从来没有与叛乱者为伍,更没有对其加以利用。而他在年轻时也立有战功,他在 1870 年的战斗 [1] 中表现优异,得到了奖章;在 1875 年于黑塞哥维那带领起义军作战。除此之外,他还用塞尔维亚王国语翻译了《论自由》一书,可见他是向往和平的。这样一个正直、仁慈、追求公理的君主,自然会得到人们的爱戴。

　　彼得一世在位期间所推行的政策都是极为民主且温和的,国内的出版社得到了出版自由权,统治者的所作所为也都是符合宪法的。这种局面在塞尔维亚王国史无前例。但这并不意味着彼得一世自己的处境就安全无虞。彼得一世可以成为塞尔维亚王国的国王是因为亚历山大·奥布雷诺维奇被杀,所以他在上位之后也经常告诫人们欧洲各国因为忽视民意而导致了哪些灾难。人们这才渐渐相信他与先王的死无关。彼得一世,最终也在 1906 年处理完了弑君的所有主谋。而他要解决的下一个难题就是他的大儿子——乔治·卡拉乔尔杰维奇。此人生性冲动,又不聪慧,贝尔格莱德人对他颇为反感。乔治·卡拉乔尔杰维奇在经过了 1909 年的危机后 [2] 被迫放弃了继承权。于是,彼得一世的二儿子亚历山大·卡拉乔尔杰维奇成为新的继承人。亚历山大·卡拉乔尔杰维奇平常待人极为亲和,彬彬有礼。在之后的巴尔干之战中,他不但展示了自己过人的魄力,而且能决胜于千里之外。因此,无论是黑山公国还是塞尔维亚王国都很欣赏这位继承人。塞尔维亚王国在

---

　　[1] 即普法战争。——编者注

　　[2] 乔治·卡拉乔尔杰维奇在 1909 年杀死了一个婢女。经过传播后,人们开始抵制乔治·卡拉乔尔杰维奇。万般无奈之下,他只能放弃储君的身份。——编者注

彼得一世的统治下摆脱了之前的屈辱，提高了经济水平。这种种现象也为塞尔维亚王国之后在外交和军事上的优异表现打下了基础。

从彼得一世的经历中我们可以知道，即使塞尔维亚王国被米兰·奥布雷诺维奇父子折腾得千疮百孔，它也能在一个温和且严谨的领袖的带领下焕发出新的生机。塞尔维亚人对于彼得一世也是真心敬重。他们有着充沛的精力和热情，他们不惧死亡，他们能在彼得一世的呼吁下开启光荣集会……这些奇迹一直都以卡拉乔尔杰·彼得罗维奇的名义出现在塞尔维亚王国。

塞尔维亚王国的政局瞬息万变。在中世纪，塞尔维亚王国发展文化、提升军事能力，但在政治上缺乏凝聚力，也没有民族团结的意识。而现在，塞尔维亚王国依旧面临着挑战，被欺压了几百年的塞尔维亚人对民主政府失去了期待，人们对于民主的极端追求使得政府无法推行中央集权制度，社会无法井然有序，国家也不能向前发展。好在塞尔维亚王国慢慢地开始有了民族性的文明思想。与保加利亚和希腊王国农民不同的是，塞尔维亚王国的农民一直在关注国家政治。不过，他们也和其他连年征战的民族一样排斥劳动艺术。他们讨厌在土地里耕种，更想在树下哼着民谣，讨论政事或者是擦拭自己的武器。[1] 塞尔维亚人不害怕贫穷也不向往富裕，但他们性格太过暴躁，学不会满足。所以国内经常会发生各种暴乱，这也让那些机会主义者或者是水平较低的密谋者有机可乘。就算政府一直按部就班不出错，塞尔维亚王国的政治也很难像保加利亚或者希腊那样稳定，他们直到20世纪早期才克服了重重困难，实现了这一目标。不过这期间还是发生了很多让人欣慰的事。塞尔维亚王国开始出现了教育水平比较高的知识

---

[1] 这个说法有些夸张了。因为塞尔维亚王国的耕地面积在19世纪80年代不过14%，到了1904年，这个数字就变成了37%。——作者注

阶级，培养出了很多满腹经纶的政治家、眼光独到的外交官、天赋过人的语言学家，以及各行业的专家。只是塞尔维亚王国的经济发展太慢，国家组织又比较混乱，所以教育事业迟迟没有进步，国内接受过教育的人不过1/5。除此之外，塞尔维亚人经商比不过希腊人；吃苦比不过保加利亚人，好在他们在某一方面有着过人的天赋，使得别人望尘莫及。这种天赋就是强烈的爱国主义精神，还有对危机和机遇的敏感度。

塞尔维亚人在被其他国家欺压时暴露了他们所有的缺点，可他们也一直没有丢失自己的优秀品格。塞尔维亚人是最能不顾一切追求自由的民族，在此过程中，他们甘愿自我牺牲，不会像其他民族那样频繁地求助外族人。只要每个塞尔维亚人都有所觉悟、有所期盼，那么他们就会是最团结、最能拼搏、最具有民族性的一个民族。从塞尔维亚王国在近代各种战争中的表现，我们也能看出他们的勇气和决心。

塞尔维亚人在发现国家有了战争危机后，立刻开始发展军事，不但能加强军队训练，使其更加组织化，而且还完善了所有装备，研究出了很多攻击力强的武器。因此塞尔维亚王国军队能在巴尔干之战中屡屡获胜。此外，在军队管理、战术布置等需要科学和才智的方面，塞尔维亚人能将民主和智慧融合，其表现远胜于其他巴尔干国家。有了将军的带领，生性冲动的塞尔维亚王国农民，也慢慢成为智勇双全的合格军人。

塞尔维亚人天生就英勇善战，所以他们总能出色地完成所有军事任务。一名英国的护士曾经说过："塞尔维亚人只会打仗，而且他们心里想的嘴上聊的都是怎么打好仗。他们的祖先也是这样的。塞尔维亚人哪怕是受了伤，也会在伤好之后立刻上战场。就跟斗兽场里的那些野兽一样。战争给他们带去的影响刻在了他们的骨子里，世世辈辈皆是如此。"其实除了打仗外，塞尔维亚人也有着强烈的爱国精神和无穷的热情，这也让他们拥有了更优秀的品格。在云谲波诡的政坛中，塞尔维亚人只会咒骂或者抵制政客，从不会强迫他们改变想法。只要他们认可了某件事，或者知道某项政治举措是有利于国家的，那么他们就会拼尽全力去完成它，而且还能洞察先机。同样地，他们对于危机和机遇也十分敏感。他们只要能遇到一位正确的领袖，就能在他的带领下建功立业。如果塞尔维亚人在建设和平国家的时候能拿出对战争的一半热情，那么他们将无所畏惧。

第十四章

亲俄外交（1903—1910 年）

　　塞尔维亚王国应该是巴尔干地区中最具民族感的国家了。从这一点上我们也不难推测，塞尔维亚王国的国王在治理国家方面的表现也是胜于德意志帝国君主的，而事实也确实如此。对于巴尔干地区的所有国家来说，如果其君主精明能干，那则是国之幸事；如果其君主昏庸无能，那则是国之劫数。而君主如果是本国人，那么退位之后便会是在野党。所以，推翻本土统治者要比推翻外族统治者难得多。塞尔维亚王国目前经历的是两个本土王朝轮流掌权，这使得国内的局势极为复杂，充满了不稳定因素。这种情况持续到亚历山大·奥布雷诺维奇驾崩，奥布雷诺维奇家族再无继承者后，才有所好转。

　　米兰·奥布雷诺维奇曾经为了自己的私欲出卖国家，甘愿沦为奥匈帝国的走狗；但是他的儿子亚历山大·奥布雷诺维奇很有骨气，带着子民们逃脱了奥匈帝国的掌控，让塞尔维亚王国成为一个独立的国家。可惜亚历山大·奥布雷诺维奇选错了妻子，那段失败的婚姻让他成为塞尔维亚人民心目中的昏君，抹杀掉了他所有的功勋。

　　之后彼得一世继位，他停止了塞尔维亚王国和奥匈帝国的外交往来，和俄罗斯帝国结盟。彼得一世的妻子正是黑山国王尼古拉一世的女儿，按

理说尼古拉一世应该是站在他这边的。可惜，这对翁婿并不和睦。尼古拉
一世从来不和彼得一世亲近，甚至还让自己的二儿子迎娶了亚历山大·奥
布雷诺维奇之妹娜塔丽为妻。这主要是因为尼古拉一世一直觉得，与彼得
一世相比，他才是更合法的塞尔维亚王国国王继承人。于是他在 1905 年推
行了新宪法。可是百姓们并不知道宪法于他们而言有什么用处，其实就连
当权者也没真正明白宪法的意义是什么。尼古拉一世后来发现在野党是站
在执政党的对立面，于是他摆出一副慈父的模样去和在野党沟通。然而在
野党并不接受他的提议。他也因此直接扣押了在野党的领袖。除此之外，
尼古拉一世还曾以退位为要挟，强行推行自己的计划。

与此同时，在塞尔维亚王国境内，君主仁厚，民主盛行，国中是一片
和谐之景。这也反衬出了尼古拉一世独裁专制的霸道，民间对此也怨声载
道。两国国王终于在 1907 年大吵一架，激化了所有矛盾。而这场争执的导
火索则是针对尼古拉一世的暗杀行动。关于这场想用炸弹炸死尼古拉一世
的阴谋背后黑手究竟是谁，也是众说纷纭，有人说是塞尔维亚王国的特务；
有人则说是塞尔维亚王国政府；还有人说是外国势力设计挑拨。谁都知道
阴谋家和特务最擅长的便是煽风点火，背后布局，玩弄他人于股掌之间。
所以这场暗杀行动的幕后也少不了这些见不得光的小人。平白无故地被污
蔑成了凶手或者是帮凶的塞尔维亚王国政府自然怒不可遏，表示这种污蔑
实在是令人发指。可塞尔维亚王国国内的一些极端民主党人确实指责过尼
古拉一世的霸道蛮横，这是毋庸置疑的。

尼古拉一世虽然侥幸躲过一劫，但也是火冒三丈，就此和塞尔维亚王
国生了嫌隙，两国几乎不再往来。让黑山公国和塞尔维亚王国重归于好的

66

还是 1908 年的波斯尼亚危机。[1] 之后发生的巴尔干之战则是清楚地划分出了两国的领地边境，它们分割了新帕扎尔桑扎克，这也使两国疆域第一次接壤。在 1914 年的"一战"开始前，黑山公国和塞尔维亚王国的军事、经济便已经统一了。它们并肩而立，推行着同一个政策。所有黑山人在 1913 年更是热情地支持着塞尔维亚王国和亚历山大储君，觉得后者可以带领塞尔维亚王国民族实现复兴。两国现在同心同德，既能稳定塞尔维亚王国的政局，又能帮助黑山发展，是真正的合作共赢。

　　因为奥匈帝国这匹恶狼的虎视眈眈，塞尔维亚王国一直和俄罗斯帝国维持着友好的关系。奥匈帝国的储君鲁道夫打算偷袭贝尔格莱德和采蒂涅，可是这一计划被他的父亲弗朗茨·约瑟夫一世[2] 否决了。其实在彼得一世刚掌权的时候，奥匈帝国并不在乎塞尔维亚这个小小的王国。但是现在，没能成功抢回保加利亚统治权的俄罗斯帝国和塞尔维亚王国越走越近。弗朗茨·约瑟夫一世也知道如果放任塞尔维亚王国继续这样发展下去的话，它迟早会成为奥匈帝国的一大敌人。奥匈帝国的总参谋部之前就知道从摩拉瓦河谷往南走可以到萨洛尼卡，而且这还是一条行军之路，到了 1878 年，他们还发现新帕扎尔的山中小路也是这样的。不过他们在 20 年后发现，如果从新帕扎尔出发的话，那么他们还能拿下桑扎克。其实从新帕扎尔出发也有些绕，最佳路线应该是自贝尔格莱德经尼什直接就能来到萨洛尼卡港口。奥斯曼帝国、匈牙利、保加利亚、拜占庭军队以前都是这么走的。但对于奥匈帝国而言，要想走这条路就必须先拿下塞尔维亚王国，或者让其失去反抗之力；而自新帕扎尔出发的话他们只会经过奥斯曼帝国的地盘，

---

[1]　1908 年，奥斯曼帝国人民因为奥匈帝国霸占了波斯尼亚和黑塞哥维那而抵制奥匈帝国的所有商品。奥匈帝国因此损失了 1 亿多克朗。——编者注

[2]　弗朗茨·约瑟夫一世（1830—1916 年），奥地利、匈牙利之主，一手创立了奥匈帝国。——编者注

根本不用考虑塞尔维亚王国国内反对党的反应。因此后者的可行性是最高的。奥匈帝国从 1866 年开始就想征服萨洛尼卡，因此它极力阻止塞尔维亚王国独立，军方也主张和塞尔维亚王国开战，但掌权者一直犹豫不决，这件事也就只能一拖再拖。后来弗朗茨·约瑟夫一世终于下定决心支持军方的主张。但他是什么时候做出这个决定的我们不得而知，只能大概推测是在 1908 年 10 月之前。

波斯尼亚、达尔马提亚、克罗地亚和匈牙利南部的局势在 1878 年之后越发复杂。它们的政府体系也完全不一样。克罗地亚名义上是自治，但其实是归匈牙利政府管辖；匈牙利南部的塞尔维亚人也是被匈牙利政府管制；达尔马提亚归奥匈帝国政府统治；波斯尼亚则是有了联合政府。几个党派都在明目张胆地贪污受贿，玩弄阴谋诡计，所以匈牙利政府这几年对克罗地亚的控制比较稳定。但是 1868 年签订的《克罗地亚匈牙利妥协协议》[1] 中确认了克罗地亚实行自治，而匈牙利政府对此置若罔闻，在克罗地亚推行自己的专制政策，让克罗地亚人和南斯拉夫人苦不堪言，因此他们在 1905 年开始了起义运动。克罗地亚的东正教教徒和本土人联手合作，一起揭发了匈牙利如何以霸权手段统治克罗地亚，让大家看到了匈牙利建立的"自治"政府的真实面目。此举意义重大，在每个南斯拉夫国家都掀起了轩然大波。克罗地亚的领土不如南斯拉夫地区多，可它的文学和文化发展一直都是领先的，南斯拉夫也深受其影响。克罗地亚站出来抵制奥匈帝国，南斯拉夫的克罗地亚人也紧随其后。进入 20 世纪后，匈牙利南部的塞尔维亚人规模远小于其他南斯拉夫人的发展规模，又一直被匈牙利政府统治欺压，基本没有反抗之力。与他们相比，匈牙利的塞尔维亚人虽然也在减少，

---

[1] 按照协议中的内容，克罗地亚属于匈牙利。直到第一次世界大战爆发，这一情况才有所改变。——编者注

但他们依旧有着满腔热情，想统一南斯拉夫民族。

　　被奥匈帝国控制的达尔马提亚的最大特色就是其人口以南斯拉夫人为主。这里的局势不容乐观，可经济发展迅速，拥有很多大型企业。也正因如此，奥匈帝国根本无法镇压住达尔马提亚的南斯拉夫运动。不过奥匈帝国政府做事十分小心，为了防止达尔马提亚人和其他人私下往来建立合作关系影响政局、推动南斯拉夫运动，政府直接断掉了这里与波斯尼亚和黑塞哥维那之间的铁路，也不让两地进行商业往来。我们从当时发生的一件小事也能看出整体局势的走向。去往斯普利特旅游的人们，或许会看到市政厅在 20 世纪前期修建的那个喷泉，而喷泉上有一座女神雕像。雕像伸手所指之处正是塞尔维亚王国，由此可见达尔马提亚的塞尔维亚人心之所向。杰拉卡奇在 1848 年毁掉了匈牙利的城镇，将匈牙利人逼入了绝境之中。此事发生后，在阿格拉姆集市出现了一座杰拉卡奇手拿利剑的雕像，其剑锋直指匈牙利，这也是克罗地亚人内心的期许。

　　达尔马提亚、匈牙利南部和克罗地亚接连爆发起义运动，奥匈帝国这才开始警惕南斯拉夫联盟，再不敢掉以轻心。波斯尼亚和黑塞哥维那本来是归奥匈帝国管辖，但这里百姓的抵触之情也很强烈。只要保加利亚不归俄罗斯帝国所有，塞尔维亚王国国王米兰·奥布雷诺维奇就会按照私下的约定行事，不会再在波斯尼亚和黑塞哥维那南部的斯拉夫联盟中号召大家反对匈牙利，那么奥匈帝国也能太平些。可是当米兰·奥布雷诺维奇撒手人寰后，这份秘密公约也就失效了。亚历山大一世登基后便与俄罗斯帝国握手言和；彼得一世掌权之后又与俄罗斯帝国建立了新的合作关系。所以奥匈帝国在对待塞尔维亚王国的态度上也有所改变。在拉拢南斯拉夫的附属国未果后，奥匈帝国便打算拿下波斯尼亚，而且还对塞尔维亚王国发出了威胁警告。但奥匈帝国想得偿所愿的话，只能将俄罗斯帝国也拉下水。

而俄罗斯帝国一旦加入，那么两边的联盟[1]也不会置身事外。一场世界大战已是不可避免。奥匈帝国人民因此怨声载道，使得奥匈帝国只能向塞尔维亚王国宣战。这一战打开了潘多拉的盒子，使得整个欧洲都不能幸免。奥托·冯·俾斯麦曾经表示南斯拉夫运动其实算奥匈帝国的内政，对俄罗斯帝国来说则是外交问题。而后发生的大战也证实了他的这一观点。

　　弗朗茨·约瑟夫一世一直都说波斯尼亚和黑塞哥维那是属于匈牙利的。虽然匈牙利在中世纪的某一段时间的确是统治过波斯尼亚和黑塞哥维那，但是今非昔比，更何况这里的人们并没有使用马扎尔语，也没有实行马扎尔人的制度。关于奥匈帝国拿出的各种历史依据，大家都觉得没有任何说服力。可即使如此，那些追随奥匈帝国的人，还是会想尽办法为奥匈帝国霸占波斯尼亚和黑塞哥维那的事情开脱。波斯尼亚人在政府的带领下兴修公路、酒店；各地治安情况良好，人们夜不闭户；异教徒也皈依了天主教。整个地区脱胎换骨后，自然有许多人来这里旅游，引得记者们争相报道。波斯尼亚发展越来越好，甚至超过了米兰·奥布雷诺维奇统治的塞尔维亚王国。可这里的教育普及度太低，国内很多人都目不识丁。外界也曾质疑天主教是不是在利用政府。不过，对于波斯尼亚这种人口增长速度较慢的地区而言，不满于掌权者的统治并非是一种责怪。可是随着这里的伊斯兰教教徒情绪越来越激动，以及大部分本地人迁居国外，波斯尼亚的危机也逐渐显露出来。此后的几年间，波斯尼亚的基督教教徒也逐渐离开，剩下的人对于政府的反感之情日益增长。即使奥匈帝国之前公布了波斯尼亚宪法，但因为波斯尼亚境内的塞尔维亚人占到了总人口的90%，所以奥匈帝国政府也不打算花费时间去向百姓宣传这些和政治相关的思想理念。在这种情况下，奥匈帝国自然害怕塞尔维亚人会从政治上发动攻击。

---

[1] 即南斯拉夫联盟与奥匈帝国联盟。——编者注

　　和塞尔维亚王国不和的奥匈帝国想了很多方法来对付南斯拉夫地区的民族主义运动。首先针对的就是塞尔维亚王国的生猪贸易。奥匈帝国在1905年了解到塞尔维亚王国在和保加利亚商谈关税问题，于是便在官方信函和调查报告中说明塞尔维亚王国现在依旧是奥匈帝国的附属国。然后又翻出了塞尔维亚王国在1880年与英国签订商业协议的陈年往事，以此为由谴责了塞尔维亚王国。它不仅不允许塞尔维亚王国和保加利亚签约，而且还借题发挥。奥匈帝国知道塞尔维亚王国为了组建军队要向法兰西第三共和国购买大批枪支弹药，便命令塞尔维亚王国只能从奥匈帝国购买武器。奥匈帝国这么做自然是想成为塞尔维亚王国唯一的军火供应商，如此一来便等于掌控了塞尔维亚王国的军事。塞尔维亚王国如果按照奥匈帝国的命令行事，那么它将彻底失去主动权。塞尔维亚王国国内现在并不安稳，不想把枪支购买变成商业谈判从而让国家雪上加霜的尼古拉·帕希奇直接拒绝了奥匈帝国且态度坚决，而这应该也是他为塞尔维亚做的最重要的一件事了[1]。奥匈帝国眼见计划失败，就把矛头直接对准了塞尔维亚王国的生猪贸易，由此掀开了战争的帷幕。奥匈帝国提高了对塞尔维亚王国的进口税，引发了著名的"猪战"。[2] 曾经，英国为了对抗荷兰便在1651年实行了《航海条例》[3]，使得荷兰唯一的经济支柱航运受损；现在的奥匈帝国也打算从经济上打击塞尔维亚王国。塞尔维亚王国当时出口数量最大的商品就是生猪，其生猪产量是巴尔干地区最高的，而且塞尔维亚王国60%的进口贸易

---

　　[1]　这场谈判是尼古拉·帕希奇要求的，但是话语权并不在他手上。当他拒绝了奥匈帝国后，塞尔维亚王国也无法再回头，谈判就此终结。——作者注

　　[2]　奥匈帝国在1906年宣布不再从塞尔维亚王国进口各种肉类和牲畜，并且还提高了关税。这一政策执行了5年，也让塞尔维亚王国和奥匈帝国的关系急剧恶化。——编者注

　　[3]　英国为了发展本国轮船和航运、加快本国殖民地和其他国家之间的贸易往来而推行的法律。——编者注

和90%的出口贸易，都要经过奥匈帝国。所以奥匈帝国提高了生猪的进口税，无疑是想给塞尔维亚王国的经济一记重击。可塞尔维亚人实际受到的打击并不像奥匈帝国预想的那样严重。塞尔维亚人在国家有难时可以保持镇定，静待时机。国内的商人也在极力寻找新的市场，最终在英国、法兰西第三共和国、埃及等国家建立起了贸易市场。其实在奥匈帝国提高关税之后，塞尔维亚王国的经济确实有过折损，可也因祸得福，得到了更多的收益。而奥匈帝国也是自作自受，国内肉价猛增。塞尔维亚王国实现军事独立、经济独立后，国内政局也逆风翻盘。"猪战"不但让奥匈帝国和塞尔维亚王国势同水火，而且也让塞尔维亚王国明白奥匈帝国是不可靠的。塞尔维亚王国境内没有港口，和别的国家无法自由往来，经济发展也只能靠周边国家。可就像阿拉伯的古语所说："在偌大的沙漠之中，没有人可以做你的朋友。"巴尔干各国也不可能成为朋友。所以塞尔维亚王国只能在亚得里亚海建立一座可以和其他国家来往的"桥梁"。首先要做的就是和其他南斯拉夫地区取得联系，尤其是达尔马提亚这个占据天然优势的港口地区。

　　欧洲的局势越来越糟糕。对于奥匈帝国，克罗地亚、波斯尼亚、达尔马提亚皆是群情激愤，怨气冲天；塞尔维亚王国则是蠢蠢欲动，怒目而视。这让奥匈帝国政府进退维谷，根本无法推行各项政策。此时的俄罗斯帝国将所有注意力都集中在了日本身上，这片地区是其全部的希望了。在日俄之战落幕后，俄罗斯帝国已是精疲力竭，国力式微；保加利亚对其一直有排斥之心；塞尔维亚王国正在为亚历山大·奥布雷诺维奇的婚姻而头疼。所以奥匈帝国在20世纪早期其实是有机会拉拢克罗地亚境内的塞尔维亚人的。当时人们对奥匈帝国的反感之情还没有到达顶峰，如果奥匈帝国政府愿意努力的话，还是有可能成功调和各方，顺利推行政策。不过，匈牙利的马扎尔人之前对斯拉夫人发出的威胁警告，也许会让奥匈帝国和塞尔维亚王国的和谈功亏一篑。奥匈帝国在 1867 年签署的条约 [1] 是国家的根本，其中明文规定奥地利和匈牙利独立管理本国事务，两国绝对不可以插手对方内政。马扎尔人一直维护着他们的权利，奥地利人则是敢怒不敢言。在匈牙利奉行专制制度的情况下，随着塞尔维亚王国－克罗地亚联盟的出现、达尔马提亚经济的飞速发展、波斯尼亚人抵制情绪的增加，奥地利的政治家不得不对眼下的局势进行多次推测。而专制统治也让匈牙利南部克罗地亚民族和塞尔维亚王国民族无法改善生活，同时限制了波斯尼亚的发展。要想解决南斯拉夫的所有问题，必须要靠奥匈帝国携手合作，推行共同政策。可马扎尔人不愿意退让，奥地利人又想着让斯拉夫人遵守中央集权制度。由达尔马提亚、匈牙利南部、克罗地亚与波斯尼亚组成的南斯拉夫地区成为奥匈帝国的一部分，因此国家也应该从之前的二元制向三元制转变，这也代表着要削减马扎尔人的政权。奥地利和匈牙利的政权直到现在也是不相上下，但是在"三元制"政策下，南斯拉夫地区既拥有决定权，还有可能和奥地利合作。所以如果推行"三元制"的话，那么南斯拉夫和奥地利都将获益匪浅。

奥匈帝国内部对于"三元制"是极为欢迎的，一些政坛高官对此更是赞不绝口。不过，民间流传的奥匈帝国储君弗朗茨·斐迪南也很支持"三元制"的说法并不是真的。"三元制"如同一把双刃剑，如果使用得当，也许可以破解南斯拉夫当前的局面，毕竟与奥匈帝国相比，塞尔维亚王国不过是一个小国，经济也不发达。但如果稍有不慎，也许就会让马扎尔人生了反抗之心。因此，谨小慎微的弗朗茨·约瑟夫一世也一直在纠结要不要大规模推行这一政策。"三元制"可以让南斯拉夫真正独立，也将把马扎尔人拖入战争之中。所以，这就是无解之法，根本不可能实行，而南斯拉夫与

---

[1]　即《奥匈协定》。——作者注

奥匈帝国也绝对无法和谐相处。如果想对付"大塞尔维亚"的话，那就只能实行"大奥地利"政策。可是这句话意思含糊不清，只是反映了南斯拉夫与奥匈帝国中央集权的一些问题。

制订"大奥地利"计划其实是为了提高行政效率，让人民更加信任政府。同时这也许能让塞尔维亚王国和克罗地亚从南斯拉夫联盟中退出，然后加入"大奥地利"。所以这既是一种外交手段，也是一个安抚计划。奥匈帝国外交大臣埃伦塔尔伯爵[1] 和他的下属也在 1906 年到 1911 年多次表达过这一观点。当时奥匈帝国内忧外患，"大奥地利"政策与不符合现实的"三元制"政策正好相反，它被很多奥地利政治家、外交家看作是完美的计划，虽然奥匈帝国直到最后也没能完全推行这一政策。

1905 年，塞尔维亚王国－克罗地亚联盟[2] 在克罗地亚成立，这意味着奥匈帝国的和谈政策彻底失败。弗拉诺·苏皮洛在谈到自己成立联盟的目的时说道："克罗地亚人和塞尔维亚人已经斗累了，所以我想让双方和解并且保持和平状态。我希望我们的团结不会被任何人或任何事破坏。"曾经因为宗教和政治而四分五裂的克罗地亚终于统一了，并且和刚获得独立的塞尔维亚人，以及其他南斯拉夫同胞形成了联盟。位于克罗地亚南部的斯普利特即将召开一次会议，无论是弗朗茨·约瑟夫一世还是黑山王国的储君，都会出席这次会议。达尔马提亚本来想用沉默表示对奥匈帝国参会的抗议，但奥匈帝国知道后只是让储君弗朗茨·斐迪南代替父亲出席。弗

---

[1] 埃伦塔尔伯爵（1854—1912 年），于 1906 年担任奥匈帝国外交大臣一职。他在任期间帮助奥匈帝国拿下了波斯尼亚和黑塞哥维那。——编者注

[2] 塞尔维亚王国－克罗地亚联盟，克罗地亚权利党、进步党和塞尔维亚王国激进党、自治党为了确保公民权利、守护政治自由而形成的联盟，于 1918 年解散。——编者注

朗茨·斐迪南乘船来到斯普利特[1]；黑山的达尼洛王储则是骑马赶来的，但二人受到的待遇则是天差地别。大家对于后者夹道相迎，声势浩荡，前者则无人问津。就连尼古拉一世也故意在某一次的演讲中特地讲述了自己的储君到了达尔马提亚后受到的款待，颇有讽刺之意。至于奥匈帝国的政治家们在看到塞尔维亚人和克罗地亚人打破隔阂，坦诚相见后是什么心情，我想大家都很清楚了。克罗地亚人对于奥匈帝国的强烈抵制并不罕见，但谁都不知道塞尔维亚王国的政府在这其中扮演了怎样的角色，又出了多少力。他们自然是站在克罗地亚人那边的，只是行事有些马虎了。塞尔维亚王国的地理学家约万·司维季奇在 1907 年曾当着弗朗茨·斐迪南的面进行了演讲，对于塞尔维亚王国与匈牙利、奥地利境内的南斯拉夫人之间的关系，他也毫不避讳。除此之外，他还在演讲中提到了塞尔维亚王国处于巴尔干各国中的领先地位。奥匈帝国很清楚塞尔维亚王国对他们的威胁，可现在他们更担心的是马扎尔人。两者相害取其轻，奥匈帝国自然愿意对塞尔维亚人下手。对波斯尼亚和黑塞哥维那有兴趣的国家，除了塞尔维亚王国外还有奥斯曼帝国，所以为了解决这些问题，奥匈帝国就只能向奥斯曼帝国开战。

波斯尼亚会对奥匈帝国采用什么样的态度取决于后者会不会攻打萨洛尼卡，以及如何处理马其顿问题。俄罗斯帝国在 1903 年与奥匈帝国为了对马其顿实施改革、提高马其顿政府的行政效率而签署了《米尔茨施泰格协定》[2]，协定中还规定马其顿的领土面积维持不变。俄罗斯帝国之前把所有的注意力都放在了远东地区，可它不但没有从战争中得到好处，而且还

---

[1] 位于亚得里亚海东部，是达尔马提亚最大的城市，也是克罗地亚共和国的大城市之一。——编者注

[2] 奥匈帝国为了瓜分马其顿的统治权而和俄罗斯帝国签署的协定。——编者注

因此损耗了大部分国力，所以签下这一协定对于俄罗斯帝国来说是件好事。可想要让马其顿地区和"古塞尔维亚"重返巅峰状态的塞尔维亚王国无法接受这一协定。同样对这份协定不满的还有奥匈帝国的埃伦塔尔伯爵。他不在乎过去发生了什么，只想在俄罗斯帝国实力大减的情况下，把奥匈帝国发展成巴尔干地区最强大的国家。很多人都说他当时也和奥斯曼帝国进行过协商，并且许诺，只要奥斯曼帝国把新帕扎尔的铁路特许权交给奥匈帝国，那么奥匈帝国就不再对土耳其进行改革。但这次结果并没有影响埃伦塔尔伯爵，他还是在 1908 年 1 月宣布，奥匈帝国为了方便攻打萨洛尼卡将建一条铁路，其目的地正是新帕扎尔。此消息一出，各国都大惊失色。

感受到巨大威胁的俄罗斯帝国和塞尔维亚王国立即着手准备作战。前者还提议修一条目的地为亚得里亚海的铁路，以此来制衡奥匈帝国。而且塞尔维亚王国也能因此得到一个港口。[1] 埃伦塔尔伯爵做事谨慎，但很有魄力，他知道俄罗斯帝国会加以反对，所以没有因此而坐立不安。可是他决定修路这件事实在是有些仓促了，在当时的情况下要想在山区修建铁路是极为考验技术和财力的。而且奥斯曼帝国内部爆发了青年土耳其革命[2]，阿卜杜勒－哈米德二世被迫下台。这对于埃伦塔尔伯爵来说是一个好机会，于是他先把修路计划搁置一旁。随着青年土耳其革命的发展，伊斯兰教教徒也不再排斥基督教教徒，奥斯曼帝国的臣子们也开始和苏丹讨论自由主义了。世界各国又一次被震惊了。埃伦塔尔伯爵就抓准了这一时机在各国还没有反应过来的情况下发动了猛烈的进攻。弗朗茨·斐迪南在 1908 年 1

---

[1] 俄罗斯帝国当时建议在亚得里亚海到多瑙河之间修一条铁路，对抗奥匈帝国。这个提议对于塞尔维亚王国而言是极为有利的。但两国都没有将此提议落实。——作者注

[2] 奥斯曼帝国的学生、将军、政府官员和流浪汉在 20 世纪早期发起的政治改革运动，他们主张取消君主专制成立宪政政府。——编者注

月 5 日向全世界宣布保加利亚王国^[1]独立，而他将担任保加利亚的新国王一职。两天后，埃伦塔尔伯爵就表示波斯尼亚和黑塞哥维那将成为奥匈帝国的一部分，奥斯曼帝国不再享有这里的统治权。不过他把桑扎克送给了奥斯曼帝国，以此来分隔塞尔维亚王国和黑山。

当奥匈帝国将桑扎克拱手送出后，欧洲其他国家的反应很有趣，态度也极为暧昧。英国希望奥匈帝国三思而后行；俄罗斯帝国打算行动；法国则和其他国家进行了交涉。由此可见，有传言称这三个国家拿出之前签订的三国协议^[2]表示奥匈帝国这么做是不符合 1878 年《柏林条约》的规定，未免有些夸张。外交官们确实要维护《柏林条约》，可与该条约相悖的例子有很多，他们就算要杀鸡儆猴也不会选择这种漏洞百出的条约。英国以《柏林条约》来指责奥匈帝国的做法实在是有些小题大做了。^[3]俄罗斯帝国的做法更显得有些故意，他们指责埃伦塔尔伯爵干涉巴尔干地区的内政，企图改变其现状的行为违反了俄罗斯帝国和奥匈帝国签下的协定。其实在此之前埃伦塔尔伯爵的修路计划已经违背了两国的协定，现在他又变本加厉，想独吞波斯尼亚和黑塞哥维那，基本等于单方面毁约。《柏林条约》开始失效，俄罗斯帝国只能重新筹谋，并且打算举行新会议。

而另一边，奥斯曼帝国为了抗议，决定抵制奥匈帝国的商品^[4]，而且还要其进行赔偿。俄罗斯帝国外交大臣亚历山大·伊兹沃尔斯基通知《柏

---

[1]　即保加利亚第三帝国，其本质为君主立宪制国家。弗朗茨·斐迪南发表了《独立宣言》，自封为沙皇，后世称其为"斐迪南一世"。——编者注

[2]　英国、俄罗斯帝国、法国在 1907 年 8 月 31 日签署了《英俄协约》后，约定大家互帮互助。该协约是对德意志帝国、意大利、奥匈帝国三国同盟的有力制衡。——编者注

[3]　奥匈帝国私自霸占波斯尼亚并在此征兵，不符合《柏林条约》的规定。不过英国并没有因此对波斯尼亚进行抗议。——作者注

[4]　即之前所提到的波斯尼亚危机。——编者注

林条约》的所有签署国举行欧洲代表大会，并且鼓励巴尔干地区的基督教国家和奥斯曼帝国联手共同守护国家尊严，态度十分坚决。对此，埃伦塔尔伯爵表示代表大会只能是记录已经发生过的事，而不是讨论这些事情合不合情理。

以政客的角度来看，埃伦塔尔伯爵并非聪明绝顶，料事如神，可他拥有强大的意志力，而且善于总结经验教训。德意志帝国对英国确实有些畏惧，可在土地问题上英国是无法干涉的，俄罗斯帝国又疲于应付远东问题，所以德意志帝国和奥匈帝国的总体实力是超过了英国、俄罗斯帝国和法国的。埃伦塔尔伯爵曾经问过这样一个问题——英国的能力究竟体现在哪里？可见其态度十分决绝。再加上德意志帝国的支持，以及各国在"二战"开始之前都不看好塞尔维亚王国，因此埃伦塔尔伯爵自然能夺得并且长期掌控主动权。贝尔格莱德一直偏向于南斯拉夫，在它的影响下，波斯尼亚、克罗地亚与达尔马提亚也是如此。如果奥匈帝国只能掌管波斯尼亚和黑塞哥维那的部分城市，而且这些城市在表面上是属于奥斯曼帝国，那么塞尔维亚人自然会想办法帮助南斯拉夫国家变得更强大。有不确定来源的消息称，奥匈帝国之所以会想霸占波斯尼亚和黑塞哥维那，是因为这样就能将克罗地亚、达尔马提亚与塞尔维亚王国分开，从而压制这股偏向南斯拉夫的热潮，这也是唯一的解决办法。而奥匈帝国的这个做法是有利于"大奥地利"计划的，但对于"大塞尔维亚"计划来说无疑是一记重击。之前新帕扎尔被奥匈帝国所占据，塞尔维亚王国没有得到任何好处；而现在土耳其人霸占了桑扎克，以此来分割开黑山和塞尔维亚王国。

奥匈帝国的侵占计划自然会引起塞尔维亚王国的不满。可不管塞尔维亚王国这样做是不是符合正义的要求，南斯拉夫的外交官和政治家都不会一视同仁，这也为以后埋下了祸根。他们随心所欲地发表言论，抨击奥匈帝国，最终引火烧身。他们觉得自己是抱屈含冤，但其实是自作自受。塞尔维亚王国储君乔治在政治生涯的最后时期一直激烈反抗，他还多次去往圣彼得堡求助于俄罗斯帝国。此举让塞尔维亚王国的主战派对他生出了一股敬佩之情。从乔治和其下属的态度来看，他们似乎是把奥匈帝国看作是中世纪各国的杂烩，认为塞尔维亚王国军队可以不费吹灰之力便打败他们。这一想法实在是太过荒唐了，很有可能把塞尔维亚王国引上绝路。乔治知道俄罗斯帝国的伊兹沃尔斯基是主战派，而且推崇泛斯拉夫主义，但当乔治找到他表明了自己的来意后，他也并没有给出一个准确答复。无功而返的乔治对奥匈帝国的抵制之情越发强烈。他不遗余力地折腾着整个塞尔维亚王国。在塞尔维亚王国国内的文学界，有一幅把乔治画成圣·乔治、将奥匈帝国画作一条巨龙、将波斯尼亚和黑塞哥维那画成一对双胞胎姐妹的漫画，其内容是圣·乔治持剑斩杀了恶龙，拯救了双胞胎姐妹。在塞尔维亚王国国内的新闻行业，主战派越来越躁动，就连之前保持清醒的人也有些失去理智。塞尔维亚王国的外交大臣米洛万·米洛瓦诺维奇便是如此，他本来是一个足智多谋的人，可当时的举动也有些草率了。有传言称他在维也纳的时候便表示奥匈帝国一直把南斯拉夫人当成奴隶，后来他又稍微整理了一下措辞，表示南斯拉夫人是归顺奥匈帝国的。但无论如何，他想表达的意思都很清楚了："绝不能让奥匈帝国染指巴尔干地区，也不能让它去爱琴海。我们要誓死守住多瑙河与萨瓦河，这是哈布斯堡王朝和巴尔干地区的分界线。"而后塞尔维亚王国议会全体议员赞成将波斯米亚的掌控权继续交给奥斯曼帝国，而且为了让塞尔维亚王国和黑山接壤，必须要让奥匈帝国让出相应的领土。

米洛万·米洛瓦诺维奇在公众场合说这些话的确是不太合适，不过他写的一篇文章，以及其中表达的观点还是比较有说服力的。他觉得塞尔维亚王国的底线就是和黑山结盟。毕竟奥匈帝国只需要把波斯尼亚的部分区域让出来，黑山和塞尔维亚王国就能接壤、建交，并且得到去往亚得里亚海的商业港口。有消息称塞尔维亚王国这次要求奥匈帝国让出的领土面积不过是之前奥匈帝国霸占的南斯拉夫地区其中两处的面积而已。而奥匈帝国和塞尔维亚王国之间的矛盾远比西方政治家们想的要复杂。欧洲国家的君臣也没想到局势会突然发生翻天覆地的变化。在 1878 年以前，因为黑山和塞尔维亚王国都是无名小国，所以人们都觉得它们是奥匈帝国的附属国。在"猪战"发生前，人们对塞尔维亚王国的印象是"奥匈帝国的经济大省"。塞尔维亚王国在 1905 年摆脱了奥匈帝国的统治，这也让南斯拉夫地区的起义运动达到了高潮。塞尔维亚王国因此提出的休战要求也是合乎情理的。奥匈帝国之前就答应过米兰·奥布雷诺维奇，会全力帮助他推行马其顿计划。米兰·奥布雷诺维奇这才会让塞尔维亚人不要在波斯尼亚活动。可奥匈帝国还是出尔反尔了。俄罗斯帝国在 1878 年赞成奥匈帝国对塞尔维亚王国动乱的处理方式，不过俄罗斯帝国支持的还是塞尔维亚王国。由此可见，这些事情如果分开来看其实无足轻重，但合在一起的话，那就是塞尔维亚王国要求奥匈帝国做出赔偿。

事情发展到最后，塞尔维亚王国没有得到一丝一毫的利益，哪怕它是这场冲突中的唯一当事国。奥斯曼帝国的阿卜杜勒－哈米德二世在 1901 年 1 月交出了波斯尼亚和黑塞哥维那地区的统治权，得到了奥匈帝国的补偿金。俄罗斯帝国则表示为了让保加利亚没有钱财上的顾虑，应该成立奥斯曼帝国－保加利亚帝国联盟。俄罗斯帝国的这一做法成功地拉拢了保加利亚，实在是高明至极。塞尔维亚王国议会在 1909 年 2 月 5 日通过了提高军备预算的方案，紧接着，又在 3 月 10 日倡导欧洲国家将注意力放到波斯尼亚问题上，并且表示这也是欧洲的问题。而后，许多新闻行业的人在维也纳四处传播谣言，表示塞尔维亚人和奥地利的南斯拉夫民族已经在私下筹谋了。

海因里希·弗里德里希 [1] 在 3 月 24 日于《新自由报》上发表了一篇文章，他表示自己得到了可靠消息，塞尔维亚王国－克罗地亚联盟的政客们在塞尔维亚王国的支持下打算拿下奥匈帝国。他甚至还用自己的名誉保证其所言非虚。不过，贝尔格莱德的奥匈帝国公使馆、奥匈帝国外交部、奥匈帝国法院联合查明这些都是谣言。不得不提的是，奥匈帝国的外交部并未因此而对塞尔维亚王国开战。

　　塞奥两国没有开战，既是因为塞尔维亚王国现在局势动荡，也是因为德意志帝国采取了一些行动。乔治因为卷入奥匈帝国的丑闻而被迫放弃了继承权。随着他的倒台，塞尔维亚王国的主战派的希望也破灭了。俄罗斯帝国在德意志帝国的催促下正式公开了其政治立场。亚历山大·伊兹沃尔斯基知道战争会给俄罗斯帝国造成多么严重的损失，所以就没有反对奥匈帝国霸占波斯尼亚的行为。局外人以为贝尔格莱德在这危急存亡之际会十分躁动和兴奋，但其实际情况并非如此。新闻报纸一直在对暴行和军事活动进行大篇报道，可百姓们逐渐平静下来了。人们只是聚集在乔治和俄罗斯帝国使臣门外表达他们的抗议。在俄罗斯帝国抛弃南斯拉夫各国后，报纸在报道新闻时的用词也变得极其犀利。不过大家也明白了，他们目前无力反抗奥匈帝国。塞尔维亚王国在 1909 年 3 月 30 日放弃抵抗，选择了投降，并且表示之后不会插手塞尔维亚臣民和奥匈帝国的往来。两国还签署了协议，由于奥匈帝国侵犯了奥斯曼帝国的领土统治权，因此要向奥斯曼帝国赔付 250 万土耳其里拉；黑山的海港拥有独立自治权，奥匈帝国军队无权干涉；保加利亚正式独立，其掌权者被封为沙皇；俄罗斯帝国在必要

---

[1]　海因里希·弗里德里希（1851—1920 年），他是一个犹太人，生长于维也纳。1873 年在维也纳商学院任教，教德语和历史；后来他因为对政府大加批判，于 1879 年被学校解雇。——编者注

时要向保加利亚提供低息贷款，帮助巴尔干地区恢复秩序。这些条约让塞尔维亚王国处于独立无援的境地，而且之后还不能在奥匈帝国境内进行政治宣传。总而言之，这一次的抵制运动给塞尔维亚王国带来的不是任何好处，而是无尽的羞辱。

现在我可以确定，塞尔维亚王国并非一无所获，至少它还是一个独立的国家。我会这么说，并不是毫无依据的。在奥匈帝国霸占波斯尼亚和黑塞哥维那以前，其政府便在 1908 年 8 月抓捕了在国内宣传"大塞尔维亚"计划的人，这自然也惊动了塞尔维亚王国。针对弗里德里希的最终判决证明，奥匈帝国驻贝尔格莱德大使馆有伪造文件诬陷塞尔维亚王国－克罗地亚人的阴谋。这个结果实在是让所有人都大吃一惊，但没有任何瑕疵。而在造谣塞尔维亚王国要密谋攻打奥匈帝国的事件中，埃伦塔尔伯爵和奥匈帝国的储君也有洗脱不掉的嫌疑。奥斯曼军队在 1908 年底来到了塞尔维亚王国边境，其影响甚大。人们都知道奥匈帝国的总参谋部一直提倡从摩拉瓦河发起攻击，而且在他们眼中新帕扎尔的桑扎克没有任何用处。就在此时，奥匈帝国储君由于一些特别事件公开表示反对攻打塞尔维亚王国的计划，此举虽然彻底改变了奥匈帝国的战略计划，但还算及时。我们将这些事情做一个回顾。奥匈帝国的大党派打算吞并塞尔维亚王国，但是奥匈帝国的君主本就支持和平，再加上要顾虑其他更高层次的政策计划，所以吞并计划在最后时刻被废止了。波斯尼亚事件吸引了奥匈帝国的注意力，塞尔维亚王国因此可以度过一段和平时期。而眼下最关键的就是塞尔维亚王国是否能在这一时期内养精蓄锐以应对之后的生死危机。

奥匈帝国在 1908 年于塞尔维亚王国边境集结军队的行为，给塞尔维亚人留下了深刻印象。"波斯尼亚事件"已经落幕，可塞尔维亚王国还有燃眉之急未解、羞辱之仇未报。彼得一世着手重建塞尔维亚王国军队，虽然这期间也遇到了政治动乱，但好在还是有所进展。而塞尔维亚王国的军事革命也愈演愈烈。法国正在私下里招兵买马，而且装备了许多做工精良的火药枪械。在 1912 年的巴尔干之战爆发前，根本没有几个人关注这些事情。塞尔维亚王国的农民天生就体格健壮，似乎就是为战争而生。他们的意志力确实不如保加利亚人坚定，可其勇气也是势不可当。他们一旦听到英雄科索沃或者是马尔科·克拉列维奇的名字就会充满了力量和斗志。塞尔维亚王国的当务之急是带领这些士兵以破竹之势直捣黄龙。可因为塞尔维亚人一直奉行民主主义，所以要让他们接受军规，做到令行禁止很困难。首先军队实行的作战方案和军规军纪必须要遵从民族观念。要知道保加利亚人也曾经教导塞尔维亚人服从军令，但没有任何效果。而且塞尔维亚王国的将军都会和士兵们称兄道弟。因此要想成功管理好这支军队，就必须要从他们的民族情怀入手。换而言之，军方在制订作战计划时除了要考虑军事要求外，还要考虑塞尔维亚人的民族情感。虽然这并非易事，但也不是没有解决之法。所以塞尔维亚王国军方最后还是成功了。塞尔维亚王国军队就像是一匹千里马，一旦遇上伯乐，便能驰骋千里，战无不胜，远胜保加利亚军队。

而军队的当务之急则是建立可以在最短时间内把 3 万常备军扩张成 30 万正规军的精英组织。当这些精英有了强大的组织力和运筹帷幄的能力后，塞尔维亚王国军队就能在悄无声息之间完成确立目标、制订计划、准备先进武器的所有流程。在做完这一切后，他们在战场上便游刃有余。现在的人都认为要想成为军队领袖，不但要有强大的组织能力和大量的科学储备知识，而且还要目达耳通，颖悟绝伦。因此他们断定那些野蛮又原始的人是无法在现代战争中取胜的。而且到了近代，国家高度文明的展现，就是拥有一支大规模军队。这些想法并没有错，但也带了一些讽刺的意味。与黑山王国军队相比，塞尔维亚军队有很大优势。黑山是原始落后却又奉行自由主义的国家，它可以培养出英雄，但不可能训练出专业的军人。塞尔维亚王国的情况和黑山大同小异，但是塞尔维亚王国能依靠团结的军人意志和丰富的资源优势解决这些难题。在巴尔干之战中，严守军规的塞尔维亚王国军队给散漫的黑山非正规军留下了深刻印象。而塞尔维亚王国的军队实力促进了黑山和塞尔维亚王国的统一，也让两国百姓在情感上有了共鸣。

如今再来看 1908 年发生的事情，我们确实会将其看成是巴尔干之战的导火索，而且巴尔干国家直到现在也是这样想的。阿卜杜勒－哈米德二世在 1908 年退位，奥斯曼帝国此时也开始走下坡路。奥匈帝国自然不会放过这个机会。后来青年土耳其党登上政治舞台也代表着奥斯曼运动[1]即将复兴。被奥斯曼帝国控制的基督教民族，自然感受到了威胁。当奥匈帝国吞并波斯尼亚和黑塞哥维那后，其他国家也都竞相效仿，开始侵犯别的地区。比如，意大利出兵攻打利比亚首都的黎波里；巴尔干同盟常被侵略等。在这些侵略行为中，奥匈帝国是当之无愧的主谋，它甚至鼓励别的国家去攻打奥斯曼帝国；跟随奥匈帝国的国家则是从犯。这样在 1878 年后就处于休战状态的巴尔干国家再度陷入战乱之中。所以，巴尔干地区各国将奥匈帝国视作破坏其和平时代的始作俑者也是合情合理的。除此之外，还有一个问题是欧洲各国应当关注并解决的，就是这也牵涉了马其顿。由于这些国家先后停下了在马其顿地区的统治工作，因此也引发了 1912 年的巴尔干之战。

---

[1] 青年土耳其党在 1894 年成立，其主旨就是反抗奥斯曼帝国的封建专制，所以又被叫作"统一进步党"。——编者注

第十五章

马其顿问题（1903—1910 年）

　　塞尔维亚人在 1903 年建立了新的王朝，并且制定了国家政策。从表面上看，这些都保障了塞尔维亚王国的未来。为了制衡奥匈帝国，俄罗斯帝国与塞尔维亚王国一直保持着良好的外交关系。可惜这些人聪明一世，糊涂一时，居然在这个时候忘记了马其顿这个潜在的威胁。同 13 世纪一样，塞尔维亚王国在 20 世纪依然面临着严峻的国内外形势，无法脱离马其顿这个政治旋涡。拜占庭帝国国力在 13 世纪式微，塞尔维亚王国如果不与保加利亚第二帝国争夺马其顿，那么保加利亚第二帝国将会崛起。与此同时，奥斯曼帝国在 1878 年也开始走下坡路，保加利亚人趁这个机会建立起了大公国，导致塞尔维亚人对马其顿再一次起了野心。保加利亚大公国被俄罗斯帝国保护，而塞尔维亚王国被奥匈帝国保护，因此保加利亚大公国和塞尔维亚王国之间能够保持短暂的和平。由于奥匈帝国一直在斯利夫尼察西部一带保护着塞尔维亚王国，使得保加利亚大公国无法对塞尔维亚王国下手，因此两国才能维持现在的平衡；马其顿也因为巴尔干地区的各方势力不相上下而勉强度过了一段和平时期。可是这种平衡很快便被破坏了。塞尔维亚王国的卡拉乔尔杰王朝在 1903 年抛弃了奥匈帝国，投入俄罗斯帝国的怀抱。于是，巴尔干地区形成了新的形势：互有嫌隙的民族聚集在这里，马其顿地区甚至已经爆发了战争。

到了 20 世纪，巴尔干地区的形势变得越来越严峻，民族问题也终于爆发了。虽然土耳其人在 50 多年前就被很多国家的百姓厌恶，比如希腊人、塞尔维亚人和保加利亚人等，然而现在这几个国家之间也有了矛盾冲突，甚至是仇恨。其中马其顿的问题最为突出。马其顿地区本来就有很多个民族共同居住，但民族问题一直悬而未决，又不是人为能够控制住的，所以民族间的矛盾也越来越深。不管这个问题是凭空捏造还是夸大其词，想要操控马其顿的政治就应该从民族归属感这一方面入手，在处理时既不能漠视不理，也不能持中立态度。自己的民族自己守护，一个人只要建立起了这种民族归属感，就会不顾一切地维护自己民族的利益，哪怕付出自己的生命也在所不惜。希腊王国、保加利亚和塞尔维亚王国都有着自己的民族归属感，各国百姓也会拼死维护自己的民族，所以他们之间的嫌隙根本无法消除。

马其顿地区的矛盾与日俱增：其一，有一部分保加利亚人总是自称是希腊人，却还是对保加利亚有着民族归属感；其二，有一部分阿尔巴尼亚人，他们从南斯拉夫民族而来并且都是信仰伊斯兰教的，但他们对塞尔维亚人来说是极大的威胁；其三，有一部分说着保加利亚语的人想让保加利亚和塞尔维亚和平相处，不再针锋相对。上面这几点也只是由马其顿的民族问题引发的。如果把马其顿比作一个湖泊，那这就是一个浑浊无比的湖泊，而且还分出了几条支流——保加利亚人、希腊人、塞尔维亚人和阿尔巴尼亚人。这些人来自五湖四海，带着自己家乡的颜色装点着湖泊，于是本就混浊不堪的湖泊现在也把周围水域都搅浑了。而马其顿就是出淤泥而不染的一朵荷花，他们完全相信自己强大的民族力量。他们已经做好了充分的准备，不管是随时向其他人求助，还是随时抛弃自己的队友，他们不会对这些行为感到羞耻，只会认为自己是最强大的。所以，周围的国家都一直把马其顿看成眼中钉、肉中刺，也把马其顿作为权力争夺的中心。尽管土耳其人先占领了马其顿，但是仍然有很多国家贼心不死，依旧对马其顿虎视眈眈。

马其顿的民族问题牵涉太多，尤其是巴尔干各国，它们根本不把法律放在眼里，行事也肆无忌惮，而欧洲的大国却没有重视巴尔干各国之间的混乱。于是这里就成为欧洲战争全面爆发的导火索。马其顿问题在20世纪愈演愈烈，利益冲突更加剧烈，阿卜杜勒-哈米德二世对奥斯曼帝国的铁血统治已经江河日下。在奥斯曼帝国统治下的欧洲各地区已经发生了骚乱。为了防止骚乱扩大，奥斯曼帝国必须要采取措施了：一是大国干预这场骚乱；二是小国之间相互交涉。大国的干涉只维持了前10年就付诸东流，而小国交涉的计划也只取得了在1912年到1913年的短暂胜利。这时，一场欧洲版图重塑的斗争开始了，欧洲各小国也被卷入了这场斗争。不只是马其顿，连整个世界的版图都在这场斗争中重塑了。

奥斯曼帝国被巴尔干各国以巴尔干人与马其顿的一些基督教信徒属同一血脉为由要求将马其顿的疆土双手奉还。塞尔维亚人、保加利亚人和希腊人都撒谎声称自己才是与马其顿血脉相连的人。总的来说，马其顿人确实混有不少血统：塞尔维亚人、阿尔巴尼亚人、保加利亚人和希腊人等。各国之间为此争论纷纷，都想要使用一些手段，比如歪曲历史来证明自己的血统。例如：保加利亚人说自己是马其顿王国国王亚历山大大帝的亲兄弟；希腊人说马其顿曾被拜占庭帝国统治过；塞尔维亚人则说南斯拉夫人的踪迹首先是在马其顿被发现的……这些繁杂的政治观点对历史已经造成了不小的影响，不管是普通人还是研究巴尔干的历史学家，在这个问题上都不可避免地对这件事情带有偏见。想要准确地记录下巴尔干半岛的这段历史，不仅仅是要记录这些事件，还需要把民族的希望反映出来。

马其顿的这段历史，只有不带偏见来看才能洞察到其中的真相。事实上，斯拉夫人在希腊王国统治沿海地区的时候曾在马其顿的内陆地区定居过。马其顿在早期也有很多新的血液融入，比如：阿尔巴尼亚人、弗拉赫人（即游牧民族罗马尼亚人）。然而没过多久，科斯格就统治了马其顿，同时也对马其顿造成了很深的影响。马其顿在保加利亚、拜占庭等国的统治下反而发展得很好。保加利亚人一度声称自己才是马其顿的君主国，因为保加利亚人曾在马其顿建立了两个帝国，有长达几个世纪的统治。而塞尔维亚人认为自己才是马其顿的君主国，因为他们也在马其顿建立过一个短暂的帝国[1]，同时，在塞尔维亚的混乱时期，塞尔维亚的王子统治着马其顿地区。与保加利亚相比，塞尔维亚对马其顿的影响在要塞、教堂和修道院等各种建筑上更加深刻，都带有强烈的塞尔维亚建筑的风格，因此我们可以认为，文化影响比政治统治更能够经受时间的洗礼。事实上，保加利亚人只占了马其顿人口的一小部分，而斯拉夫人则是占据了马其顿人口的大部分。所以说马其顿的人口，一部分是保加利亚人，一部分是塞尔维亚人，两个部分人数比例几乎一致。从这一点来看，马其顿人实现自治并不全是保加利亚人或者塞尔维亚人的功劳，而是原始的斯拉夫部落的成果。保加利亚人和塞尔维亚人还在其他地区征战的时候，这些民族已经在马其顿居住，这也是塞尔维亚人和保加利亚人都声称自己和马其顿血脉相连的原因。虽然马其顿民族有他们自己的语言和民族文化，但是他们对其他的文化，比如保加利亚和塞尔维亚的文化也很包容，一边吸收别人的文化，一边又能够保持住自己的独立性。马其顿人的这种民族文化，让他们很容易在金钱、欲望、时间、教育和恐吓等压力下，被其他的民族同化。马其顿的这种精神如果真的足够强大，那么早就应该独立自主了；反之，要是不顾马其顿过去的主权历史，直接采用权宜之策，那么想要解决马其顿这些问题，就

---

[1] 斯科普里在斯特凡·杜尚时期也曾经举行过"希腊人"派对。——作者注

需要内外兼顾，既要从马其顿现在的内部政治条件出发，又要依靠外界的势力制约。

马其顿人并没有因为过去的历史而保留保加利亚的风俗习惯，所以现在想要解决马其顿的问题只有使用政治手段。1870 年到 1872 年，保加利亚设立了督主教区，还签订了《柏林条约》和《圣斯特法诺和约》。这两个事件影响深远，甚至改变了一些政治格局。保加利亚的声誉因为这两个历史事件得到了极大的提高，同时塞尔维亚王国的威望却一落千丈。之前，保加利亚人被塞尔维亚的大公米哈伊洛·奥布雷诺维奇利用，在保加利亚建立起了学校，想借此统一保加利亚和塞尔维亚。与此同时，希腊人也在马其顿建立了学校，想教化马其顿人。土耳其人便设立了保加利亚督主教区试图教化希腊。除此之外，保加利亚的督主教区总督这个职位对塞尔维亚人来说，也打击了他们的气焰。按照他们的计划，由奥斯曼帝国设立的斯拉夫督主教区不在君士坦丁堡的希腊王国牧首所管理控制的范围之内，而是独立自主的。君士坦丁堡的牧首管理着马其顿和保加利亚的个别地区的教会，这些地方的人有 2/3 都愿意接受君士坦丁堡的牧首统治。土耳其人希望南斯拉夫的权力可以让保加利亚督主教区来掌控，以此来阻止希腊人的势力在马其顿增长。很快，大家就发现保加利亚督主教区对塞尔维亚和希腊都持反对态度。至此，保加利亚督主教区就成为独立运动的核心。俄土战争 [1] 在 1878 年全面爆发，由土耳其人创立的塞尔维亚学校就此关闭，之后，马其顿受到了塞尔维亚实施的压迫和侵略，保加利亚人借此机会，变得独立且强大，他们借着督主教区在马其顿宣传自己的政治思想。与此同时，希腊王国借着僧人的协助，也通过自己建立的学校宣传希腊文化及政治思想。希腊和保加利亚都通过支持马其顿本地的"进步青年"来实现

---

[1]　即第十次俄土战争。——编者注

自己的计划。不过，塞尔维亚却因为种种原因，例如资金链断裂等不得不
关闭塞尔维亚学校，因此，塞尔维亚不得不终止宣传塞尔维亚政治思想，
在这一点上塞尔维亚比保加利亚和希腊落后不少。塞尔维亚的情况很不乐
观，他们唯一能做的只有将民族希望托付给一群不值得信赖的人——自称
为塞尔维亚人的土匪头目和黑社会性质的组织。奥斯曼帝国这个时候的掌
权者[1]并不会治理国家，同时隔壁"邻居"正在大肆宣传，动摇民心，马其
顿整个国家被笼罩在痛不欲生、提心吊胆、风雨飘摇的氛围之中。土耳其
人肆无忌惮地侵略着马其顿，同时万恶的强盗也在敲诈勒索马其顿人。希腊、
阿尔巴尼亚、塞尔维亚、保加利亚等几个国家纷纷联合起来，成立了一支
非正规军队，他们一起欺压、凌辱马其顿人，导致马其顿的农民哪怕是在
耕地的时候也要背着枪支，这种现象在马其顿非常普遍。强盗在马其顿的
领土上烧杀抢掠，无恶不作，马其顿从原本丰饶富庶的样子变得残破不堪。
不管是希腊、保加利亚、阿尔巴尼亚、塞尔维亚或土耳其这几个国家中哪
国获得最终的胜利，马其顿总是受伤害最多的那一方。

　　欧洲的各个大国在亚美尼亚尸横遍野[2]的时候可能需要袖手旁观，可
是他们并不能忽略马其顿人正在受苦受难这件事。马其顿在这场战争中牵
涉了太多利益，各个大国都觊觎马其顿：奥匈帝国就曾经想在希腊的临海
城市萨洛尼卡建立港口；俄罗斯帝国曾经也想把君士坦丁堡定为首都；德
意志则想得更加美好，他们甚至想修两条路——一条通向美索不达米亚的
公路，一条连接着波斯湾的铁路。马其顿对欧洲各个大国来说也不过是他
们更上一层楼的牺牲品。而巴尔干各国的目标则是管辖马其顿。塞尔维亚

---

　　[1]　这里说的是阿卜杜勒-哈米德二世。——编者注

　　[2]　在1915年到1918年的第一次世界大战期间，奥斯曼帝国的政府怕亚美尼亚人叛变，
所以在奥斯曼帝国管辖区内对亚美尼亚人进行了残忍的大屠杀，100万多人命丧土耳其人刀
下。——编者注

希望可以再现斯特凡·杜尚的光辉成就；保加利亚希望再创沙皇西美昂一世的辉煌岁月；希腊则是想东山再起，让拜占庭统治马其顿的璀璨时光再现。俄罗斯帝国在亚美尼亚大屠杀期间表达了内心的悲痛，同时也向外部宣布他们虽然打破常规支持了保加利亚，但亚美尼亚在自治运动中并不会得到他们的支持。俄罗斯帝国不可能在马其顿的混乱局势下置身事外，马其顿陷入混乱则是表明奥斯曼帝国获得了胜利或者保加利亚大公国扩充了实力，这对俄罗斯帝国来说却是一种威胁。俄罗斯帝国在 20 世纪初期准备侵略中国的东北地区，然而不承想他们却陷在远东战场，因此俄罗斯帝国更想回到马其顿。俄罗斯帝国此时的目标是通过协助马其顿建立完善的政府职能系统，从而推动马其顿的政府改革来平定马其顿的动乱。

保加利亚大公国在 1886 年后势力增长迅速，保加利亚的督主教区能够影响越来越多的人。真正扰乱局势的不安定因素就是保加利亚大公国。东鲁米利亚在 1885 年到 1886 年成为保加利亚大公国的一部分，这件事使保加利亚的国土面积增加了近一倍。保加利亚大败塞尔维亚，新上任的领导人斐迪南大公新官上任三把火，他掌管国家以后就开始忽略俄罗斯帝国，他们虽然被俄罗斯帝国舍弃，但是并没有一蹶不振，他们都是勤劳节俭、吃苦耐劳的人，他们兢兢业业纳税，忠心保卫国家，他们可以自己保障人民的生活，可以自主修建道路，自主发展工业。总而言之，保加利亚人齐心协力，一心只为了使自己的祖国繁荣昌盛，从而征服马其顿。保加利亚人认为《圣斯特法诺和约》和《摩西五经》以及《圣经旧约》中的《先知书》一样，有着崇高的地位。《圣斯特法诺和约》规定：奥赫里德湖、卡斯托里亚、弗拉尼亚、瓦尔达河下游和科瑞查这些区域都归保加利亚管辖。虽然在《圣斯特法诺和约》中，保加利亚没有获得萨洛尼卡半岛和希腊南部的卡尔西狄克半岛，但它在希腊北部开出了一条运河，可以通往色雷斯，那里盛产烟草。在 1878 年签订的《圣斯特法诺和约》中，马其顿的一块土地被许诺给保加利亚，保加利亚人对这块土地魂牵梦萦，甚至保加利亚的每一所学校都挂着一张标出这块土地的地图，每一位农民都下决心要夺回马其顿的这块土地。马其顿的公民自发地组成了一个组织，他们掌握了报纸新闻等公关宣传的手段和枪支弹药等武器。因此马其顿人不只是口头威胁保加利亚，他们甚至可以采取实际行动，给保加利亚的政客们施加压力。保加利亚大公国中有很多马其顿人，他们可能是军官，可能是内阁大臣。保加利亚大公国在督主教区内控制舆论，统一宣传口径，再加上铁血手腕，极有可能且有能力将马其顿人变成保加利亚人。保加利亚人始终相信他们可以通过哄骗、贿赂和暴力等手段将大多数马其顿人至少变成亲保加利亚派。如果他们成功地让马其顿人归顺了保加利亚，那么保加利亚统治马其顿也变得理所当然，他们也可以公开地说出来，而不再是用曾经的故事来为自己证明。

　　保加利亚大公国就算有所图谋，居心叵测，欧洲各个大国也不会袖手旁观，看着保加利亚梦想成真。奥匈帝国和俄罗斯帝国在1897年达成和解。马其顿就此迈出了改革的第一步。这意味着俄罗斯帝国和奥匈帝国公开支持马其顿，同时这两个国家都不承认自己有想要占领巴尔干的野心。俄奥两国的协议让近东地区恢复了暂时的宁静。这种宁静持续了一段时间，直到20世纪初，这种稳定被破坏了。由于奥斯曼帝国在1902年的管理不当，巴尔干出现了强盗盛行的局面，马其顿陷入重重困难，此刻国内局势已剑拔弩张，起义已经如箭在弦上，不得不发。想要改变现在的局势，奥匈帝国和俄罗斯帝国不得不再次携手，试图改变马其顿局势。俄奥两国最终达成了协议，1903年2月21日，此协议被呈递到奥斯曼帝国的政府部门，被称作"二月计划"。奥斯曼帝国的总检察长科斯到萨洛尼卡去实施他们制订的改革计划，然而对马其顿来说，一切都是徒劳的。1903年夏天，马其顿终于发生了暴乱。

　　俄罗斯帝国和奥匈帝国在英国政府的压迫下，被迫再次携手共同解决马其顿的问题。闻名于世的《米尔茨施泰格协定》就是欧洲各个大国的掌权者和外交人员在位于奥匈帝国施蒂利亚的射击场中签订的。古斯塔夫·卡尔诺基伯爵[1] 在这个场合十分不严谨，他居然在制定重要条款的时候带着枪出去了，所以这个协定可以说是由俄罗斯帝国一手制定的。俄罗斯帝国和奥匈帝国共同执行协定内容，奥斯曼帝国负责在马其顿进行改革，这两点是《米尔茨施泰格协定》的主要思想。奥斯曼帝国的总督需要亲自前往监督并将实际情况报告给本国的政府部门，在总督监察过程中需要俄罗斯帝国和奥匈帝国各派一名民政官一同前往，协助监察。民政官每两年一换，伊斯兰教和基督教的委员会在俄奥的监督下，既要处理政治犯罪的事项，还要想办法弥补起义引发的一系列损失。欧洲各个大国纷纷派出使者，去帮助外国的军事组织管理军队、维持秩序。协议中的第四条规定：当地的基督教教徒可以参加当地的行政或者司法工作。以上的这些条款与奥斯曼帝国息息相关，如果这些条款并没有顺利地实施，主要责任还是在奥斯曼帝国。

　　《米尔茨施泰格协定》的第三项条款本是为了解决巴尔干问题设定的，最终却让巴尔干地区陷入了绝境之中。这项条款对巴尔干各国来说比阿卜杜勒－哈米德二世这个暴君的统治更让人绝望。《米尔茨施泰格协定》中规定：奥斯曼帝国在马其顿问题解决之后，将奥斯曼现在的行政区域进行调整，以保障"可以把马其顿各个民族完全分开"。从表面上看，这似乎不会造成什么影响，但是时间的发展总是出乎意料的，各个民族之间肯定有大小强弱之分，相对弱小的民族都意识到了这个问题：哪个民族反叛活

---

　　[1]　古斯塔夫·卡尔诺基伯爵（1832—1898 年），他是奥匈帝国的政治家、外交官。——编者注

动越大，动作越活跃，那么这个民族最终获得的居住地区也会越大。于是，只要在区域内有其他民族，叛乱的土匪就开始在那个地区内进行屠杀和恐吓。那一段时间，马其顿处在到处都是屠杀的可怕氛围中。在这些屠杀事件中，领头的经常是土匪，偶尔主教也会参与，他们肆意凌辱着那些信仰与自己不同的人，用武力去镇压他们、征服他们。奥斯曼帝国还公开对这些暴虐行为表示赞同和支持，因此外国的宪兵队根本无法阻止他们。造成这样的局面，巴尔干各个国家都要负责任，其中希腊和保加利亚两国责任是最大的。终于，欧洲大国坐不住了，开始出手干预。英国在 1907 年 8 月也出手了。俄罗斯帝国和奥匈帝国见此情况，才协商废除了这项条款。

尽管《米尔茨施泰格协定》的实施过程中出现了意外，但主要责任并不在于欧洲各大国，反而是俄罗斯帝国在实行其他条款上的过失更大。不过，最终的责任则是需要由欧洲协调会议[1]承担。《米尔茨施泰格协定》最终完成了国际化的目标。除了袖手旁观的德意志帝国外，5 个大国掌控着马其顿，把马其顿分为了 5 个阵营。[2]虽然莫纳斯提尔和科索沃的部分地域不被包含在这个计划内，但是科索沃仍然是争端多发的区域。宪兵队的秩序通过改革变得也比之前更完善，马其顿的金融改革也由国际金融委员会控制，并且进行得很顺利。马其顿这场改革中最大的功臣应该是英国，英国尽心竭力地对改革施以援手，他们获得了意大利和俄罗斯帝国的援助。1904 年4 月，英国又得到了法兰西第三共和国的帮助。英国于 1905 年 11 月首先在希腊爱琴海东岸的米提利尼举办了海军军事演习，奥斯曼帝国被迫接受金融改革。实际上，奥匈帝国并不是作壁上观，而是反对将金融改革置于国

---

[1]　指的是欧洲主要的政治力量在 1815 年到 1848 年和 1871 年到 1914 年通过协商会议来处理欧洲各种重大问题的一种平衡机制。——编者注

[2]　奥匈帝国掌控科索沃地区；意大利王国掌控莫纳斯提尔地区；俄罗斯帝国掌控萨洛尼卡地区；法兰西第三共和国掌控色雷斯地区；英国掌控希腊的兹拉马地区。——作者注

际管控之下。由于《米尔茨施泰格协定》中规定了俄罗斯帝国和奥匈帝国的民政官只能在任两年，否则奥匈帝国在德意志帝国的帮助下，完全有可能把脱离国际掌控进行改革的计划变为现实。自从奥托·冯·俾斯麦不再任职，德意志帝国对待奥斯曼帝国的外交一直保持着温和的态度，看起来像是不想给奥斯曼帝国施加压力。德意志帝国虽然也有在财政委员会的代表，但是他们并不干涉宪兵队的改革，也没有接手马其顿警察的势力范围。有人认为：奥匈帝国和德意志帝国在 1901 年 3 月之前的政治目标是一样的。实际上，前面这种说法是错误的，因为奥匈帝国和德意志帝国的动机不一样。奥匈帝国更想在萨洛尼卡与维也纳之间竖起一面中立性质或者国际化的墙壁，让"德意志帝国东进运动"能够完美实现，而德意志帝国则希望不要出现冲撞了土耳其人的事情。尽管两国出自不同的意图，但是他们都希望马其顿可以免于苦难。

德意志帝国反对把马其顿放在国际掌控中，奥匈帝国更是持强烈抵制的态度。这两国的反对态度导致了相当严重的结果。人们纷纷猜测德意志和奥匈帝国为什么反对，但是时至今日，这依然是一个未解之谜。不过，有个可靠的解释：奥匈帝国在有名的外交大臣——埃伦塔尔伯爵的带领下，想要开辟一条通向东方的新道路，德意志帝国为他们提供了极大的帮助，奥匈帝国想要解决马其顿这个国际焦点问题才能如此得心应手。

英国在 1908 年到 1909 年一直在为增强改革的效果而努力，不过都没有成功。各大协约国家都长舒了一口气，终于下定决心放弃干涉更多马其顿的改革。他们这么做，也是有目的的：其一是他们害怕奥匈帝国最终会加入这场战争；其二是他们对青年土耳其党运动[1] 很有信心。

---

[1] 指的是青年土耳其党为了推翻奥斯曼帝国的封建集权发起的一系列运动，包括：发起改革、修订宪法、建立君主立宪制。——编者注

　　20 世纪最伟大的变革之一——土耳其革命在 1908 年 7 月爆发。有一个伊斯兰教和犹太人的委员会一直存在于萨洛尼卡，这个委员会曾经策划过一场运动，即青年土耳其党运动，他们和马其顿的伊斯兰教教徒也有联系。青年土耳其党运动能够取得成功，也有许多因素，例如：马其顿的掠夺事件、土耳其人对暴君阿卜杜勒－哈米德二世的仇怨、犹太人贡献的资金。有两位军官在马其顿举起了反抗封建社会、支持欧洲自由主义的旗帜，他们分别是艾哈迈德·尼亚兹贝伊[1]和将会遗臭万年的恩弗贝伊[2]。在一家位于意大利莫纳斯提尔附近的雷斯尼亚的破败不堪的小旅馆里，两位军官正式宣布恢复 1876 年宪法。土耳其的这场革命以星星之火开局，以燎原之势引起高潮，最终获得了胜利。阿卜杜勒－哈米德二世也承认了恢复 1876 年宪法。人们信奉自由的理念，开始向往自由，反抗暴政。马其顿被抒情诗一般的热情包裹住了；阿尔巴尼亚人通过鸣枪来庆祝恢复宪法；希腊王国的领导人和保加利亚的委员会主席在色雷斯用拥抱庆祝；保加利亚非正规军[3]领队和莫纳斯提尔的帕夏成为情同手足的朋友；基督教教徒和伊斯兰教教徒甚至在大街上亲吻；重新获得自由的希腊人和土耳其人也摒弃前嫌，互相问好。恩弗贝伊就曾经说："从此，我们将情同手足，亲如兄弟姊妹，我们的头顶只有一片蓝天，我们不再有希腊人、犹太人、保加利亚人、伊斯兰人和罗马人，我们是平等的人，没有高低贵贱，我们为自己是土耳其人而自豪！"

　　不管是在 1789 年、1848 年，还是在 1908 年，人们表面上在热情高涨地庆贺着封建专制统治的倒台，实际上却暗潮汹涌，这些热情而奔放的运

[1] 艾哈迈德·尼亚兹贝伊（1873—1913 年），奥斯曼帝国的帕夏、政治家。——编者注

[2] 恩弗贝伊（1881—1922 年），奥斯曼帝国的帕夏、政治家。——编者注

[3] 这里泛指非政府军队。——编者注

动下掩盖的是貌合神离、钩心斗角、明枪暗箭。然而即便成熟稳重如奥斯曼帝国，也很难理解这样声势浩大的土耳其革命竟然从头到尾都是个圈套。年轻的革命青年们还不懂社会的险恶，他们只觉得阿卜杜勒－哈米德二世是个暴君，他们只想推翻他。经过不懈的努力，他们终于成功了，他们沉浸在解放的愉悦中，为不同信仰的民族相互交融而充满热情，他们希望可以有一个充满和平的马其顿诞生。这段时期发生了太多的事，令人目不暇接，然而这一切都过去了，如同昙花一现，土耳其人最终还是获得了自由。这对各个国家的外交官来说也是一个有迹可循的案例，他们很快从中找到了一些良药可以针对马其顿问题的症状来进行治疗。从青年土耳其党成立的那天开始，毫无疑问，马其顿改革这个计划就必定成功不了。土耳其人高涨的热情极大地鼓舞了外交人员，但是想要解决好马其顿问题还远远不够。奥匈帝国一直对马其顿改革持反对态度，这倒使奥斯曼帝国追逐自由的心更加热切。如果继续坚持马其顿改革，毫无疑问，战争早晚会爆发。想要避免这些后果发生，就只有放弃马其顿改革的实施，废除这些条例。英国在 1908 年到 1909 年曾尝试继续改革，最终并没有成功。马其顿的改革就这样悄无声息地结束了。德意志帝国对奥匈帝国反对马其顿改革持赞同的态度，这差点儿又让马其顿陷入战争。马其顿的问题还是亟待解决，这场运动中的罪魁祸首就是奥匈帝国。1908 年到 1909 年发生了一系列事件，这些事件都表明了各个协约国都极力逃避处理土耳其革命后续工作的责任。

　　土耳其革命可以说是终结了一个时代。欧洲各个大国都在尝试改革马其顿，但却没有一个成功的，甚至有些还偷鸡不成蚀把米。恩弗贝伊曾对巴尔干国家许诺过许多，但最终都成为泡影，因此巴尔干国家也不再相信青年土耳其党。显然，青年土耳其党和阿卜杜勒－哈米德二世这个以残暴闻名的暴君只有名字上的区别，骨子里还是一样的。有一些青年土耳其党的反对者或是批评者会被暗杀或是莫名其妙地死亡。青年土耳其党也在某些领域取得了一定的成果，比如使阿德里安堡——位于奥斯曼帝国西部的城市有了一些进步和改善。然而土耳其区域内没有欧洲大国监督管理的地方，则是一番相反的景象。阿卜杜勒－哈米德二世非常喜欢阿尔巴尼亚人，从某种程度上来说，他们和青年土耳其党人属于同宗。哪怕是作为阿卜杜勒－哈米德二世的宠儿，阿尔巴尼亚也没有成功进入和平时代，他们的领导人还在遭受着苦难。他们的语言被压制，他们的人民被迫害，甚至连北部的要塞都被奥斯曼帝国的军队占领。难民们只能逃往黑山，幸好黑山领袖尼古拉一世对他们敞开怀抱，他们积极地为阿尔巴尼亚的难民提供帮助。如果把阿尔巴尼亚视为战争中的替死鬼，那么他们遭受的苦难还可以理解；但是马其顿遭受的一系列暴行却是子虚乌有。土耳其人曾经公开发表言论称要和马其顿人和平共处。此时的马其顿被青年土耳其党或者是政府、军队统治着，还没有被盗匪占据。他们瓦解了马其顿的武装部队，无恶不作，马其顿的人民又陷入了水深火热之中，他们的生命财产安全完全无法得到保障。从 1910 年发生的这两件事来看，青年土耳其党的政策不言而喻。奥赫里德有一个保加利亚人逃税漏税，逃进了山里。土耳其士兵纵火烧毁了他的房子，赶走了他的家人。这群士兵在燃烧的房子旁边叫嚣着："看啊，这既是自由，又是平等！"[1]与此同时，在卡瓦拉——一个伊斯兰教教徒和希腊人混合居住的地方，有个希腊人被土耳其人杀害，工厂里的希腊工人为遇害者鸣不平，纷纷罢工表示抗议。一个典狱长接见了他们，说："你们实在是太狡诈了！你们真的以为自己是希腊人吗？醒醒吧，你们是土耳其人！身为一个土耳其人，你们这是想和奥斯曼帝国以外的人暗中勾结吗？你们难道想成为斯拉夫人和希腊人的一部分吗？也许你们有自己的想法和

---

[1] 本书作者后来才知道，正是因为他和英国人一起刚好目睹了事情的经过，否则奥斯曼帝国的政府部门就会像其他事件一样，根本不会对烧毁房子这件事供认不讳。——作者注

秘密武器，但是，只要你们有所行动，我们只会比你们更快地将你们的秘密公之于众。只要你们有一支枪，我们马上就会有两支枪；你们有一发子弹，我们就会有六发。我们的武装质量是凌驾于你们之上的！"最终，塞尔维亚人、土耳其人、希腊人和保加利亚人达成了和解，用土耳其人的名声道义庆贺天下和平的景象消散了。

外交官们早已经在 1910 年以前就知道青年土耳其党的宪政主义和旧土耳其的封建主义的区别就在于青年土耳其党更加残忍粗暴，更具有强制性。因为他们会使用更加科学、更加先进、更加有效率、更加极端的手段进行破坏活动。青年土耳其党是以建立集权制军事专制为目标，以德意志帝国一样先进的科学和严明的纪律为武器装备，以奥斯曼民族的名义压制所有反对的声音。青年土耳其党在其他的问题和民族问题上也极度狭隘，他们一点也不宽容，就像阿卜杜勒－哈米德二世一样。阿卜杜勒－哈米德二世也是一位很机警的暴君，他知道自己势力单薄，寡不敌众，就想办法让希腊人和保加利亚人相互对抗，让阿尔巴尼亚人和塞尔维亚人互相抗衡。青年土耳其党对自己的年轻力量很是自信，他们认为他们可以凭借自己的力量把马其顿开除基督教教籍，也可以把阿尔巴尼亚吸收进奥斯曼帝国。青年土耳其党人设立的政策明确告诉大家：不管你是伊斯兰教教徒还是基督教教徒，都会被强行解除武器装备。于是基督教地区的许多校区被压制，而伊斯兰教教徒则将这里变成了军事殖民地。最后，青年土耳其党攻打了阿尔巴尼亚，致使阿尔巴尼亚损失惨重。他们占领了阿尔巴尼亚的土地，抓捕了阿尔巴尼亚领导人，解除了阿尔巴尼亚的武装。这些恶劣的事件对青年土耳其党来说，只是迈向"奥斯曼主义"的一小步。他们要是真的实现了这些目标，巴尔干各个小国的愿望就会落空。从这些小国所处的环境来看，他们下定决心想要掌握自己的命运也是理所当然的。

马其顿改革这趟浑水已经打湿了很多国家，许多大国也已经退出了。

为了争取自己的利益，各个小国也需要采取行动。希腊著名政治家卡利拉奥斯·特里库皮斯[1]在1891年就曾提出过口号：巴尔干问题巴尔干人解决！然而这个观点很长一段时间都不被人重视。要想统一巴尔干，真正地解决好巴尔干问题，还是需要塞尔维亚和保加利亚联合起来。塞尔维亚的君主彼得一世登基之后，塞尔维亚和保加利亚有望进一步和解。保加利亚和塞尔维亚在1905年到1907年签订了多项经济相关的协定。这也是缓和两国关系的方式。两国关系本来可以更加亲近，但是半路杀出个程咬金，奥匈帝国实行了专制，发动了"猪战"，妨碍了保加利亚和塞尔维亚之间的经济协定。紧随其后，奥匈帝国兼并了波斯尼亚这一行动对塞尔维亚和保加利亚也造成了直接和间接的威胁。于是，俄罗斯帝国首次公开表示支持保加利亚和塞尔维亚。在此之前，塞尔维亚和保加利亚还会因为自己的利益制定亲土政策，而他们现在的利益只在于与俄罗斯帝国的关系亲密程度。这是巴尔干联盟正式成立的内在原因，也是保加利亚和塞尔维亚联手发起外交革命的不懈动力。希腊之所以赞同巴尔干联盟的成立，也是因为保加利亚在马其顿的政治宣传足够成功，让希腊和塞尔维亚也能和平共处，建立良好的外交关系。因此，当塞尔维亚和保加利亚达成和解的时候，希腊也如法炮制，有样学样。黑山之所以对成立巴尔干联盟持赞同态度，也是因为受到了其他国家的鼓动，才加入了巴尔干联盟。由此可见，巴尔干联盟汇集了所有可以与土耳其相对抗的力量。不论是袖手旁观的大国，还是虎视眈眈的奥斯曼帝国，这一座座挡在巴尔干联盟面前的巨山都是巴尔干联盟目前需要解决的问题。此时，他们才意识到，分裂只会带来灭亡，统一才能成功。有志者，事竟成。这些小国坚定了自己的政策，端正了自己

---

[1] 卡利拉奥斯·特里库皮斯（1832—1896年），希腊政治家，曾在1875年到1895年七度担任希腊总理。——编者注

的态度，他们坚信自己会成功！巴尔干联盟终于在 1912 年到 1913 年成立，这也是巴尔干一系列巨变的开端。

曾经流传着这样一种说法：弥漫在整个马其顿的叛变和不满的情绪终将会成为流行病，它会快速地传染给巴尔干所有国家。这句话蕴含着一个道理：当同胞们接连死亡，土耳其人进一步压迫却没有大国干预的时候，巴尔干人不会作壁上观。希腊、塞尔维亚和保加利亚接连被牵扯进来。在这场战役中，所有国家都有吞并其他国家的野心。放任巴尔干各国势力扩张，权力增强，各个大国已经无法再坐视不理。欧洲各国权利发展得非常均衡，两大外交大国之间也是平等均分。然而，这一切还是被马其顿打破了。

狭义上来说，塞尔维亚、希腊和保加利亚更迫切地想要解决马其顿问题。而广义上来说，解决这个问题对任何一国都很重要。通向君士坦丁堡和萨洛尼卡的交通要道马里查山谷和瓦尔达山谷也是控制马其顿的关键要素之一。如果塞尔维亚和保加利亚联手，和平拿下马其顿，那德意志帝国和奥匈帝国的雄心壮志也要受到巨大的阻碍。如果这样的话，奥匈帝国的手就是再长也伸不到萨洛尼卡了。同时，德意志帝国和君士坦丁堡与巴格达的沟通渠道也被斩断——马其顿、塞尔维亚和保加利亚封闭了通向爱琴海和幼发拉底河的道路。

但是，巴尔干联盟在正式成立之前，塞尔维亚王国就已进入历史上的关键时期了。塞尔维亚在古代就已经于德里纳和摩拉瓦之间的一块区域里养精蓄锐，而瓦尔达也在其势力范围之中。在斯特凡·杜尚掌权时期，塞尔维亚开始改变策略，将目标从以地区和国家为主改为以开疆拓土为主。马其顿便成为塞尔维亚王国的首要目标。由此我们也不难猜测，塞尔维亚将会面对许多威胁。中世纪的多瑙河、拜占庭和保加利亚也是四面楚歌，如履薄冰。从某一方面来说，经济实力的提升会引发整个世界的变化。所有国家在 14 世纪的经济力量相差不大，塞尔维亚才能成为一个民族独立的内陆国家。到了 20 世纪，塞尔维亚周边国家都已经成为经济强国，所以它根本无法保住自己独立国家的地位。塞尔维亚人很清楚，只能对那些强大的国家表示服从，否则就只能国破家亡。所以摆在塞尔维亚人眼前的路只有两条——俯首称臣，或者成为亡国奴。塞尔维亚几经思索终于下定决心，打算拼死一搏。如果他们当时真的只想着臣服于他国，那么塞尔维亚王国在 1909 年就会消失在历史长河中。塞尔维亚人心中很清楚，他们只有团结一心这一个选择，尽管如此，他们也还是感恩之前遭遇的一切，不管未来的路如何艰难，他们也会坚持下去。卡拉乔尔杰·彼得罗维奇和科索沃的英雄事迹也在激励着他们，并且告诉他们国家利益高于一切物质利益。塞尔维亚人宁可承受百倍的痛苦，也要赌这一把，赌他们的未来。也正是因为这样，塞尔维亚才守住了国家的自由与独立。